Männer!

Justin A. Sterling

Männer!

Eine Gebrauchsanleitung
für souveräne Frauen

Deutsch von
Angelika Bardeleben

Scherz

Dieses Buch ist all jenen Frauen gewidmet, die einen
großen Einfluß auf mein Leben hatten und von denen jede
einzelne entscheidend zum Schreiben dieses Buches
beigetragen hat. Vor allem ist es meiner Tochter Aislinn und
deren Töchtern gewidmet, die hoffentlich nie nötig haben
werden, es zu lesen.

Erste Auflage 1993
Einzig berechtigte Übersetzung aus dem Englischen
von Angelika Bardeleben.
Die Originalausgabe erschien unter dem Titel
«What Really Works With Men» bei Warner Books, New York.
Copyright © 1992 by Justin A. Sterling.
Deutsche Original-Hardcover-Lizenzausgabe 1993,
Scherz Verlag, Bern, München, Wien.
© Droemersche Verlagsanstalt Th. Knaur Nachf., München.
Schutzumschlag von Gerhard Noltkämper.

Inhalt

1
Die Bedeutung von Beziehungen:
Was Sie von diesem Buch
zu erwarten haben

Ariane

Ariane, 35, war früher Fotomodell und besitzt eine eigene
Firma für Image-Beratung. Ariane war groß und schlank,
hatte tiefblaue Augen und ihr blondes Haar war perfekt fri-
siert. Sie war selbstsicher und zugleich ein wenig scheu und
wirkte auf attraktive Weise weltgewandt. Mir war sofort klar,
daß ihre Bekannten und Geschäftspartner annehmen mußten, jeder Mann, den sie haben wollte, würde ihr augenblicklich zu Füßen liegen.

«Wenn die Leute mich sehen, dann können sie einfach
nicht glauben, daß ich Beziehungsprobleme haben könnte»,
erzählte Ariane mit einem Unterton von Groll in ihrer
Stimme. «Sie denken, mir lägen alle Männer zu Füßen und
ich bekäme im Laufe eines Jahres Dutzende von Heiratsan-
trägen. ‹Wo liegt denn das Problem?›, fragen sie dann.
‹Warum bist du noch immer Single?›»

Ariane erzählte den Leuten dann, sie habe einfach ihren
«Märchenprinzen» noch nicht getroffen. «Und in gewisser
Weise stimmt das auch.»

In den letzten fünfzehn Jahren hatte sie kurze Affären mit
jüngeren und älteren Männern gehabt, mit umwerfenden
Dressmen und dem ganz normalen «netten Jungen von ne-
benan», mit berühmten Stars und gesetzten, soliden Ge-
schäftsmännern.

«Aber bei jedem hatte ich irgendwann das Gefühl, er sei
nicht der Richtige für mich. Irgend etwas gab es immer, was

mich störte. Sie waren zu fordernd, zu festgefahren in ihren Ansichten, zu unzuverlässig. Oder es fehlte ihnen Flexibilität, Spontaneität, Verständnis. Oder sie waren nicht abenteuerlustig, solide oder ehrgeizig genug. Manchmal lag es auch gar nicht an den Männern. Ich fand es zuweilen einfach wichtiger, mich voll und ganz meiner Karriere zu widmen. Keine meiner Beziehungen hat länger als sechs Monate gedauert. Aber jetzt möchte ich etwas Beständiges. Ich fange an, über Dinge nachzudenken, die früher überhaupt keine Bedeutung für mich hatten, wie zum Beispiel, eine Familie zu gründen und zusammen mit einem Mann alt zu werden. Und ich habe einen Mann kennengelernt, der mich wirklich interessiert. Neulich habe ich zu mir selbst gesagt: ‹Diesen Mann möchte ich halten.› Aber dann wurde mir bewußt, daß ich gar nicht weiß, wie ich das anstellen soll. Ich habe keine Ahnung, wie man auf Dauer eine Beziehung gestaltet. Das einzige, wovon ich etwas verstehe, ist, attraktiv zu sein, die Aufmerksamkeit eines Mannes zu erregen und dann eine kurze, leidenschaftliche Affäre mit ihm zu haben.»

Während der letzten zehn Jahre habe ich mit Tausenden von Frauen wie Ariane gesprochen und sie beraten. Es waren intelligente, talentierte, tüchtige, kluge, ehrgeizige und erfolgreiche Frauen. Im Durchschnitt waren sie fünfunddreißig Jahre alt, verdienten eine Menge Geld und hatten eine sehr gute Ausbildung. Sie wollten in ihren Beziehungen zu Männern genauso erfolgreich sein wie in allen anderen Bereichen ihres Lebens. Aber das gelang ihnen nicht. Da sie wußten, wie man ein Unternehmen leitet, Krankheiten diagnostiziert und behandelt, Börsengeschäfte tätigt, ein Studium absolviert, Feinschmeckermenüs kocht, Berge erklimmt und in kritischen Situationen einen klaren Kopf behält, gingen sie davon aus, auch in Beziehungen erfolgreich sein zu können. Aber das war ein Irrtum. Sie wußten nicht, wie man eine Beziehung beginnt und gestaltet. Die Beziehungen, die sie eingingen, funktionierten nicht, und sie sahen keinen Weg, das zu ändern. Sie waren wütend auf die Männer, unzufrieden mit sich selbst oder hatten die Hoffnung auf eine funktionierende Beziehung bereits aufgegeben.

Manche dieser Frauen kamen in meine Praxis, um sich von mir beraten zu lassen. Andere besuchten die zweitägigen Seminare, die unter dem Namen «Sterling-Frauen-Wochenenden» bekannt wurden. Sie waren alleinstehend oder verheiratet, waren verheiratet gewesen oder im Begriff, zum zweiten oder dritten Mal zu heiraten. Manche von ihnen, wie Ariane, hatten in der Vergangenheit stets in dem Moment, in dem sich die Leidenschaft in ihrer Beziehung abzuschwächen drohte, plötzlich schwerwiegende Unzulänglichkeiten an ihrem Partner entdeckt, die in ihren Augen den Abbruch der Beziehung rechtfertigten. Sie waren somit nie so weit gekommen, sich ernsthaft mit den notwendigen Opfern (und Risiken) auseinanderzusetzen, die eine aufrichtige, dauerhafte, enge Beziehung zu einem Mann verlangt. Andere wiederum hatten Angst, die Fehler der Vergangenheit noch einmal zu wiederholen. Sie alle hatten dieselbe Frage auf dem Herzen: «Ist es möglich, eine wirklich erfolgreiche, positive, erfüllende, beständige, vertrauensvolle Beziehung zu einem Mann zu haben, und wenn ja, wie stelle ich das an?»

Die Zeiten haben sich geändert

Es gab Zeiten, in denen Frauen nicht um Rat zu fragen brauchten, wie man eine gute Beziehung mit einem Mann aufbaut und lebt. Vor vierzig oder fünfzig Jahren gab es keine Bücher über Frauen, die zu sehr lieben, und auch keine Bücher über die Liebe zu Männern, die Frauenhasser sind. Ihre Großmütter und deren Mütter und Großmütter hatten nie etwas vom «Peter-Pan-Syndrom» und vom «Casanova-Komplex» gehört, und dennoch wußten viele von ihnen, wie sie eine lebenslange und vertrauensvolle Beziehung mit ihrem Mann aufrechterhalten konnten – und sie tauschten ihr Wissen untereinander aus. Würden Sie diese Frauen heute um Rat fragen, wären die Antworten für Sie wahrscheinlich wenig befriedigend. Sie würden diese Antworten als altmodisch, demütigend oder schlichtweg lächerlich bezeichnen und denken, keine gescheite Frau von heute, die sich selbst achtet, sei bereit, die gleichen Dinge für ihren Mann zu tun, wie die Frauen von damals. «Heute liegen die Dinge anders», würden Sie sagen. Und natürlich hätten Sie recht.

Während der letzten Jahrzehnte haben Frauen sich Zugang zu vormals rein männlichen Domänen verschafft und sind in den beruflichen Konkurrenzkampf mit Männern (und anderen Frauen) eingestiegen. Sie kämpfen für den gleichen Status, gleiche Bezahlung, gleiche Rechte und gleiche Anerkennung. Als Folge davon haben sich die Regeln im Umgang zwischen Männern und Frauen geändert. Die Erwartungen, die Frauen an sich selbst und an die Männer in ihrem Leben stellen, haben sich gewandelt – und damit hat sich leider auch die Wahrscheinlichkeit verringert, befriedigende Beziehungen aufzubauen und zu erhalten.

Wenn die Frauen, die ich befragt habe, ein Maßstab sind – und ich bin überzeugt, daß sie es sind –, dann haben diese Veränderungen den Frauen mehr Verunsicherungen und Enttäuschungen als Glück eingebracht. Sie haben eher Selbstzweifel und Minderwertigkeitsgefühle hervorgerufen als Selbstvertrauen und Selbständigkeit. Dies nicht etwa deshalb, weil das Bemühen um beruflichen Erfolg und persönliche Erfüllung kein sinnvolles Ziel wäre. Ich zweifle nicht im geringsten daran, daß die Frauen ihren Weg aus gutem Grund und mit den besten Absichten eingeschlagen haben. Aber leider haben sie irgendwo auf diesem Weg die Verbindung zu den eigentlichen Quellen weiblicher Stärke verloren.

Die Bedeutung von Beziehungen

Bei der Bedeutung von Beziehungen spreche ich von verschiedenen Arten von Beziehungen: von Freundschaft, der Beziehung zwischen Eltern und Kindern, der Beziehung zwischen Geschäftspartnern, zwischen Mitgliedern einer Gemeinschaft – und eben auch von einer dauerhaften, engagierten Beziehung mit einem Mann. Ich rede von Beziehungen, die auf einer intellektuellen, emotionalen und seelischen Verwandtschaft basieren, die das Potential für eine Entwicklung in sich tragen und schließlich ein Gefühl von Wohlbefinden und Zufriedenheit bei allen Beteiligten hervorrufen. Beziehungen haben ein Eigenleben und können ungeahnte, sehr positive Entwicklungen in die Wege leiten. Ich spreche hier auch über die Kunst, Beziehungen so aufzubauen und zu pflegen, daß sie erfolgreich und befriedigend sind. Hierfür waren zu allen Zeiten die Frauen ganz besonders talentiert. Solche Beziehungen erfordern Begabungen, Fähigkeiten und Instinkte, die Frauen seit Jahrtausenden entwickelt haben.

Im Laufe der Geschichte wurde die Bedeutung von Beziehungen nicht deutlich genug erkannt. Beziehungen – dieser Bereich, der von Natur aus in den Händen der Frauen liegt – sind die wichtigste Grundlage der menschlichen Gemeinschaft. Sie sind eine Brücke zu allem, was für Frauen und für die ganze Menschheit von Bedeutung ist. Das Prinzip der Beziehung, das Prinzip der zu fördernden Reife, hat es Gemeinschaften und Kulturen ermöglicht, sich zu entwickeln. Durch Beziehungen sind die Werte und Normen der Gesellschaft erhalten worden. Ohne sie hätten wir nicht so lange überlebt. Wir hätten in Krisenzeiten nicht zueinandergehalten, und wir hätten Kriege, Seuchen und Hungersnöte nicht überstanden. Tatsache ist, daß die Energie, die Frauen in Beziehungen stecken, immer die ausgleichende Kraft war, die uns davor bewahrte, durch die Aggressivität und den Konkurrenztrieb der Männer zugrunde gerichtet zu werden.

Die Hoffnung der Frauenbewegung

Die Hoffnung der Frauenbewegung bestand darin, daß die Frauen ihre besondere Stärke, die auf dem Gebiet der Beziehungen liegt, in männliche Domänen einbringen und somit erneut zur Rettung der Welt beitragen könnten. Aber diese Hoffnung erfüllte sich nicht.

Karen, 50, Geschäftsführerin eines riesigen Unternehmens, beschreibt ihren Weg auf der Erfolgsleiter so: «Ich habe alles getan, um meine Weiblichkeit zu überspielen. Ich habe meine Gefühle unter Kontrolle gehalten und mich konservativ gekleidet. Auf meinem Schreibtisch stand kein einziges Familienfoto. Ich habe nicht geflirtet. Ich habe mich krummgelegt, um keinesfalls die Aufmerksamkeit auf die Tatsache zu richten, daß ich eine Frau bin. Ich habe jahrzehntelang geübt, zu handeln und sogar zu denken wie ein Mann.»

Viele andere Frauen haben es genauso gemacht. Um in Machtpositionen zu gelangen, opferten sie das, was ihnen eigentlich am Herzen lag, und verschrieben sich dem Lebensziel und der ersten Priorität der Männer: dem Wettbewerb.

In gewisser Weise war das unvermeidlich. Schließlich befanden sie sich auf männlichem Terrain. Es war *sein* Spielfeld, *sein* Ball, *sein* Match. Sie hatten kaum eine andere Wahl, als nach *seinen* Regeln zu spielen. Aber nachdem sie in die angestrebten Machtpositionen gelangten, war ihnen das Prinzip des Wettbewerbs weiterhin wichtiger als das der Beziehung.

Karen drückt es so aus: «Anfangs gab es noch die Geschäftsfrau und die echte Frau; die Frau, die ich bei der Arbeit war, und die andere, die sich immer noch vorstellen konnte, sich zu verlieben, zu heiraten und eine Familie zu gründen. Aber nach einer gewissen Zeit verschwand diese andere Frau. Vielleicht habe ich mich so sehr bemüht, meine Arbeitgeber davon zu überzeugen, daß ich an diesen traditionellen Dingen nicht interessiert sei, daß ich schließlich selbst nicht mehr daran glaubte.»

Je länger Karen sich von männlichen Prioritäten leiten ließ, desto weiter entfernten sich ihre eigentlichen Lebensziele aus ihrem Blickfeld. «Ich funktionierte nur noch. Ich funktionierte inzwischen so gut, kam mit allen möglichen Problemen allein zurecht und hatte meine Gefühle so komplett verdrängt, daß ich irgendwann gar nicht mehr wußte, wozu Beziehungen eigentlich gut sein sollten und warum ich mich jemals so sehr darum bemüht hatte.»

Karen ist kein Einzelfall. Heutzutage haben zahllose Frauen vergessen oder verdrängt, was Beziehungen bedeuten. Sie haben ihre neu entdeckte Konkurrenzfähigkeit und die Lust am Siegen auf alle Bereiche ihres Lebens übertragen, und viele von ihnen leiden darunter. Die Lebensqualität der Frauen hat sich während der letzten dreißig Jahre nicht verbessert. Mehr Frauen als je zuvor leben unterhalb der Armutsgrenze. Es gibt massenhaft Scheidungen und zahllose Kinder mit geschiedenen Eltern. Und da sie es nicht geschafft haben, den Mythos von der Superfrau zu verwirklichen, und gemerkt haben, daß sie höchstwahrscheinlich nie *alles* haben können, ist die Selbstachtung der Frauen auf einen Tiefpunkt gesunken.

Soll das nun heißen, die Frauen sollen ihre Karriere an den Nagel hängen, ihre Interessen und ihre Unabhängigkeit aufgeben? Will ich damit andeuten, daß es für die Menschen mit zwei X-Chromosomen nur eine einzige Lebensform gibt? Daß sich diese Menschen damit abfinden müssen, jemandes «Frauchen» zu sein, eine unterwürfige Nur-Hausfrau, die kocht, putzt, Kinder gebärt und vielleicht dann und wann einen Backwettbewerb für wohltätige Zwecke mitmacht? Ganz und gar nicht. Ich gebe hier lediglich das wieder, was ich beobachtet habe und was mir Frauen über den Preis erzählt haben, den sie dafür zahlen müssen, daß sie ihr Leben so führen, als seien sie Männer.

Fünfundneunzig Prozent der
Beziehungsprobleme einer Frau:

● beginnen bereits *vor* der Beziehung, denn Frauen, die auf der Suche nach einem Mann sind, wissen nicht mehr, was sie eigentlich von einer Beziehung erwarten. Ich werde Ihnen zeigen, wie Sie die wichtigste Entscheidung Ihres Lebens als Frau, die Auswahl eines Lebenspartners, treffen müssen.

● sind Begleiterscheinungen geringer Selbstachtung und der Unfähigkeit der Frauen, sich selbst so zu vertrauen und sich so zu akzeptieren, wie sie sind. Ich werde Sie dazu ermutigen, sich mit Ihrem eigentlichen Selbst wieder vertraut zu machen und ganz die Frau zu sein, die Sie sein können.

● sind durch die natürlichen Unterschiede zwischen Männern und Frauen bedingt und durch die Konflikte, die entstehen, wenn Sie von einem Mann erwarten, daß er denkt und handelt wie eine Frau. Ein großer Teil dieses Buches soll Ihnen dabei helfen, zu verstehen und zu akzeptieren, wie Männer sich in Beziehungen verhalten, was sie sich von einer Beziehung erhoffen, und was sie Ihnen geben können und was nicht.

● sind die unvermeidlichen Konsequenzen des Versuchs, die Fäden der Beziehung in der Hand zu halten und die Männer zu zwingen, Ihnen genau dann alles zu geben, wenn Ihnen danach zumute ist. Dieses Buch wird Ihnen zeigen, wie Sie eine Beziehung ohne ständige Überwachung führen; wie Sie Männer dazu bringen, Sie glücklich zu machen, ohne ihre ureigene Wesensart zu verändern, und wie Sie Ihre Beziehung so pflegen, daß sie Ihnen Erfüllung und Zufriedenheit bringt.

• entfallen, wenn Trennung *keine* Lösung ist, wenn Sie sich die Selbstdisziplin auferlegt haben, die eine dauerhafte, gute Beziehung mit einem Mann erfordert. Ich werde Ihnen erklären, wie diese Selbstdisziplin zu erlernen und warum sie notwendig ist.

Ich werde Ihnen zeigen, wie Sie fünfundneunzig Prozent Ihrer Beziehungsprobleme lösen können (und auch mit dem Rest fertigwerden). Das ist die gute Nachricht.

Die schlechte Nachricht ist, daß Ihnen meine Ratschläge nicht gefallen werden. Die Dinge, die ich Ihnen zu sagen habe, werden einige der Standpunkte und Denkweisen, die Sie sich während der letzten Jahre zu eigen gemacht haben, in Frage stellen. Wenn Sie wie die meisten «modernen» Frauen sind, dann werden Sie lieber Ihre Überzeugungen verteidigen, als das zu tun, was für eine erfolgreiche Beziehung notwendig ist. Sie wollen zwar eine Beziehung, aber nichts dafür tun, was nicht dem Zeitgeist entspricht, was nicht Ihren Vorstellungen von dem entspricht, was intelligente, aufgeklärte, unabhängige Frauen tun sollten oder was für Ihre Freundinnen nicht akzeptabel zu sein scheint.

Das ist ein Problem.

Denn einiges von dem, was für eine erfolgreiche, dauerhafte Beziehung mit einem Mann erforderlich ist, entspricht in der Tat nicht der heute landläufigen Ansicht.

Aber es funktioniert!

Gerade weil Sie die Tatsache, daß die Frauen früherer Generationen genau da erfolgreich waren, wo Sie es nicht sind, geflissentlich übersehen und nur ungern zugeben, daß Ihre Großmütter und Urgroßmütter irgend etwas richtig gemacht haben *müssen*, werden Sie versucht sein, auch die Ratschläge, die Sie in diesem Buch finden, abzulehnen. Und wenn der Rat von Frauen, die bewiesen haben, daß sie wissen, wie man eine lebenslange Beziehung mit einem Mann führt, Sie ärgerlich macht, dann werden Sie das, was ich Ihnen zu sagen habe, erst recht ablehnen. Sie werden empört, entsetzt und außer sich sein und denken, daß ich Macho-Philosophien vertrete oder der Verfechter einer eigennützigen, psychologischen Konstruktion bin.

Das ist jedoch nicht der Fall. Dieses Buch hat nichts mit Philosophie oder Theorie zu tun.

Dieses Buch handelt von dem, was *funktioniert*.

Was funktioniert?

Bitte vergessen Sie für einen Moment die gängigen Vorstellungen und vertrauten Verhaltensmuster unserer heutigen Gesellschaft; halten Sie einen Moment die Luft an, und werfen Sie einen unvoreingenommenen, furchtlosen Blick in Ihr eigenes Herz und Ihre Seele. Dort werden Sie die Wahrheit über sich selbst entdecken; und das wird Ihnen den Mut geben, die Schranken zu durchbrechen, die Sie davon abhalten, eine gute, dauerhafte und engagierte Beziehung mit einem Mann einzugehen.

Ich weiß, daß meine Ziele sehr hoch gesteckt sind, und ich viel von Ihnen verlange. Aber ich spreche in diesem Buch von einer Art Beziehung, die nicht für *jede* Frau geeignet ist. Ich wende mich nur an die Frauen, die ehrlich an einer engen, engagierten Beziehung mit einem Mann interessiert sind. Vielleicht gehören Sie nicht dazu. Vielleicht glauben Sie, diese Art von Beziehung nur führen zu müssen, um Ihrer Mutter einen Gefallen zu tun oder um andere Leute damit zu beeindrucken, daß Sie in *allen* Bereichen Ihres Lebens erfolgreich sind.

Niemand zwingt Sie, eine Beziehung einzugehen. Sie können auch einen anderen Weg wählen.

Vielleicht aber denken Sie, Sie hätten ein Recht auf eine erfüllte, langandauernde Beziehung. Eine solche Beziehung ist jedoch keine Selbstverständlichkeit.

Feste Beziehungen sind wieder modern geworden, unter anderem auch wegen AIDS. Aber sich mit einem Mann auf Dauer einzulassen, nur weil es im Trend liegt, ist nicht das gleiche wie echtes Engagement und die Bereitschaft, alles zu tun, was für eine Beziehung erforderlich ist. Wenn der Trend sich ändert, verlieren Sie das Interesse an der Beziehung und wenden sich einer anderen aktuellen Form zu. Das ist Beziehungsdilettantismus, und die Erkenntnisse aus diesem Buch werden Ihnen dafür nichts nützen. Auch nicht, wenn Sie sie dazu benützen wollen, einen Mann einzufangen und mit der Beziehung herumzuexperimentieren, bis sich etwas Besseres ergibt. Wenn Sie das vorhaben, dann werden Sie schon selbst einen Weg finden. Aber nicht in diesem Buch.

Wenn Sie jedoch ernsthaft daran interessiert sind, mit einem Mann in einer dauerhaften, engagierten Beziehung zu leben, dann kann Ihnen dieses Buch zeigen, wie Sie vorgehen müssen.

Was Sie sich bewußtmachen sollten, wenn Sie dieses Buch lesen

Der Zweck dieses Buches ist, Ihnen Handwerkszeug und Techniken für eine erfolgreiche, dauerhafte, engagierte Beziehung mit einem Mann zu vermitteln. Statt die Richtigkeit oder Fairneß dessen anzuzweifeln, was ich zu sagen habe, sollten Sie sich selbst fragen: «Wie kann ich diese Ratschläge anwenden, um mein eigenes Leben zu verändern und das zu bekommen, was ich will?»

Sie brauchen mit dem, was ich sage, durchaus nicht spontan übereinzustimmen. Noch weniger ist es erforderlich, mich im Geiste zu widerlegen oder die Ausnahmen von den allgemeinen Regeln, die ich aufstelle, aufzulisten. Natürlich gibt es Ausnahmen, und wenn Sie unbedingt zu diesen Ausnahmen gehören wollen, dann kann ich Sie nicht daran hindern.

Trotzdem möchte ich Ihnen ans Herz legen, zweimal darüber nachzudenken, denn der Einsatz (Ihr Glück, Ihr Seelenfriede und das Überleben Ihrer Beziehung) ist hoch.

Wieder und wieder werden Sie das, was Sie lesen, mit Ihren ursprünglichen Überzeugungen vergleichen. Dabei wird Ihnen Ihre Reaktion auf meine Worte mehr über sich selbst verraten als alles andere. Da ich jedoch verhindern möchte, daß Sie das Gesagte mißverstehen oder falsch deuten, werde ich in jedem Kapitel versuchen, die üblichen Fragen (und Proteste), die bei den entsprechenden Punkten in den Sterling-Frauen-Wochenenden zur Sprache kamen, wiederzugeben und wörtlich zu zitieren. Manchmal habe ich auch die Erfahrungen verschiedener Frauen in einem Beispiel zusammengefaßt.

Weil das Buch dazu gedacht ist, Sie weiterzubringen, bitte ich Sie außerdem, erst das *ganze* Buch zu lesen, bevor Sie beschließen, daß es Ihnen nicht das gibt, was Sie wollen. Die wirkliche Botschaft dieses Buches wird sich Ihnen nämlich nicht vor dem fünften, achten oder vielleicht sogar dem letzten Kapitel erschließen. Gehen Sie also bitte so lange in sich, horchen Sie so lange in sich hinein, bis das, was Sie lesen, eine Saite in Ihrem Innern zum Klingen bringt. Erlauben Sie sich selbst, den Klang der Wahrheit wahrzunehmen, der ertönt, wenn Sie Vorstellungen verinnerlichen, die Sie anfangs vielleicht empört oder geängstigt haben. Lassen Sie es zu, daß die *ganze* Idee Gestalt annimmt, und versuchen Sie herauszufinden, wie Sie diese Idee auf Ihr eigenes Leben anwenden können.

Schließlich will ich Ihnen noch sagen, daß ich voll auf Ihrer Seite bin, auch wenn es nicht immer den Anschein haben mag. Ich möchte, daß Sie die Beziehung führen können, die Sie sich wünschen. Ich will, daß Sie eine Beziehung finden, pflegen und erfolgreich führen, die Sie befriedigt und die der Vision entspricht, die Sie, seit Sie ein junges Mädchen waren, in Ihrem Herzen und in Ihrem Kopf bewahrt haben.

2
Wissen Sie, was Sie wollen?
Frauen sind die Architekten
ihrer Beziehungen

Katja

Als ich Katja, 27, Sozialarbeiterin, kennenlernte, lebten sie
und Gerry, 35, Zahnarzt, seit zwei Jahren zusammen. Laut
Katja waren es zwei turbulente, anstrengende, mühselige
Jahre gewesen.

«Es ist wie ein Vierundzwanzig-Stunden-Job», sagte sie.
«Wenn ich nicht mit Gerry zusammen bin, dann denke ich
über ihn nach und frage mich, was wohl als nächstes schiefgehen wird. Irgend etwas geht immer schief. Aber es war nicht
immer so. Am Anfang hat Gerry echtes Interesse an mir
gezeigt. Er war sehr aufmerksam und hörte mir immer zu. Er
sagte, ich sei faszinierend und er wolle unbedingt mehr über
mich erfahren, denn er habe noch nie eine Frau wie mich
gekannt.» Und Gerry kannte viele Frauen. Allerdings lief
bereits zu Anfang ihrer Beziehung noch eine «kleine Sache»
nebenbei. Als er und Katja anfingen, miteinander auszugehen, steckte Gerry noch in der Beziehung mit einer anderen
Frau. Er beendete diese Beziehung dann aber sehr schnell –
was Katja als eindeutigen Beweis dafür ansah, daß er sie
wirklich liebte und mit ihr zusammen sein wollte ... *nur* mit
ihr.

«Ich war ganz aus dem Häuschen, als er mich fragte, ob ich
bei ihm einziehen wollte. Ich wußte, daß er noch nie zuvor mit
einer Frau zusammengelebt hatte. Er betonte immer wieder,
daß er noch nie auf die Idee gekommen sei, eine seiner
anderen Freundinnen darum zu bitten.» Gerry erzählte Katja

häufig von ihren Vorgängerinnen, und selten ließ er ein gutes Haar an ihnen. Katja verstand jede dieser Geschichten als eine versteckte Warnung, und sie schwor sich, nicht die gleichen Fehler wie diese Frauen zu machen. Sie wollte, daß ihre Beziehung von Dauer wäre.

«Aber als ich bei Gerry eingezogen war, ging es mit uns bergab», erinnerte sie sich jetzt. «Sobald er den Mund aufmachte, hatte er etwas an mir auszusetzen. Ich sei zu fordernd, meinte er. Aber wenn ich mich zurückhielt, dann war ich ihm zu distanziert. Ich war zu empfindlich. Ich nahm alles, was er sagte, zu wörtlich, aber ich nahm seine Probleme bei der Arbeit nicht ernst genug. Ich könnte gut ein paar Pfund weniger auf die Waage bringen. Meine Klamotten nähmen im Kleiderschrank zuviel Platz ein. Und wenn ich schließlich alles so machte, wie er es sich vorstellte, dann fand er wieder einen anderen Anlaß, um mich zu kritisieren.»

Gerry war außerdem extrem besitzergreifend. Er bestand darauf, daß Katja ihm über ihren gesamten Tagesablauf Rechenschaft ablegte, und er schmollte, wenn sie einmal ohne ihn das Haus verließ. «Er war furchtbar eifersüchtig und hatte ständig Angst, daß ich ihn betrügen könnte. Sie können sich also vorstellen, wie fassungslos ich war, als ich herausfand, daß *er* mich betrog!»

Laut Katja lebten sie und Gerry seit sechs Monaten zusammen, als sie herausfand, daß er nicht nur zu dieser Zeit mit einer anderen ein Verhältnis hatte, sondern während der vergangenen Monate immer wieder kurze Affären mit anderen Frauen gehabt hatte. Sie wollte ihn auf der Stelle verlassen. Aber Gerry flehte sie an zu bleiben. «Wir redeten und weinten die ganze Nacht, und schließlich beschlossen wir, es noch einmal zu versuchen, uns beide mehr anzustrengen und die Beziehung in Ordnung zu bringen.»

Katja erfüllte ihren Teil der Abmachung, so gut sie konnte, benutzte jeden erdenklichen Trick, um Gerry wieder zu «fesseln», damit er sie wieder liebte und nur mit ihr zusammensein wollte. Sie machte eine Diät, gab ein kleines Vermögen für Reizwäsche aus und lieh sich sogar Pornovideos, die Gerry so gern sehen wollte (die sie selbst allerdings ziemlich dümmlich und ekelhaft fand). Katja reduzierte die Arbeit in ihrer Praxis und schränkte auch die Zeit ein, die sie für Besuche bei ihrer Familie und bei Freunden vorgesehen hatte. Sie kaufte Geschenke für Gerry, arrangierte kleine, romantische Abenteuer und erotische Überraschungen. «Und was war der Lohn für all meine Bemühungen? Mehr Kritik als je zuvor. Zurückweisung. Gerry verhielt sich, als täte er mir einen großen Gefallen, wenn er ein paar Stunden mit mir verbrachte.» Und er traf sich nach wie vor mit anderen Frauen.

Katja bemühte sich weiterhin, aber als sie feststellte, daß all ihre Anstrengungen nicht halfen, änderte sie ihre Taktik. Sie bat Gerry, zusammen mit ihr eine Partnerberatung aufzusuchen. Sie begann ihn auszufragen. Sie durchsuchte seine Taschen nach Indizien für neuerliche Seitensprünge. Wenn er Sex wollte, dann wies sie ihn ab. Einmal pro Woche erlitt sie einen «Zusammenbruch», weinte und flehte Gerry an, ihr sein Verhalten zu erklären. «Warum?» jammerte sie dann, «warum tust du mir das an?»

Völlig verzweifelt erschien Katja schließlich bei einem Sterling-Frauen-Wochenende, auf der Suche nach Antworten und in der Hoffnung, irgendein Hilfsmittel zu finden, das sie benutzen konnte, um die Beziehung, die sie hatte, in die Beziehung zu verwandeln, die sie sich wünschte. «Ich weiß nicht mehr, was ich tun soll. Ich habe alles Erdenkliche ausprobiert. Aber die Beziehung funktioniert immer noch nicht.»

Wie hart sollten Sie an einer Beziehung arbeiten, die nicht funktioniert?

Konnte die Beziehung von Katja und Gerry überhaupt funktionieren? Gab es eine Möglichkeit, sie zu verbessern? Das war es, was Katja wissen wollte. Ich dagegen wollte von ihr wissen, warum sie glaubte, daß die Mühe sich lohnte. Hatte sie bei all der Arbeit, die sie aufgewendet hatte, um Gerry zu bekommen und zu halten, und bei all der Anstrengung, die sie auf sich genommen hatte, um Gerry zu zeigen, daß sie ihn liebte und mit ihm, und nur mit ihm, zusammensein wollte, die Beziehung überhaupt genießen können? Diese Frage machte Katja stutzig. Etwas Positives oder Lohnendes wollte ihr nicht einfallen. «Zur Zeit reden wir kaum noch miteinander. Es sei denn, wir streiten uns, aber langsam halte ich die Streiterei nicht mehr aus. Ich bin am Ende. Diese Beziehung hat mich völlig ausgelaugt. Ich kann nicht mehr.»

Allein anzuhören, wie hart Katja an ihrer Beziehung arbeitete, war schon anstrengend, und ich fragte mich, woher sie die Zeit und Energie nahm, um auch bei ihrer Arbeit noch zu funktionieren und überhaupt noch ein wenig Spaß am Leben zu haben. Höchstwahrscheinlich kam beides entschieden zu kurz.

Heute gibt es nicht wenige Frauen wie Katja, die so hart an ihrer Beziehung arbeiten, daß sie für andere Dinge überhaupt keine Zeit mehr haben. Ein Heilmittel gegen Krebs finden oder Präsidentin werden, das können sie auch später noch. Im Moment haben sie «dieses Beziehungsproblem» und müssen damit fertigwerden.

Frauen arbeiten wie besessen an ihrer Beziehung, weil sie glauben, daß diese dadurch besser wird. Sie verwechseln Aktivität mit Produktivität. Aber all das Gerede und die Tränen, die kleinen Manöver und Tricks sind am Ende häufig zum Scheitern verurteilt. Meist entstehen dadurch nur noch mehr Probleme.

An einer Beziehung zu «arbeiten» ist nicht dasselbe, wie etwas zu tun, was wirklich funktioniert. Ich möchte verhindern, daß Sie weiterhin auf aufreibende und wenig konstruktive Weise an Ihrer Beziehung arbeiten. Ich möchte, daß Ihre Beziehung Ihnen etwas Wertvolles gibt. Ich möchte, daß Sie die Beziehung führen, von der Sie immer geträumt haben – und das dürfte kaum möglich sein, solange Sie mehr Zeit damit verbringen, an Ihrer Beziehung zu arbeiten, als sie zu genießen.

Die romantischen Vorstellungen der Frauen

Führte Katja die Art von Beziehung, die sie wirklich wollte? War ihre derzeitige Beziehung so, wie sie es sich als junges Mädchen erträumt hatte, als sie sich zum ersten Mal vorgestellt hatte, mit einem Mann zusammenzuleben? Hatte sie sich vorgestellt, für alle Zeiten glücklich mit einem Mann zusammenzuleben, der sie betrog? Hatte sie sich ausgemalt, wie es wäre, sich Sorgen zu machen, ihn zu manipulieren, ihn ändern und überwachen zu wollen? Natürlich nicht.

Die Beziehung, die Katja sich erträumte, ist «sehr romantisch und aufregend, aber dennoch sehr solide. Der Mann, den ich mir vorstelle, ist stark und selbstsicher und sehr verliebt in mich. Er tut alles für mich, er reitet für mich durch die Hölle. Aber er hat auch ein eigenes Leben. Er geht hinaus in die Welt und tut alles, was er tun muß, und genauso tue ich alles, was ich tun muß: Mich um die Kinder kümmern, den Garten pflegen und als Krankenschwester arbeiten – das war es nämlich, was ich damals werden wollte. Wenn ich wußte, daß er auf dem Heimweg war, bekam ich Herzklopfen. Ich tat Dinge für ihn, weil ich sie tun *wollte*. Aber vor allem war meine Wunschbeziehung voller Lachen und Überraschungen. Eine meiner Lieblingsphantasien war, daß ich gerade das Essen zubereitet hatte und ihn nach seinen Erlebnissen fragte, als er plötzlich einen verschmitzten Blick bekam, mich über seine Schulter warf und ins Schlafzimmer trug . . .»

Dies ist also eine positive, lebhafte und herzerwärmende Vorstellung von der Beziehung zu einem Mann: Die romantische Vision einer Liebe, die gute Aussichten hat, erfolgreich, zufriedenstellend und dauerhaft zu sein. Und irgendwo in einer kleinen Kammer Ihres Herzens tragen auch Sie eine Phantasie mit sich herum. Wie vermutlich jede Frau auf diesem Planeten haben auch Sie einmal von der Beziehung geträumt, die Sie eines Tages mit einem Mann haben würden. Sie wußten sogar schon mit neun oder zehn Jahren ganz genau, wie diese Beziehung aussehen sollte. Sie haben sich damals nicht nur ein genaues Bild von der Beziehung gemacht, sondern auch von dem Mann, mit dem Sie sie leben würden.

Er war aufregend, dominant und spontan, stark, selbstsicher und unberechenbar. Er war zärtlich und leidenschaftlich und sprach kaum jemals über seine Zweifel und Ängste. Er schien sich vor nichts und niemandem zu fürchten. Der Mann Ihrer Träume schien immer zu wissen, was er tat (auch wenn Sie nie genau wußten, was Sie von ihm zu erwarten hatten). Er hatte einen starken Willen und war ein wenig rauhbeinig, abenteuerlustig und erpicht darauf, die Dinge so anzupacken, wie er es für richtig hielt.

Obwohl viele Jahre vergangen sind und Sie sich in vielerlei Hinsicht verändert haben, haftet diese romantische Vorstellung von einer Beziehung und von dem Mann, mit dem Sie sie haben wollten, zu einem guten Teil immer noch in Ihrem Kopf. Auch wenn Sie versuchen, sie zu leugnen oder Zugeständnisse zu machen, damit sie auf den Mann paßt, mit dem Sie gerade zusammen sind, wird sie Sie begleiten. Wenn Sie diese Beziehung noch nicht gefunden haben, dann kann es daran liegen, daß Sie sich nicht absolut sicher sind, ob Sie sie wirklich *wollen*.

Um die Beziehung Ihrer romantischen Träume führen zu können, müssen Sie Ihr Herz einem Mann öffnen, ihm Zutritt zu Plätzen gewähren, die Sie sonst verstecken, und seine verborgenen Bereiche ebenfalls kennenzulernen versuchen – ohne ihn zu überwachen, ohne all die Dinge zu tun, die Sie sich während Ihrer anderen Beziehungen vielleicht schon angewöhnt haben. Das ist gefährlich und beängstigend, und vielleicht wollen Sie dieses Risiko lieber gar nicht auf sich nehmen. Darüber hinaus erfordert die Verwirklichung Ihrer romantischen Vorstellungen echtes Engagement. Sie müssen gewisse Opfer bringen. Sie werden Männer und Beziehungen in einem neuen, ungewohnten und manchmal unangenehmen Licht sehen müssen. Vielleicht sind Sie noch nicht dazu bereit. Vielleicht gehen Sie lieber auf Nummer Sicher, jedenfalls im Moment, vielleicht aber auch für immer. Das ist Ihr gutes Recht.

Wenn Sie jedoch die Beziehung Ihrer romantischen Träume wirklich *wollen*, dann sollen Sie sie haben. Ich glaube, daß Sie sie verdient haben, und ich weiß, daß Sie sie haben können, ohne so hart daran arbeiten zu müssen, daß Sie keine Zeit mehr haben, das Leben zu genießen.

Warum eine baufällige Hütte kaufen, wenn Sie Ihr Traumhaus haben können?

Statt von Beziehungen möchte ich einen Moment lang über Häuser reden. Ich möchte von dem Haus reden, das Sie immer haben wollten und für das Sie jahrelang gespart haben. Da Sie schon lange Zeit, bevor Sie in der Lage waren, es sich leisten zu können, von diesem Haus geträumt haben, haben Sie eine sehr genaue Vorstellung davon, wie es aussehen soll. Sie wissen, ob Sie ein Bauernhaus haben wollen oder eine Villa, eine große oder kleine Küche, Sie wünschen sich einen Kamin im Wohnzimmer und einen Gartensitzplatz – und mit dieser Vision im Kopf suchen Sie so lange, bis Sie ein Haus finden, das Ihrer Vorstellung entspricht.

Dann sehen Sie sich dieses Haus an. Sie überprüfen das Dach, den Keller, klopfen die Wände ab und stampfen auf den Fußboden. Sie bestellen einen Architekten, einen Klempner, einen Elektriker, damit sie das Haus inspizieren. Sie sind dabei, eine wichtige Entscheidung zu treffen. Sie wollen sicher sein, daß das Haus nicht nur gut aussieht, sondern daß es auch solide ist und Sie während der nächsten zehn, zwanzig oder sogar fünfzig Jahre warm und trocken hält. Sie investieren viel Arbeit, um Ihr Traumhaus zu finden, aber es lohnt sich, weil Sie schließlich *das* Haus haben werden, von dem Sie immer geträumt haben.

Und jetzt nehmen wir einmal an, Sie gehen ganz anders vor. Angenommen, Sie finden ein Haus, das in einigen Punkten Ihrer Vorstellung entspricht, aber ziemlich reparaturbedürftig ist. Die Lage ist recht gut, und Sie bekommen es für weniger Geld, als Sie geplant hatten. Der Kauf erscheint als eine so günstige Gelegenheit, daß Sie fürchten, jemand anderes könnte es Ihnen, wenn Sie zu lange überlegen, vor der Nase wegschnappen. Außerdem will Ihr Vermieter die Miete für Ihre derzeitige Wohnung erhöhen und Sie einen neuen Mietvertrag unterschreiben lassen. Jetzt oder nie, sagen Sie sich. Sie denken sich, daß Sie mit dem gesparten Geld die schrecklich schäbige Küche komplett neu gestalten, einen Gartensitzplatz anlegen und sämtliche Installationsprobleme beseitigen lassen können (der Makler versichert Ihnen, daß die Mängel nur ganz geringfügig seien). Sie machen also bei Ihren Wünschen erhebliche Zugeständnisse und kaufen dieses Haus. Danach geben Sie natürlich ein kleines Vermögen für Umbauten und Reparaturen aus. Sobald einer der Mängel behoben ist, geht an der nächsten Ecke etwas kaputt. Es sieht so aus, als müßten Sie jeden freien Moment und jeden Notgroschen in dieses verdammte Haus investieren. Inzwischen ärgern Sie sich bereits schwarz, daß Sie es gekauft haben. Am Ende fangen Sie an, es regelrecht zu hassen, und möglicherweise sehen Sie sich nach etwas Neuem um.

Genau dasselbe passiert, wenn Sie sich mit einem Mann einlassen, der nicht Ihrer romantischen Vision entspricht, wenn Sie Ihre Vorstellung von einer Beziehung preisgeben, um sich einem Mann völlig anzupassen.

Warum auf das kurze, vermeintliche Glück setzen, wenn Sie eine langfristige, befriedigende Partnerschaft haben können?

Was Beziehungen betrifft, so hatten Frauen schon immer visionäre Kräfte: Sie waren fähig, sich vorzustellen, wie die Dinge sein sollten, und sie dann auch so zu verwirklichen. Aber wie ich schon im ersten Kapitel gesagt habe, sind die Frauen den Männern in den letzten Jahrzehnten immer ähnlicher geworden. Um in der Konkurrenzgesellschaft erfolgreich sein zu können, haben die Frauen gelernt, wie Männer zu handeln, und unglücklicherweise auch begonnen, wie Männer zu denken. Sie haben angefangen, nach sofortigen Erfolgserlebnissen, nach sofortiger Anerkennung zu suchen. Darauf zu warten, daß eine Beziehung sich entwickelt, daß deren Möglichkeiten sich nach und nach erschließen, das dauert ihnen zu lange. Sie haben wichtigere Dinge zu erledigen, keine Zeit zu verlieren. Und somit haben sie aufgehört, für einen dauerhaften Erfolg zu arbeiten oder sich die langfristigen Konsequenzen vor Augen zu führen.

Nehmen wir einmal an, Sie hätten gerade einen Mann getroffen, der Ihnen sehr gefällt. Er ist kräftig und hat schönes, volles Haar. Er ist nicht zu groß und nicht zu klein, und er kleidet sich auf eine Weise, die Ihnen gefällt. Mit einem Wort: er ist «Ihr Typ». Also gehen Sie ein paarmal mit ihm aus. Sie finden heraus, daß er einen guten Job hat, ein Haus und ein Auto. Seine Scheidung hat er schon seit Monaten hinter sich, und es ist nichts an ihm, was Sie abschrecken würde. Irgendwie macht es «Klick», und Sie denken: «Mich hat's erwischt. Der Typ macht mich wirklich an.» Wenn Sie ihn nur ansehen, fängt Ihr Herz an zu klopfen, und Ihr fester Vorsatz, erst dann mit einem Mann zu schlafen, wenn Sie ihn gut kennen und ihm vertrauen, löst sich in Luft auf. Der Sex mit ihm ist großartig. Sie haben mal wieder diese berauschende Mischung aus Aufregung und erotischer Anziehungskraft genossen, die bewirkt, daß die meisten Verliebten sich im Bett wie zwei Beschwipste benehmen. Jetzt denken Sie: «Das tut gut. Das gefällt mir. Das könnte der Richtige sein. Oder rede ich mir vielleicht nur ein, daß er der Richtige ist, weil ich nicht mehr allein sein will? Vielleicht, weil ich diese Typen satt habe, die sagen, sie rufen an, und es dann doch nicht tun? Oder weil ich es nicht mehr ertrage, wenn meine Mutter anruft und fragt, ob ich jetzt endlich einen festen Freund habe?»

Wie auch immer, ein «Klick» und ein Mann, der Ihre Grundbedürfnisse befriedigen kann, sind noch keine ausreichenden Voraussetzungen für eine erfolgreiche Beziehung. Das «Klick» kann sogar ein schlechtes Zeichen sein. Dadurch wird nämlich Ihre Aufmerksamkeit abgelenkt. Sie bemerken nicht, daß Sie die gleichen Fehler machen, die Sie schon zuvor begangen haben, oder daß Ihr neuer Traummann genauso ist wie seine Vorgänger – nur mit einem etwas anderen Mäntelchen. Sie stürzen sich bis über beide Ohren in die neue Beziehung, blind für die Tatsache, daß die Anziehungskraft zwischen zwei Menschen Schwankungen unterliegt und daß Dinge, die auf kurze Sicht wichtig erscheinen mögen, nicht nur an Bedeutung verlieren, sondern auf Dauer auch in einem ganz anderen Licht erscheinen können.

Sie lassen sich mit einem Mann ein, weil Sie seinen Intellekt bewundern und die Tatsache, daß er an mehr als nur an Ihrem Körper interessiert ist. Nach ein oder zwei Jahren beklagen Sie sich, daß er dauernd redet, anstatt mit Ihnen zu schlafen. – Oder Sie fühlen sich zu einem Mann hingezogen, weil er sich mit so viel Ehrgeiz und Engagement seiner Arbeit widmet.

An ihrem dritten Hochzeitstag beschimpfen Sie ihn als Workaholic. – Oder ein aufregender, spontaner, draufgängerischer Typ erscheint Ihnen, nachdem Sie eine Weile mit ihm zusammengelebt haben, als labil, kindisch und verantwortungslos. – Oder Sie haben es sehr schnell satt, den Mann zu bemuttern, der Sie so dringend brauchte. – Oder Sie fühlen sich erdrückt von dem Mann, der für Sie sorgen wollte. Dabei hat er sich wahrscheinlich überhaupt nicht verändert. Er ist noch genau derselbe Mann, in den Sie sich damals verliebt und den Sie damals geheiratet haben. Sie haben sich nicht die Mühe gemacht, sich das ganze Bild anzusehen. Sie dachten damals, daß er genau das sei, was Sie brauchten.

Wie die Beziehung mit einem Mann wirklich klappt

Denken Sie daran, daß das, was Sie anfangs an einem Mann begeistert, am Ende genau das sein kann, was Sie am meisten an ihm stört und was auch Ihre Beziehung zerstören kann.

Kaufen Sie jetzt, zahlen Sie später

Der Wunsch nach sofortigen Erfolgen ist nicht der einzige Grund dafür, daß Frauen sich kopflos in Beziehungen stürzen und dies dann ihr Leben lang bereuen. Da viele mit sich selbst oder ihrem Leben unglücklich sind und davon erlöst werden wollen, denken sie nicht über die langfristigen Folgen und Konsequenzen nach. Sie sind verzweifelt und versuchen, alles auf eine Karte zu setzen («Ich werde schließlich nicht jünger, wissen Sie?! Dies könnte die letzte Gelegenheit sein. Wahrscheinlich bekomme ich nie wieder eine solche Chance.»).

Besonders wenn sie nicht mehr jung sind, hören diese Frauen beständig das Ticken ihrer biologischen Uhr. Aber in dieser Hast verraten solche Frauen ihre romantische Vision von einer Beziehung. Sie sind nicht wirklich an einer Beziehung interessiert – sie wollen einfach nur einen Mann.

Ich will einen Mann mit diesen und jenen Qualitätsmerkmalen, denken Sie. Ich muß nur sicher sein, daß er kein Alkohol- oder Drogenproblem hat, daß er einen guten Job hat, nicht verrückt ist und Kinder will. Geben Sie mir diesen Mann, und dann sehe ich weiter. Irgendwie werde ich diese Beziehung schon hinkriegen. Das ergibt genauso viel Sinn, als ließen Sie sich bei einem Unternehmen anstellen, nur weil Ihnen das Firmengebäude gefällt. Aber genau das tun Sie. Obwohl Sie die möglichen Probleme sehen, verdrängen Sie sie, weil Sie meinen, damit fertigzuwerden, wenn Sie erst einmal den Mann haben. Genau das war es auch, was Katja getan hat.

Katja wußte in dem Moment, als sie sich mit Gerry einließ, was sie erwartete. Sie ahnte, daß Treue nicht zu seinen besonderen Tugenden zählte. Aber während ihrer ersten gemeinsamen Monate war schließlich sie die «andere Frau». Außerdem hätten seine bissigen Kommentare über seine Exfreundinnen sie bereits auf seine grundsätzlich zynische, kritische Haltung aufmerksam machen müssen; sie hätte sich klarmachen müssen, daß es äußerst schwierig sein würde, ihn zufriedenzustellen. Aber Katja nahm diese schlimmen Vorzeichen nicht ernst. «Ich wußte, daß Gerry nicht perfekt ist», sagte sie verharmlosend. «Aber trotzdem dachte ich, daß er der Mann sei, mit dem ich zusammensein wollte.» Sie glaubte auch, daß er sich ändern würde, wenn sie erst einmal mit ihm zusammen wäre, und er merken würde, daß sie anders war als die Frauen, mit denen er es bisher zu tun gehabt hatte. Sie dachte, sie müsse sich nur genügend anstrengen, dann würde sich ihre Traumvorstellung schon realisieren lassen. Dabei hatte sie ihren Traum bereits von Anfang an verraten und ignoriert, nur um einen Mann zu haben. Und natürlich ging ihre Rechnung nicht auf.

Wenn Sie glauben, daß Sie sich erst einen Mann suchen und dann später die Beziehung in Ihrem Sinne gestalten können, dann werden Sie in die gleiche verhängnisvolle Situation geraten wie Katja. Beziehungen auf diese Art anzugehen – das funktioniert einfach nicht. Es wird Sie nicht glücklich machen. Wenn Sie versuchen, einen Mann, nachdem Sie sich mit ihm eingelassen haben, nach Ihren Vorstellungen zu ändern, dann werden Sie langfristig keinen Erfolg haben, sondern Konflikte, Streitereien und Enttäuschungen heraufbeschwören. Zu denken: «Er wird sich ändern, wenn er erst sieht, wie wunderbar ich bin», ist der beste Weg, Ihre Selbstachtung zu untergraben. Wenn dieser Mann sich nämlich nicht ändert, dann werden Sie denken, *Sie* seien nicht gut genug. Sie werden versuchen, jemand zu sein, der Sie gar nicht sind, und Sie werden sich schließlich frustriert und voller Wut wiederfinden. Wenn Sie Ihre romantische Vision von einer Beziehung so weit verraten, daß Sie sich mit einem Mann einlassen, der Charakterzüge hat, mit denen Sie nicht leben können und die Sie deshalb später korrigieren wollen, dann kann ich Ihnen garantieren, daß Sie soviel Arbeit und Energie in Ihre Beziehung stecken müssen, daß Sie am Ende keinen Spaß mehr daran haben. Sie bleiben erschöpft und unglücklich zurück.

Wie die Beziehung zu einem Mann wirklich klappt

Sie müssen sich Ihrer Vision von einer dauerhaften, engagierten Beziehung bewußt werden und daran glauben. *Dann* erst suchen Sie sich den Mann, der dieser Vorstellung entspricht.

Frauen sind Beziehungsarchitekten

Genauso, wie Sie für den Bau eines neuen Hauses (oder den Umbau Ihres alten) einen Entwurf benötigen, brauchen Sie, um eine erfüllte, enge Beziehung mit einem Mann aufzubauen (oder um Ihre jetzige Beziehung erfolgreicher und zufriedenstellender zu gestalten), eine langfristige Vision dieser Beziehung. Wenn Sie diese Vision nicht haben, wenn Sie nicht wissen, was Sie sich außer den oberflächlichen Aspekten, die eine sofortige Befriedigung versprechen, von der Beziehung wünschen, dann sollten Sie keine langfristige, engagierte Beziehung mit einem Mann eingehen. Ihre Chancen auf Erfolg wären verschwindend gering.

Zusätzlich zu dem Bild Ihrer ursprünglichen, romantischen Vision, müssen Sie sich ausmalen, was Sie sich von einer dauerhaften Beziehung versprechen. Sie müssen sich über Ihre grundlegenden Bedürfnisse klarwerden, Sie müssen wissen, was Sie brauchen, um eine befriedigende Beziehung zu führen, und welches Verhalten oder welche Behandlung Sie nicht akzeptieren können, weil Sie dadurch gezwungen würden, Ihre Wertvorstellungen aufzugeben, oder weil Sie sich körperlicher oder seelischer Gefahr aussetzen würden. Ihre Liste mit grundlegenden Bedürfnissen sollte nur Punkte enthalten, die für den Erfolg Ihrer Beziehung absolut unerläßlich sind. Die Liste sollte nicht allzu lang werden. Wird sie es doch, dann sind Sie zu pedantisch. Sie vermeiden und verhindern echte Nähe, indem Sie Anforderungen stellen, die kein Mann und keine Beziehung erfüllen kann.

Sie müssen sich jedoch ganz sicher sein, was Sie wollen, damit Sie Ihr Glück, wenn es Ihnen begegnet, auch erkennen. Sie müssen außerdem lernen, Ihrer Vision zu vertrauen. Wenn Sie nicht wirklich daran glauben, dann werden Sie, sobald es beim nächsten Mann «Klick» macht, Ihre Vision ändern. Sie wissen, daß das nicht funktioniert, deshalb sollten Sie einige Zeit und einiges Nachdenken investieren, um Ihre romantische Vision zu gestalten. Sie selbst werden intuitiv wissen, wie Ihre Beziehung auszusehen hat. Zugleich sollten Sie folgende Punkte beachten:

• Eine Beziehung, die Ihrer romantischen Vorstellung entspricht, sollte Ihnen all die Dinge geben, die Sie mit Geld nicht kaufen können.

• Eine dauerhafte Beziehung besteht nicht nur aus Spaß und Spiel. Sie können nicht erwarten, mit Ihrem Partner nur zu lachen, mit ihm gemeinsam wundervolle Dinge zu tun und ab und zu ein paar schöne Stunden zu erleben. Eine solche Beziehung wäre eher locker und unverbindlich.

• Die Beziehung Ihrer romantischen Vorstellung funktioniert nicht nur nach dem Lustprinzip: Zwei Menschen, die sich nur anziehend finden, verbringen zwar eine gewisse Zeit miteinander, laufen aber davon, wenn es Schwierigkeiten gibt, vertragen sich wieder, haben erneut Streit und laufen erneut auseinander. Ein solches Verhalten würde eine langfristige Beziehung sicherlich zerstören.

• Ihre romantische Vision sollte mehr sein als eine «in beiderseitigem Einvernehmen getroffene Vereinbarung zwischen zwei volljährigen Partnern mit der gelegentlichen Wahrnehmung sexueller Exklusivrechte». Leider ist eine derartige Erwartung heutzutage für viele Beziehungen charakteristisch. Es gibt faire Vereinbarungen, die sorgfältig ausgehandelt worden sind. Sie garantieren gleiche Rechte. Beide Partner teilen alles ganz genau. Er tut dies. Sie tut das. Beide achten peinlich genau darauf, daß der andere seine Vertragsbedingungen erfüllt. Aber ein solches Agreement garantiert noch lange nicht eine engagierte Beziehung. Der Vertrag kann jederzeit von einer der beiden Parteien gekündigt werden. Wenn es unbequem wird, die Bedingungen zu erfüllen, wenn die Beziehung keine Glücksgefühle mehr auslöst, ist der Vertrag plötzlich null und nichtig, und Sie fangen an, sich nach einem lohnenderen Projekt umzusehen.

Die Beziehung Ihrer romantischen Vision ist wie ein Kunstwerk. Sie läßt sich nicht über Nacht realisieren. Eine erfolgreiche Beziehung ist wie ein Werk der Dichtkunst, eine Symphonie, ein Gemälde oder ein Bauwerk, das schrittweise, in Etappen entsteht. Sie sind die Architektin dieser Beziehung. Es ist Ihre Aufgabe, dafür zu sorgen, daß Ihr Kunstwerk letztendlich Ihrer Vision, Ihrem Entwurf entspricht. Das tun Sie, indem Sie von Anfang an geschickt vorgehen und das richtige Material und das richtige Ausdrucksmittel für Ihr Kunstwerk auswählen. Mit Ihrer Vision einer Beziehung suchen Sie nach einem Mann, der dieser Vision *entspricht*.

Ja, aber...

Gibt es diesen Mann überhaupt? Möglicherweise glauben Sie nicht daran. Sie denken an all die Typen, die Ihnen in letzter Zeit über den Weg gelaufen sind. Sie stellen sich noch einmal all die Männer vor, mit denen Sie sich in den vergangenen Jahren getroffen haben, die einen Mutterersatz suchten, Angst vor einer Bindung hatten, viel «Freiraum» brauchten oder Sie mit Haut und Haaren vereinnahmen wollten. Papier ist geduldig, denken Sie sich, aber in der wirklichen Welt gibt es nun mal keine passenden Männer mehr.

Ich dagegen behaupte, daß es sie doch gibt. Sie sind an Ihrer Haustür vorbeigegangen, während Sie aus dem hinteren Fenster blickten. Das Problem ist die Auswahl, die Sie treffen, nicht die zur Verfügung stehenden Männer. Sie denken, es wäre einfach, den richtigen Mann zu finden, und Sie würden ihn auf den ersten Blick erkennen.

Es ist möglich, daß Sie erst mit einer ganzen Reihe von

Männern ausgehen müssen, bis Sie das richtige «Material» finden. Vielleicht müssen Sie einige Männer zurückweisen, weil sie für Ihr Kunstwerk nicht der richtige Baustoff sind. Das wird Sie nicht umbringen. Es kann sogar dazu beitragen, daß Sie eine noch genauere Vorstellung davon bekommen, was Sie wollen und was nicht.

Sie müssen lernen, hinter die Fassade zu blicken. Die Frisur oder das Bankkonto eines Mannes haben womöglich überhaupt nichts mit der Beziehung, die Sie sich vorstellen, zu tun. Hören Sie auf, sich auszumalen, was Sie kraft Ihrer Liebe aus einem Mann machen können. Wenn der Mann Ihnen jetzt nicht gut genug erscheint, dann wird sich das später auch nicht ändern. Nehmen Sie nicht die Hälfte, in der Hoffnung, etwas Ganzes daraus machen zu können. Entweder akzeptieren und genießen Sie die Hälfte, oder Sie lassen gleich die Finger davon.

Wie ich später noch genauer erklären werde, müssen Sie, um einen Mann zu finden, der Ihrer romantischen Vision entspricht, mögliche Kandidaten befragen. Ich meine damit nicht, daß Sie eine Konferenz abhalten sollen, auf der darüber gesprochen wird, wer was von wem erwartet. Dadurch würden Sie kein ehrliches Bild von dem betreffenden Mann erhalten. Wenn er an Ihnen interessiert ist, dann wird er alles sagen, womit er glaubt, Sie beeindrucken zu können. Er wird das sagen, von dem er meint, daß Sie es hören wollen. Beobachten Sie ihn. Sehen Sie sich genau an, wie er sich verhält. Machen Sie sich mit seiner Persönlichkeit, seinen Angewohnheiten und seinen Verhaltensmustern vertraut. So finden Sie heraus, wie er ist und was er wahrscheinlich von einer Beziehung erwartet. Dann entscheiden Sie, ob Sie das, was Sie sehen, akzeptieren können oder nicht, denn Ihre Aussichten, die grundlegenden Eigenschaften und Erwartungen eines Mannes zu ändern, sind minimal.

Als Beziehungsarchitektin endet Ihre Aufgabe nicht damit, den entsprechenden Baustoff für Ihr Werk gefunden zu haben. Eine erfolgreiche Beziehung sollte ein Leben lang halten. Drei, sechs oder zwölf Monate einer Beziehung sind nur ein sehr kurzer Abschnitt Ihres Lebens. Die Suche nach einem Mann, der Ihrer romantischen Vision entspricht, ist erst der Anfang des künstlerischen Prozesses. Ihre Vision, eine Beziehung zu realisieren, erfordert Zeit, Geduld, Disziplin, gewisse Opfer und Veränderungen Ihrer Lebensgewohnheiten. Und die Frage, die Sie sich unbedingt stellen sollten, lautet: «Bin ich dazu bereit?» Die Antwort wird Ihnen zeigen, ob Sie die Beziehung bekommen werden, die Sie sich wünschen.

3
Sind Sie bereit, das Notwendige zu tun – Ihren Lebensstil zugunsten einer Beziehung zu ändern?

Meggy

«Letztes Wochenende haben meine Großeltern ihren fünfzigsten Hochzeitstag gefeiert», sagte Meggy, 30, erfolgreiche Werbefachfrau, und ihre veilchenblauen Augen weiteten sich voller Bewunderung. «Wir haben für die beiden ein großes Fest gegeben, und als sie zu demselben Walzer über die Tanzfläche schwebten, zu dem sie auch schon bei ihrer Hochzeit getanzt hatten, dachte ich: ‹Fünfzig Jahre. Sie sind seit fünfzig Jahren miteinander verheiratet, und ich habe es mit meiner Ehe noch nicht einmal auf fünf Jahre gebracht.›»

Meggy erzählte außerdem, daß ihr Großvater Lou am Ende des Walzers seiner Frau Claire etwas ins Ohr geflüstert habe. Sie sei rot geworden und habe wie ein kokettes Schulmädchen mit den Wimpern geklimpert. Dann habe sie ihm in gespielter Mißbilligung mit dem Zeigefinger gedroht. «Ich bin ein sexhungriger Rentner», habe er augenzwinkernd gesagt, ihr Gesicht in die Hände genommen und ihr drei zärtliche Küsse auf Stirn, Nase und Mund gedrückt.

Mit tränenverschleierten Augen hatte Meggy diese Szene beobachtet und sich auszumalen versucht, wie ihr Exmann oder ihr derzeitiger Freund Dan sie mit der gleichen Zärtlichkeit ansah, die aus den Augen ihres Großvaters leuchtete. «Ich konnte es mir einfach nicht vorstellen», erklärte sie und fragte sich, worin das Geheimnis ihrer Großeltern bestehe. «Ich würde alles tun, um eine solche Beziehung mit Dan zu haben», sagte sie – und glaubte auch daran, bis ihre Großmutter ihr erzählte, was sie investiert hatte, um eine Ehe so lange Jahre lebendig zu erhalten.

«Ich habe ihn beim Canasta gewinnen lassen», berichtete die Großmutter. Mit einem fröhlichen Zwinkern fügte sie hinzu: «Beim Canasta und auch sonst überall. Dein Großvater ist nur knapp einen Meter siebzig groß, aber ich habe ihm stets das Gefühl gegeben, er sei ein Zwei-Meter-Mann.»

«Du meinst, du hast seinem Ego geschmeichelt?» fragte die Enkelin. Das war natürlich etwas, was sie selbst auf keinen Fall tun würde.

«Nenn es, wie du willst.» Die Großmutter zuckte mit den Schultern. «Ich habe ihn einfach gewinnen lassen, auch wenn ich ein besseres Blatt hatte. Er ist zum Beispiel nicht gerade ein Rechengenie. Ich weiß das, denn ich bin es, die sich um seine Buchführung kümmert, aber ich sage es ihm nicht. Er vergißt auch vieles, beispielsweise meinen Geburtstag, oder er vergißt, das Waschbecken nach dem Rasieren auszuwischen. Ich mache kein Aufhebens um solche Kleinigkeiten. Er möchte glauben, daß er der weltbeste Geschäftsmann und der allerbeste Ehemann ist. Warum sollte ich ihm diesen Glauben nehmen? Im Gegenteil: Bei jeder Gelegenheit bestätige ich ihn darin.»

«Aber das ist doch unehrlich», protestierte Meggy.

«Ich schwindele eben ein bißchen. Wenn dein Großvater glücklich ist, dann macht er *mich* glücklich. Wem schadet es also?»

Meggy wies diese Vorstellung entsetzt von sich. «So etwas würde ich nie tun», erklärte sie aufgebracht. «Ich würde einem Mann nie das Gefühl geben, er habe recht, wenn er im Unrecht ist. Ich habe einen Anspruch auf meine eigene Meinung. Ich will nicht meine Zeit damit verbringen, sein Ego zu stärken und mich abzumühen, um ihn glücklich zu machen.»

Natürlich hatte die Großmutter nicht behauptet, sie verbringe ihre ganze Zeit damit, ihrem Mann zu schmeicheln. Geduldig versuchte sie der Enkelin zu erklären, daß sie, die schließlich die Kinder aufzuziehen hatte, im Geschäft mithalf und ehrenamtlichen Verpflichtungen nachkam, am Tag vielleicht fünfundvierzig Minuten darauf verwandte, dem Großvater das Gefühl zu geben, er sei «der Größte». Aber Meggy wollte ihr nicht glauben. Sie hörte ihr überhaupt nicht richtig zu. In ihrem Kopf bekamen die Worte einen ganz anderen Sinn. Wenn die Großmutter sagte: «Ihm das Gefühl geben, er sei der Größte», verstand die Enkelin: «Ihm jeden Wunsch von den Augen ablesen, sein Dienstmädchen, seine kleine Geisha sein», und protestierte so wütend, als hätte man ihr nahegelegt, sie solle sich vor einen Zug werfen. «Ich werde niemals jemandes folgsames, unterwürfiges Ehefrauchen sein. Niemals. So etwas mache ich nicht mit», verkündete sie.

Was *nicht* von Ihnen verlangt wird

Sie können Meggy wahrscheinlich sehr gut verstehen. Sie wollen sich von dem Mann Ihrer Träume nicht herumkommandieren oder beherrschen lassen. Sie wollen Ihre Bedürfnisse nicht hintanstellen, damit die seinen befriedigt werden. Jede Frau setzt bestimmte Grenzen; es gibt Dinge, die sie für ihren Mann nicht tun würde oder die sie sich nicht gefallen lassen würde. Mit den «Das kann ich nicht hinnehmen»-Thesen, die ich im Laufe der Jahre von Frauen gehört habe, könnte ich ein ganzes Buch füllen. Sie können nicht ständig hinter ihm herräumen, sie können nicht über seine abgedroschenen Witze lachen, sie können ihm seine platten, sexistischen Bemerkungen nicht durchlassen. Sie können Zigarrenrauch, seine widerwärtigen Freunde oder seine Angewohnheit, immer zwanzig Minuten zu spät zu kommen, nicht ertragen. Sie lehnen es strikt ab, ihre Karriere aufzugeben, oder ihre finanzielle Unabhängigkeit, oder ihre Freundinnen, oder ihr klares Urteilsvermögen, oder ihren festen Termin im besten Manikürsalon der Stadt. Sie können es sich unter keinen Umständen vorstellen, mit einem Mann zusammenzusein, der von ihnen erwartet, daß sie direkt nach dem Aufwachen mit ihm schlafen, daß sie seine Seitensprünge geflissentlich übersehen oder ihm anerkennend auf die Schulter klopfen, wenn er seine Versicherung ausgetrickst hat.

«Damit kann ich mich keinesfalls abfinden», sagen Sie. Und Sie haben recht. Die gute Nachricht ist, daß Sie Dinge, die Ihnen widerstreben, natürlich auch nicht tun müssen. Jede Frau hat das Recht auf unumstößliche Grundsätze, die sie auch zum Wohle einer Beziehung nicht verleugnen sollte. Und jede Frau sollte sich natürlich erst dann auf eine langfristige, engagierte Beziehung einlassen, wenn sie sich über diese Grundsätze im klaren ist. Sie sollte keine Beziehung eingehen, in der von ihr verlangt wird, diese Grundsätze zu verraten, ihre Wertvorstellungen zu verleugnen oder ihr körperliches oder seelisches Wohlbefinden aufs Spiel zu setzen.

Allerdings gibt es auch Frauen, die so viele Grundsätze haben, daß eine Beziehung kaum noch möglich ist. Ihre grundsätzlichen Abneigungen reichen vom Trivialen («Ich werde mir auf keinen Fall zusammen mit ihm die ‹Sportschau› ansehen») bis zum Unrealistischen («Was meine Gefühle angeht, so werde ich niemals die Unwahrheit sagen»), und sie stellen so viele Bedingungen, daß jeder Mann im Zusammensein mit ihnen schon nach ein oder zwei Tagen unweigerlich einen Haufen Minuspunkte gesammelt hat. Noch schlimmer ist es, daß viel zu viele Frauen ihre Negativliste mit Punkten füllen, deren Akzeptanz es zahllosen Frauen seit zahllosen Generationen ermöglicht hat, erfolgreiche und lebenslänglich befriedigende Beziehungen mit Männern zu führen. Auch Meggys Liste war voll von solchen Punkten.

«Keine vernünftige, aufgeklärte, moderne Frau mit Selbstachtung würde die Dinge tun, die meine Großmutter getan hat», sagte Meggy. Männer und Beziehungen mit ihren Augen zu sehen, erschien Meggy als ein grundsätzlicher Fehler. Großmutters Methoden waren ihrer Meinung nach heutzutage völlig inakzeptabel. Sie widersprachen allem, woran die Enkelin glaubte, und sie war davon überzeugt, daß sie, als die aufgeklärte, unabhängige, moderne Frau, für die sie sich hielt, es nicht nötig habe:

- einem Mann offen zu schmeicheln;
- ihre kritische Meinung über sein schlechtes Benehmen für sich zu behalten;
- ihm das Gefühl zu vermitteln, er sei erfolgreich, wenn er es nicht war;
- ihm zu gestatten, zu tun, was er wollte und wann er es wollte;
- ihn als Sieger aus einem Streit hervorgehen zu lassen, wenn sie wußte, daß sie recht hatte, oder einen Streit zu beenden, bevor er zugeben mußte, daß er sich geirrt hatte.

Wenn Sie genauso empfinden wie Meggy, dann habe ich schlechte Nachrichten für Sie, die Sie mit Sicherheit nicht gerne hören oder glauben wollen. Es wird nämlich Zeiten geben, in denen diese «Tabu»-Verhaltensweisen und Großmutters «altmodisches» Benehmen für die Verwirklichung ihrer romantischen Vorstellungen und Sehnsüchte unbedingte Voraussetzungen sind.

Wenn Sie nicht bereit sind, diese Dinge zu tun, weil Sie glauben, Sie sollten sie nicht tun, oder weil andere Frauen heute sie auch nicht tun, oder einfach, weil Sie keine Lust dazu haben, dann wird Ihre Beziehung nicht funktionieren. Sie wird nicht funktionieren, weil Sie darauf beharren, Dinge zu tun, von denen Sie glauben, daß Sie sie tun müssen, anstatt das tun, wovon Sie in tiefster Seele wissen, daß es zu Erfolg und Zufriedenheit führen wird. Sie vertrauen lieber auf die neueste Mode, die letzten Trends und das, was andere Frauen, deren Beziehungen durchaus nicht erfolgreicher sind als Ihre eigene, Ihnen raten, anstatt sich auf Ihre Intuition zu verlassen. Nur um zu beweisen, daß Sie frei sind und jederzeit das tun können, wonach Ihnen zumute ist (und daß Sie sich von niemandem vorschreiben lassen, wie Sie Ihr Leben zu leben haben), bestehen Sie darauf, alles auf Ihre Art zu machen, obwohl Sie genügend Beweise dafür haben, daß das nicht funktioniert. Sie opfern sogar Ihre Beziehung, um die Richtigkeit Ihrer Ansichten zu beweisen, denn wenn Sie wie die meisten Frauen von heute sind, dann ist es Ihnen wichtiger, recht zu behalten, als eine erfolgreiche, beständige und engagierte Beziehung mit einem Mann zu führen. Das ist der Grund dafür, daß es Ihnen nicht gelingt, Ihre derzeitige Beziehung in die romantische Beziehung Ihrer Träume zu verwandeln. Sie sind nicht bereit, das Erforderliche zu tun. Und Sie können keine erfolgreiche Beziehung mit einem Mann führen, wenn Sie nicht tun wollen, was für die Beziehung erforderlich ist.

Machen Sie sich nichts vor

«Einen Moment mal», unterbrach Meggy mich empört. «Wollen Sie mir etwa weismachen, ich sei unfähig, eine erfolgreiche Beziehung zu führen?»

Nein, versicherte ich ihr. Sie habe alle Voraussetzungen, eine dauerhafte, gute Beziehung mit einem Mann zu führen. Nur sei sie noch nicht bereit dazu. Sie sei nicht gewillt, alles Erforderliche für eine solche Beziehung zu tun.

Meggy sah das natürlich ganz anders. «Ich *bin* dazu bereit», protestierte sie. «Ich liebe Dan, und ich komme ihm entgegen, wenn er nur bereit ist, mich auf halber Strecke zu treffen. Ich will, daß unsere Beziehung Bestand hat, aber ich habe keinesfalls vor, meine Ansichten für mich zu behalten.» Sie sei bereit, sich wirklich zu engagieren, wenn sie ganz sicher sein könnte, daß sie und Dan als Team arbeiten würden.

Solche Aussagen höre ich von den Frauen ständig. «Ich bin bereit zu einer ‹richtigen› Beziehung», sagen sie.

«ABER es gibt einfach keine akzeptablen Männer.»

«ABER ich will meine Eigenständigkeit nicht aufgeben (oder meine Wohnung).»

«ABER er muß einsehen, daß meine Karriere an erster Stelle steht.»

«Ich bin bereit, mich voll zu engagieren. Ich will mich voll und ganz darauf einlassen. Ich bin gewillt, alles Nötige für eine erfolgreiche Beziehung zu tun», behaupten sie,

«WENN auch er bereit ist, das Nötige zu tun.»

«WENN er nichts von der Zeit beansprucht, die ich für meine Kinder brauche (oder für meine Arbeit oder für mein Marathonlauf-Training).»

«WENN ich weiß, daß ich dafür auch etwas zurückbekomme.»

Gesetzt den Fall, daß solche Aussagen Ihnen vertraut vorkommen und daß Sie sie gelegentlich selbst einmal machen, lassen Sie mich etwas zu diesem «Wenn» und «Aber» sagen: Es zeigt mir, daß Sie sich etwas vormachen. Möglicherweise sind Sie ernsthaft daran interessiert, die Beziehung Ihrer Träume zu verwirklichen. Vielleicht haben Sie Ihre Vision, den Mann, der dazu paßt, und die besten Absichten. Vielleicht sehnen Sie sich wirklich nach einer innigen Beziehung, und vielleicht denken und glauben Sie wirklich, daß Sie dazu bereit sind. Aber Sie haben sich diesem Ziel nicht mit Haut und Haaren verschrieben. Weder glauben Sie wirklich an Ihre Beziehung, noch haben Sie echtes Vertrauen in die Entscheidung, die Sie getroffen haben, als Sie sich auf diese Beziehung einließen. Sie sind nicht bereit, Risiken einzugehen, oder haben Angst davor, gewisse Opfer zu bringen, Zugeständnisse zu machen oder Ihre Lebensweise zugunsten Ihrer Beziehung zu verändern. Und wissentlich oder unwissentlich, bewußt oder unbewußt, arrangieren Sie die Dinge so, daß Sie all das nicht tun müssen.

Sie sitzen auf Ihrer Liste mit «Unannehmbarkeiten». Sie

machen zu viele Einschränkungen hinsichtlich dessen, was Sie für einen Mann tun und was Sie von ihm akzeptieren würden. Sie stellen Bedingungen, die erfüllt werden müssen, bevor Sie bereit sind, selbst auch nur einen Finger zu rühren. Und das bedeutet, daß Sie nicht bereit sind, alles Erforderliche zu tun. Es bedeutet, daß Sie tun, was Sie wollen, was angenehm und bequem für Sie ist, was Ihrer Auffassung entspricht. Natürlich ist das Ihr gutes Recht, aber es ist genauso, als wollten Sie Ihren Lieblings-Nußkuchen backen, ohne sich nach dem Rezept zu richten. «Ich will unbedingt diesen Kuchen backen», denken Sie. «Ich kann ihn schon regelrecht schmecken. Jetzt, da ich endlich das Rezept habe, kann ich anfangen, und er wird wundervoll werden. Aber vielleicht sollte ich Rosinen anstatt der Nüsse verwenden. Eigentlich müßte ich noch schnell einkaufen und ein paar Eier holen, aber dazu habe ich keine Lust – also nehme ich nur vier Eier anstatt sechs. Außerdem habe ich wirklich keine ganze Stunde lang Zeit, also werde ich den Kuchen vierzig Minuten lang in voller Hitze backen und das Beste hoffen.»

Wenn Sie das Rezept weitgehend mißachten, wird wahrscheinlich immer noch irgendein Kuchen dabei herauskommen, aber es wird nicht der Nußkuchen sein, den Sie eigentlich backen wollten, und er wird auch bei weitem nicht so gut schmecken.

Beziehung ist eine Art Wissenschaft, eine Disziplin. Werden Sie sie meistern?

Frauen machen sich in ihrem Glauben, zu einer dauerhaften, engagierten Beziehung bereit zu sein, oftmals etwas vor. Sie nehmen an, diese Art von Beziehung würde sich von selbst ergeben, sie würde ihnen in den Schoß fallen. Eine Beziehung ist jedoch keine Freizeitbeschäftigung. Sie ist nicht etwas, was Sie einfach nur zum Spaß und auf jede beliebige Weise betreiben können. Denken Sie an den Nußkuchen. Um das gewünschte Ergebnis zu erzielen, müssen Sie sich an das Rezept halten – und wenn Sie eine Rosine nicht von einer Walnuß unterscheiden können oder nicht wissen, wie Ihr Mixer funktioniert, dann sollten Sie sich, bevor Sie anfangen, erst einmal informieren.

Romantische Phantasien realisieren sich nicht von selbst. Sie realisieren sich mit Hilfe Ihrer Bemühungen. Eine dauerhafte, engagierte Beziehung mit einem Mann ist eine Art Kunstwerk. Es wird bewußt und mit einer Vision im Hinterkopf geschaffen, unter Beachtung aller Details und mit Hilfe der außerordentlichen Geschicklichkeit, die daraus resultiert, daß man die Technik beherrscht. Wenn Sie versuchen, eine solche Beziehung ohne die Beherrschung der entsprechenden Technik zu führen, dann ist das genauso, als würden Sie sagen: «Ich will Konzertviolinistin werden, aber ich werde nicht dafür üben. Ich werde einfach auf die Bühne treten und alle Zuhörer durch mein Spiel bezaubern.» Natürlich wird Ihnen das nicht gelingen. Mit dieser Einstellung werden Sie bestimmt nicht zu einer berühmten Violinistin, und Sie werden auf diese Weise auch nicht die Beziehung aufbauen können, die Sie sich vorstellen.

Um eine Kunst oder eine wissenschaftliche Disziplin zu beherrschen, müssen Sie die notwendigen Fähigkeiten erlernen. Sie müssen diese Fähigkeiten trainieren, sie in Ihre Lebensweise integrieren. Sie müssen Ihr Leben leben und sich in Ihrer Beziehung verhalten, als sei die Möglichkeit einer Trennung gar nicht vorhanden. Wenn Sie diese Möglichkeit ausschließen, dann wird sich Ihre Einstellung automatisch verändern. Sie werden gezwungen, sich andere Mittel einfallen zu lassen, positive Schritte zu unternehmen, an die Sie nicht im Traum gedacht hätten, wenn Sie sich gesagt hätten: «Ach, wenn es nicht gutgeht, dann mache ich eben Schluß.»

Beziehungen erfordern Opfer.
Werden Sie sie bringen?

Wie Ihnen jeder Konzertviolinist bestätigen kann, müssen Sie, wenn Sie die Kunst des Geigens beherrschen wollen, manchmal Dinge tun, zu denen Sie keine Lust haben, und immer wird es nötig sein, gewisse Opfer zu bringen, etwas von Wert zugunsten eines höher bewerteten Ziels aufzugeben. Wenn ich den Frauen das sage, dann reagieren sie, als hätte ich von ihnen verlangt, Selbstmord zu begehen. Wenn Sie jedoch einmal gründlich darüber nachdenken, dann müssen Sie zugeben, daß Sie in Ihrem Leben schon Tausende von Opfern gebracht haben (und Sie leben immer noch). Sie bringen tagtäglich Opfer. Sie versagen sich das zweite Stück Schokolade, weil es Ihnen wichtiger ist, ihr Gewicht zu halten (oder anderen Ihre Selbstbeherrschung zu demonstrieren). Sie versagen es sich, bis mittags zu schlafen, weil es Ihnen wichtiger ist, aufzustehen und zur Arbeit zu gehen. Oder Sie opfern einen Tagesverdienst, weil die Pflege Ihres kranken Kindes Ihnen wichtiger ist als das Geld.

Zugunsten Ihrer dauerhaften, engagierten Beziehung mit einem Mann werden Sie vielleicht darauf verzichten müssen, sofortige Belohnungen zu erhalten oder immer das letzte Wort zu haben. Sie werden manche Gelegenheiten, ihn zu korrigieren, zu kritisieren oder ihm zu beweisen, daß Sie recht haben, ungenutzt verstreichen lassen müssen. Weil Ihre Beziehung Ihnen ein wichtiges Anliegen ist, werden Sie möglicherweise Ihre Erwartungen zurückschrauben und bestimmte Gewohnheiten ablegen oder ändern müssen. Sie werden sich vielleicht auf eine Weise verhalten müssen, die Ihnen weder angenehm noch bequem erscheint.

Vielleicht gibt es Dinge, die Sie keinesfalls opfern wollen, selbst wenn es zum Wohle Ihrer Beziehung wäre – Ihre Karriere beispielsweise oder Ihre religiösen oder moralischen Wertvorstellungen, Ihre Leidenschaft für sportliche Aktivitäten, die Schauspielerei oder die Kunst. Wenn das der Fall ist, dann sollten Sie keine langfristige Beziehung mit einem Mann eingehen, der solche Opfer von Ihnen verlangen würde. Wenn es jedoch Dinge gibt, die Ihnen weniger wichtig und bedeutungsvoll sind als Ihre Beziehung und die Sie davon abhalten, Ihre Beziehung erfolgreich zu gestalten, dann müssen Sie auf diese Dinge möglicherweise verzichten – weil Sie sonst auf die gute Beziehung verzichten müßten, die Sie sich vorstellen.

Wo bleiben Sie auf dem Weg zu Ihren Träumen stehen?

Angenommen, Sie haben sich verpflichtet, einen Samstag im Monat uneingeschränkt Ihrem Mann zu widmen. Sie haben sich fest vorgenommen, alles mitzumachen, wozu er Lust hat. Sie wollen jede Möglichkeit nutzen, ihm eine Freude zu bereiten. Sie gehen davon aus, daß Sie bereit sind, ihm alles zu geben, was er will, um ihm zu zeigen, daß Ihnen Geben ein Bedürfnis ist. Sie wissen, daß Geben ein Teil Ihrer Beziehung ist. Und Sie wissen, daß auch er Ihnen etwas geben will.

Angenommen, Sie haben das jetzt seit einigen Monaten getan, und manchmal war es nicht leicht für Sie; aber es war nie unerträglich und hat in der Tat Ihre Beziehung sehr positiv beeinflußt. Aber jetzt rückt wieder einer dieser Samstage heran, und er will zuerst die Bootsausstellung besuchen und dann in einen dieser Macho-Filme gehen, in denen irgendein Jason oder Freddy eine dürftig bekleidete, dümmliche Gans nach der anderen terrorisiert. Sie haben weder zu dem einen noch zu dem anderen Lust. Außerdem haben Sie sich Arbeit aus dem Büro mit nach Hause gebracht und noch tausend andere Dinge zu erledigen. Würden Sie in Anbetracht der Umstände:

• beschließen, daß es dumm und reine Zeitverschwendung ist, zu einer Bootsausstellung zu gehen und sich einen Macho-Film anzusehen, und es deshalb, trotz Ihres Versprechens, einfach nicht tun?

• im letzten Moment rebellieren? («Ich muß ihm wirklich nicht in jeder Hinsicht zu Willen sein. Ich habe meinen eigenen Kopf. Ich kann immer noch selbst entscheiden, was ich tun will und was nicht – und das will ich eben *nicht* tun», sagen Sie sich. Und gerade in dem Moment, als Ihr Partner aufbrechen will, teilen Sie ihm mit, daß Ihnen seine Pläne nicht zusagen und daß er entweder einen besseren Vorschlag machen soll oder andernfalls allein gehen kann.)

• versuchen, Ihrer Verpflichtung mit dem kleinstmöglichen Engagement nachzukommen, ohne jede Begeisterung durch die Bootsausstellung trotten und mit Ihrem Walkman auf den Ohren während des Films ein Nickerchen machen, um den Tag irgendwie zu überstehen – womit Sie natürlich Ihr Ziel, Ihrem Mann das Gefühl zu geben, er sei der Größte, nicht erreichen?

• den halben Tag irgendwie hinter sich bringen, nach der Bootsausstellung jedoch erklären: «Das muß jetzt aber reichen», Ihrem Mann den Film ausreden und nach Hause gehen, um die Dinge zu tun, die Sie sowieso lieber getan hätten?

• sich anfangs widersetzen, Ärger und Anspannung in sich hochkommen lassen und sich dann an Ihre Verpflichtung erinnern und sich damit abfinden? («So schlimm war es ja gar nicht», sagen Sie sich anschließend vielleicht, aber der Kampf, den Sie vorher mit sich ausgefochten haben, setzt noch jetzt Ihren ganzen Körper unter Spannung.)

• innerlich vor Wut kochend Ihr Versprechen einlösen, wobei Sie dann aber jede Minute bereuen, und bei der erstbesten Gelegenheit Ihrem Mann vorhalten, daß er es Ihnen zumutet, den ganzen Tag Dinge zu tun, von denen er hätte wissen müssen, daß Sie sie hassen?

• Ihr Versprechen einlösen, ohne zu murren, weil Ihnen wirklich daran liegt, Ihrem Mann an diesem Tag etwas Gutes zu tun, an Ihre Prinzipien von Verpflichtung und Zuverlässigkeit glauben und darauf vertrauen, daß diese Einstellung, auf Dauer gesehen, für Sie und Ihre Beziehung von Nutzen sein wird?

Obwohl die Situation, die ich hier beschrieben habe, für Ihre Beziehung wahrscheinlich nicht von lebenswichtiger Bedeutung ist, sagt das Maß Ihrer Bereitschaft, etwas Unangenehmes zu tun, um Ihrer Verpflichtung nachzukommen, doch sehr viel aus. Wenn Sie dieselbe Einstellung haben wie die meisten modernen Frauen, dann werden Sie die letzte Antwort wahrscheinlich *nicht* gewählt haben. Ihre Antwort auf diese Situation wird der Reaktion ähneln, die Sie zeigen, wenn von Ihnen verlangt wird, das Erforderliche für eine langfristige, engagierte Beziehung zu tun. Wenn Sie wie die meisten modernen Frauen sind, dann genügt das leider nicht, um Ihre Vision Wirklichkeit werden zu lassen.

Wie die Beziehung mit einem Mann wirklich klappt

Sie müssen aufhören, die Dinge, die Sie tun wollen, stets dann und so zu tun, wie Sie sie tun wollen.

Um an Ihr Ziel zu gelangen, müssen Sie sich ernsthaft engagieren. Sind Sie dazu bereit?

Um eine Disziplin wirklich zu meistern, müssen Sie sich ihr mit Haut und Haaren verschreiben. Sie müssen eine Wahl treffen und dazu stehen, Ihrer einmal getroffenen Entscheidung vertrauen, ohne sie ständig zu hinterfragen, und Ihren Weg gehen, ohne sich Ausreden einfallen zu lassen, die eine Rückkehr rechtfertigen. Wenn Sie wirklich engagiert sind, dann werden Sie, wenn Sie sich einmal verlaufen haben, den richtigen Weg immer wieder finden. So ging es auch Meggys Großmutter Claire, und deshalb war ihre Beziehung nach fünfzig Jahren nicht nur immer noch intakt, sondern sogar noch lebendig und aufregend.

Claire hatte nie behauptet, ihre Ehe sei völlig problemlos. Das ist keine Ehe und keine Beziehung. Es gab Zeiten, in denen sie sich gern getrennt hätte, in denen sie keine Lust mehr hatte, Lou «beim Canasta gewinnen zu lassen» oder die anderen Dinge zu tun, die für ihre Beziehung erforderlich waren. Aber wenn Claire dieses Gefühl überkam, dann erinnerte sie sich an ihre Verpflichtung. «Sicher, ich würde jetzt liebend gern meine Sachen packen und einfach verschwinden», dachte sie dann, «aber ich habe ein Versprechen gegeben. Ich habe mich dieser Ehe verpflichtet. Ich habe das Gelöbnis getan, sowohl in guten wie in schlechten Zeiten bei diesem Mann zu bleiben, und genau das werde ich tun.» Dann, wenn die Möglichkeit des Aufgebens für sie nicht mehr in Frage kam, suchte und fand sie Wege, die es ihr ermöglichten, das zu bekommen, was sie von ihrer Beziehung haben wollte und brauchte. Scheidung ist nämlich, außer in extremen Fällen, nur ein beschönigendes Wort für «Aufgeben».

«Aber Frauen wie Meggys Großmutter hatten doch gar keine andere Wahl», habe ich unzählige, moderne Frauen argumentieren hören. «Sie mußten in ihrer Ehe ausharren, weil sie nirgendwo anders hingehen konnten. Wir haben heute doch ganz andere Möglichkeiten.» Ganz gewiß haben Sie das. Sie haben Tausende von Möglichkeiten. Zwar behaupte ich nicht, daß diese Möglichkeiten Ihnen wieder genommen werden sollten oder daß Frauen wieder in den engbegrenzten Kreis, in dem sie früher lebten, zurückkehren sollten, aber ich habe immer wieder beobachtet, daß all diese Alternativen den modernen Frauen Probleme verursacht haben.

Seit Frauen begonnen haben, vormals rein männliche Bastionen zu erobern, und dabei feststellten, daß sie tatsächlich zahlreiche Möglichkeiten haben, benutzten viele von ihnen diese Tatsache als Entschuldigung dafür, an einer einmal getroffenen Entscheidung nicht festhalten und einen einmal begangenen Weg nicht weitergehen zu müssen. Sie wollen sich alle Möglichkeiten offenhalten. Sie erfüllen ihre eingegangenen Verpflichtungen nicht. Sie wollen frei sein, alles jederzeit tun zu können. Das jedoch ist die Vorstellung von Freiheit eines pubertierenden Jugendlichen.

Teenager treffen Entscheidungen, ohne sie zu durchdenken oder wirklich dazu zu stehen. Sie kommen mit diesem Verhalten durch, weil irgend jemand – die Eltern, ein Lehrer oder eine andere Autoritätsperson – im Notfall einschreiten wird, um sie vor sich selbst zu schützen und das Schlimmste zu verhüten. Dem Erwachsenen jedoch fehlt dieses Sicherheitsnetz. Wenn Ihre Absicht, alles jederzeit tun zu können, sich als unrealisierbar erweist, dann müssen Sie selbst die Konsequenzen tragen. Sie müssen dafür einen hohen Preis zahlen. Wenn Sie versuchen, durchs Leben zu kommen, ohne Verpflichtungen einzugehen und sich festzulegen, dann werden Sie auf andere Weise dazu gezwungen werden, ein sehr eingeschränktes Leben zu führen.

Wahre Freiheit ist nicht das gleiche wie Entscheidungsfreiheit. Tatsächlich ist es so, daß Sie um so freier sind, je weniger Entscheidungen Sie zu treffen haben. Wenn Sie die wirklich wichtigen Entscheidungen bereits getroffen haben, dann können Sie sich an diese halten und Ihr Leben danach ausrichten, ohne ständig zurückzublicken, zu zweifeln und sich zu fragen, ob das, was Sie getan haben oder tun werden, das richtige sei. Sie sind frei von der Last, sich ständig entscheiden zu müssen.

Natürlich ist es ein risikoreicher, beängstigender Schritt, sich einer Beziehung oder einem anderen Ziel vollständig zu verpflichten. Der bloße Gedanke an Verpflichtung und Hingabe mag Sie zu Tode ängstigen. Wenn Sie sich einer Sache hingeben, dann müssen Sie Ihren Eigenwillen und Ihre Wünsche zurückstellen. Sie werden oft auf sofortige Bestätigung verzichten müssen, um Ihrem eigentlichen Ziel nahezukommen. Die Verpflichtung, die Sie selbst eingegangen sind, schreibt Ihnen vor, was Sie in bestimmten Situationen zu tun und zu lassen haben. Sie steuert Ihr Verhalten, schränkt Ihre Entscheidungsfreiheit ein und hält Sie davon ab, jederzeit das zu tun, wonach Ihnen gerade zumute ist. Manchen Frauen mag das schlimmer vorkommen als der Tod. Tatsache jedoch ist, daß nur dieses und kein anderes System funktioniert. Wenn Sie nämlich stets das tun, wonach Ihnen gerade zumute ist, dann werden Sie unbewußt von Ihren Gefühlen geleitet; Sie vertrauen ihnen und lassen sich durch sie zu bestimmten Entscheidungen bewegen. Ihre Gefühle sitzen am Steuer. Und weil Ihre Gefühle sich von einem Moment zum nächsten und von einer Situation zur nächsten ändern, werden Sie von ihnen im Kreis herumgeführt. Sie kommen nie wirklich irgendwo an.

Ich nenne das ein «defektes Navigationssystem». Wenn viele Ihrer täglichen Entschlüsse und besonders die Entscheidungen darüber, wie Sie sich in Ihrer Beziehung verhalten, nur auf Ihren Gefühlen basieren, wenn sie auf Ihren Ängsten, Ihren Problemen, der Meinung anderer Leute, Ihren momentanen Bedürfnissen oder dem Wunsch nach sofortiger Bestätigung aufbauen, dann haben Sie ein defektes Navigationssystem. Und Sie können Ihr Ziel, Ihr Leben selbst in die Hand zu nehmen oder das Erforderliche zu tun, um die Vision Ihrer

Beziehung zu verwirklichen, nicht erreichen, bevor Sie Ihr defektes Navigationssystem nicht durch eines ersetzt haben, das funktioniert. Sie müssen die Dinge, von denen Sie bisher beherrscht wurden, selbst beherrschen und dann ganz bewußt die Ziele auswählen, denen Sie sich verpflichten wollen. Ihr ganzer Lebensstil muß auf diese Ziele hin ausgerichtet sein.

Wie die Beziehung zu einem Mann wirklich klappt

Entscheiden Sie sich, welche Dinge Ihnen wirklich wichtig sind. Ordnen Sie sie in einer Ihnen angenehmen, natürlichen Reihenfolge. Und leben Sie dann in Übereinstimmung mit Ihren eigenen Prioritäten.

Eine Beziehung ist es wert, die Lebensgewohnheiten zu ändern

Wie Millionen anderer Frauen befaßte sich auch Helga, 40, Anwaltsgehilfin und alleinerziehende Mutter, mit zahlreichen Büchern und Artikeln über Ernährung, Fitneß und eine gesunde Lebensführung. Sie nahm sich vor, körperlich fit zu werden, gab deshalb das Rauchen auf und aß nur noch vitaminreiche Mahlzeiten mit hohem Nährwert. Sie lernte alles über Ernährung, achtete genau auf die Inhaltsstoffe der Lebensmittel und bereitete sich und ihren Kindern gesunde Mahlzeiten zu. Sie richtete ihren Tagesablauf so ein, daß sie jeden zweiten Tag vierzig Minuten Zeit für den Sport fand und suchte sich sogar eine Frau, die mit ihr trainierte, damit sie sich gegenseitig dazu motivierten, auch wirklich durchzuhalten. Helga änderte ihre Lebensgewohnheiten zugunsten ihrer Gesundheit und körperlichen Fitneß. Sie überlegte sich genau, was sie tun wollte – und tat es auch. Sie wählte einen Weg, der sie an ihr Ziel bringen sollte, und hielt sich daran. Sie verbesserte ihre Gesundheit und Fitneß, weil sie diese Entscheidung getroffen und entsprechend ihre Lebensgewohnheiten geändert hatte.

Auch erfolgreiche Beziehungen erfordern eine Änderung der Lebensgewohnheiten. Sie müssen die Angewohnheiten ablegen, die Sie daran hindern, eine erfolgreiche, beständige und engagierte Beziehung mit einem Mann zu führen. Was den konkreten Fall «Meggy» betraf: Sie mußte aufhören, stets das letzte Wort und immer recht haben zu wollen.

Halsstarrigkeit... Sorgen über Dinge, die schiefgehen könnten... sexuelle Unsicherheiten... die Angst, ausgetrickst, verletzt oder betrogen zu werden... Schuld- und Schamgefühle... Abhängigkeiten... finanzielle Unsicherheit... Perfektionismus... Angst vor Versagen, Ablehnung oder Kritik... jedermanns seelischer Mülleimer zu sein – dies sind nur einige der Felsbrocken, die möglicherweise den Weg blockieren, der zu der Beziehung führt, die Sie sich immer gewünscht haben. Sie liefern Ihnen den Vorwand, sich weiterhin konfus und zwiespältig zu verhalten, statt das Erforderliche zu tun, um Ihre Träume Wirklichkeit werden zu lassen. Sie müssen hierhin gehen, dort etwas erledigen, jene Probleme lösen. Sie müssen sich um eine Beförderung bemühen, für den Marathon trainieren, Ihrer Schwester helfen, mit der Scheidung zurechtzukommen, an sich selbst arbeiten. Im Zusammensein mit einem Mann aber knausern Sie mit Ihrer Energie – und hindern sich auf diese Weise selbst daran, die Beziehung zu führen, die Sie wirklich wollen.

Um diese Beziehung zu haben, müssen Sie sich dafür mindestens ebenso engagieren wie für andere Dinge, die Ihnen am Herzen liegen. Sie müssen bereit sein, Ihre Lebensgewohnheiten so zu ändern, daß sie zu der von Ihnen gewollten

Beziehung passen. Sie müssen herausfinden, was Sie blokkiert, und dann die betreffenden Steine aus dem Weg räumen.

Fangen Sie an, aus Ihren Fehlern zu lernen, statt unter ihnen zu leiden. Und machen Sie die Dinge nicht komplizierter, als sie sind.

Ja, aber . . .

An dieser Stelle meldet sich auf den Sterling-Frauen-Wochenenden stets eine der Frauen, die mir entgegenhält: «Aber das kann ich nicht. Ich kann nicht so tun, als hätte ich keine Gewichtsprobleme. Ich *habe* sie nun einmal.» Oder: «Ich kann meine depressive Schwester nicht aus dem Haus weisen. Sie wird ohnehin nicht gehen.» Oder: «Mein Beruf (oder meine Selbstbehauptung oder meine persönliche Entwicklung) ist mir wichtig. Ich will das nicht aufgeben.»

Vielleicht sind auch Ihnen ähnliche Gedanken durch den Kopf gegangen. Ich verlange nicht von Ihnen, daß Sie Ihre Probleme ignorieren oder Ihre Ängste verleugnen sollten. Sie sollen problematische Menschen nicht einfach aus Ihrem Leben verbannen, oder Ideale und Vorstellungen aufgeben, die Ihnen viel bedeuten.

Denken Sie darüber nach, was Sie wirklich wollen und was Ihnen wichtig und wertvoll ist. Die bestmögliche Beziehung mit einem Mann gehört vielleicht nicht zu den wichtigsten Dingen in Ihrem Leben. Wie ich schon sagte, ist diese Art von Beziehung nicht für jede Frau richtig. Sie ist nur geeignet für Frauen, die sie wirklich wollen und die diese Herausforderung ernst nehmen. Wenn Sie zu diesen Frauen gehören, dann werden Sie gewisse Aspekte Ihres Lebens, die Sie auf Ihrem Weg zum Erfolg blockieren, ganz gewiß ändern. Sie werden die entsprechende Disziplin erlernen und beherrschen und die nötigen Opfer bringen. So wie Helga sich für ihre körperliche Fitneß entschied, werden auch Sie sich für Ihren Weg entscheiden, daran festhalten und sich dieser Aufgabe verpflichten, bis Ihre Vision sich verwirklicht hat.

Wie die Beziehung zu einem Mann wirklich klappt

Gehen Sie etwas so Ernsthaftes und Riskantes wie eine dauerhafte Beziehung mit einem Mann erst dann ein, *wenn die Möglichkeit der Trennung für Sie nicht mehr in Frage kommt.*

Wenn Sie nicht bereit sind, das Erforderliche zu tun

Ich kann nicht deutlich genug betonen, daß die Informationen, die ich Ihnen hier geben werde, die Grundzüge einer Disziplin beschreiben. Wenn Sie nicht gewillt oder in der Lage sind, für eine erfolgreiche Beziehung mit einem Mann alles Erforderliche zu tun, oder wenn Sie nicht bereit sind, sich auf lange Sicht dieser Herausforderung zu stellen, dann sind Sie wahrscheinlich noch nicht wirklich für eine langfristige, engagierte Beziehung bereit. Dann sollten Sie jetzt auch noch nicht versuchen, diese Art von Beziehung zu führen. Sie würde Ihnen nicht gelingen. Sie würden verletzt werden. Und Sie würden meine Ratschläge dafür verantwortlich machen, und nicht die Tatsache, daß Sie trotz aller guten Vorsätze nach ein oder zwei Wochen wieder in Ihre alten Verhaltensmuster zurückgefallen sind. Ich biete keine Tricks, schnelle Lösungen oder Techniken an, mit denen Sie herumexperimentieren und die Sie verwerfen können, wenn es schwierig wird oder Sie es mit der Angst zu tun bekommen.

Es ist wahrscheinlich besser, auf die übliche Art weiterzumachen, als kurzfristig das auszuprobieren, was wirklich funktioniert, um dann wieder in das alte Muster zurückzufallen.

Eine Bitte: Bevor Sie entscheiden, was zu tun ist, nehmen Sie sich Zeit, das Gelesene auf sich wirken zu lassen und es zu verarbeiten. Sie werden vielleicht feststellen, daß Sie bereit sind, die entsprechende Disziplin zu erlernen und Ihre Art, mit Männern und Beziehungen umzugehen, zu ändern, wenn Sie erst einmal ein wesentliches Problem in Angriff genommen haben: geringes Selbstvertrauen.

4
Kein Erfolg
ohne Selbstvertrauen

Carla

Als sie, nervös auf ihrer Unterlippe kauend, vor mir stand, wirkte Carla, die Leiterin einer Verbraucherberatungsstelle und alleinerziehende Mutter von drei Kindern, selbst wie ein Kind. Wie ein verängstigtes Kind. «Was ich will ... vor allem will ich zu Hause sein und mich um meine Familie kümmern, sie umsorgen», sagte sie und sah sich unsicher um. Ich nahm an, daß sie nach Zeichen von Mißbilligung der anderen Frauen des Sterling-Frauen-Wochenendes suchte, von denen die meisten ebenso wie Carla im Laufe der letzten Jahre ihre Karriere zu ihrem wichtigsten Anliegen gemacht hatten.

«Ich möchte bei meinen Kindern sein, sie wieder richtig kennenlernen, und ich möchte noch ein weiteres Kind – mindestens eins. Ich möchte wieder heiraten, und zwar einen Mann, der für uns sorgt. Er soll das Geld nach Hause bringen, und ich will mich um die Kinder kümmern – ich habe jetzt lange genug beides getan. Ich bin Mutter, und ich bin eine berufstätige Frau, und das wird mir zuviel. Es ist nicht das, was ich will. Ich will Hausfrau und Mutter sein, Teil einer richtigen Familie, eines Teams – und nicht alle Rollen allein spielen müssen.»

Einige der Frauen im Raum konnten ihre Gefühle verstehen, andere nicht. Aber mit oder ohne Zustimmung ihrer Geschlechtsgenossinnen – Carla wollte eine beständige, zuverlässige Beziehung, die es ihr ermöglichte, zu Hause zu bleiben und für ihre Familie zu sorgen. Ein Ehemann, der bereit war, für sie und ihre Kinder zu sorgen, war ein wichtiger Bestandteil ihrer Vorstellung von einer glücklichen Zukunft. Und wenn es das war, was sie wollte, so meinte ich, dann war es auch das, was sie haben sollte. Warum aber klappte es nicht?

«Nun, ich bin alles andere als eine Draufgängerin», erklärte Carla. «Meine Erfolge bei Männern sind nicht gerade umwerfend. Ich scheine eine Begabung zu haben, mich mit Männern einzulassen, die sich irgendwann als völlig unpassend für mich erweisen. So war es von Anfang an. Mit fünfzehn war ich entsetzlich uninteressant und unscheinbar, ein Niemand, nicht zu unterscheiden von Dutzenden anderer, leicht übergewichtiger Teenager mit hellbraunen Haaren, einem Mittelscheitel und Zahnspange. Aber durch David hat sich das alles völlig geändert», und sie kam auf den «schüchternen, linkischen Jungen» zu sprechen, mit dem sie auszugehen begann.

«Eigentlich wollte ich nur unbedingt auch einen Freund haben», gab Carla fast zwanzig Jahre später zu. «Irgendeinen Freund.» David entpuppte sich als hervorragender Basketballspieler, dem die Schulmannschaft die erste Landesmeisterschaft seit zehn Jahren zu verdanken hatte. Durch den Erfolg ihres Freundes bekam auch Carla eine unerwartete Bestätigung. «Plötzlich wurde ich von den arrogantesten Mitschülern akzeptiert, die vorher meine Existenz überhaupt nicht wahrgenommen hatten. Selbst die Lehrer behandelten mich plötzlich freundlicher. Als Davids Freundin *war* ich jemand. Aber das machte mich auch irgendwie nervös. Ich hatte immer das Gefühl, David könnte mich wegen eines dieser hübscheren, beliebteren Mädchen, die ständig hinter ihm her waren, von heute auf morgen fallenlassen.»

Es verging kaum eine Woche, ohne daß Carla David Eifersuchtsszenen machte und ihm vorwarf, sich hinter ihrem Rücken mit anderen Mädchen zu treffen. Bei diesen Gelegenheiten bot sie ihm unter Tränen an, ihm «seine Freiheit» zurückzugeben, weil sie sich eingeredet hatte, er bleibe nur aus Pflichtgefühl bei ihr. «Ich wußte, daß das blödsinnig war, aber ich konnte nicht anders. Ich konnte mir nicht vorstellen, daß er wirklich an mir interessiert sein könnte. Ich hatte immer Angst, er würde sich schon sehr bald mit mir langweilen, und in diese Angst habe ich mich immer wieder so sehr hineingesteigert, daß ich ihm schließlich eine Szene machte.» Nach einem Jahr war David dieser Szenen überdrüssig und tat genau das, wovor Carla immer Angst gehabt hatte: Er verließ sie.

Der nächste Mann in Carlas Leben war Robert, ein ehrgeiziger Student, der so vernarrt in Carla zu sein schien, daß sie sich kaum vorstellen konnte, er würde jemals ein Auge auf andere Frauen werfen. Um sich zusätzlich seiner Treue zu versichern, machte sie sich ihm unentbehrlich, tippte seine Arbeiten, räumte seine Bude auf, brachte ihm Freßpakete und achtete darauf, daß er ordentlich aß – er war nämlich so sehr mit seinem Studium beschäftigt, daß er das Essen meistens vergaß. «Robert war immer irgendwie zerstreut. Er war ein Genie, besonders in den Naturwissenschaften, aber er war furchtbar vergeßlich.»

Carla und Robert heirateten drei Wochen nach Carlas Schulabschluß. Carla war zu diesem Zeitpunkt im vierten Monat schwanger. «Robert schwor, er hätte mich so oder so geheiratet», sagte sie, aber insgeheim hatte sie Zweifel. «Ich habe mich oft gefragt, ob ich ihn vielleicht nur geheiratet hatte, weil ich schwanger war. Ich meine, wollte ich einfach nur heiraten, oder wollte ich Robert heiraten? Ich wollte Sicherheit, Stabilität, Vater und Mutter für mein Kind – das perfekte kleine Familienglück. Das schien mir Grund genug zu sein, um den Rest meines Lebens mit diesem Mann zu verbringen.» Aber Carla war sich von Anfang an nicht ganz sicher, ob sie richtig gehandelt hatte. Als es immer offensichtlicher wurde, daß ihr Alltagsleben nicht das geringste mit ihrer Vorstellung vom «perfekten kleinen Familienglück» zu tun hatte, wuchs ihre Unsicherheit. Sie kümmerte sich weiterhin um Robert und all die alltäglichen Dinge, die er ohnehin immer vergaß. Als dann das Kind kam, «hatte ich das Gefühl, zwei Kinder zu versorgen, dabei war ich doch selbst noch ein Kind. Ich weiß nicht mehr, wie viele Nächte ich mich in den Schlaf geweint und mich gefragt habe, was ich mir da eingebrockt hatte.»

Irgendwie meisterte Carla diese harte Zeit, und als Robert mit dem Studium fertig war und einen hochdotierten Job bei einer Ölfirma bekam, nahm ihr Leben einen angenehmen Verlauf. Zwei weitere Kinder wurden geboren, ein Haus gekauft und die Familie verkörperte tatsächlich in jeder Hinsicht die Vorstellung, die Carla am Tag ihrer Heirat gehabt hatte. «Aber ich fühlte mich leer.»

«Ist es das?» fragte sie sich. «Ist das alles, und wird es immer alles bleiben, was ich habe?» Angeregt durch Zeitungsartikel und durch den Kontakt zu Frauen, die sie bei verschiedenen ehrenamtlichen Tätigkeiten traf, beschloß Carla, ihren Horizont zu erweitern. «Ich brauchte ein eigenes Leben», sagte sie. Sie schrieb sich für Vorlesungen ein und begann, sich politisch für soziale Gerechtigkeit zu engagieren. Die Ungerechtigkeit der bestehenden Rollenverteilung wurde ihr schmerzhaft bewußt, und sie verlangte nun von Robert, daß er seinen gerechten Anteil an der Hausarbeit übernehme. «Nach allem, was ich für ihn getan hatte, schuldete auch er mir Unterstützung. Jetzt war ich an der Reihe, in der Welt draußen aktiv zu werden, und er sollte dafür sorgen, daß das Feuer im heimischen Herd weiterbrannte.» Aber Robert war auf diesem Gebiet schon immer ein hoffnungsloser Versager gewesen, und er hatte sich nicht geändert. Carla sah die Sache allerdings anders; sie war davon überzeugt, daß Robert mit Absicht alles verkehrt machte. «Wir stritten uns ununterbrochen. Ich fand, daß er mich hängenließ.» Am Ende kam sie zu dem Schluß, daß er einfach mit ihrer Entwicklung nicht Schritt halten konnte. Nach zehn Jahren Ehe ging Carla auf und davon und zog mit ihren Kindern zu dem Mann, «der mir das Leben bieten konnte, das ich wirklich wollte».

Bill war ein «unglaublich engagierter» Kämpfer für die Menschenrechte. Carla hatte ihn durch ihre sozialen Aktivitäten kennengelernt und sich in ihn verliebt. «Eine Zeitlang war unser gemeinsames Leben wahnsinnig aufregend», berichtete sie. «In unserem Haus ging es zu wie auf einem Bahnhof; Leute, die ich aus dem Fernsehen oder aus Zeitungen kannte, kamen zum Essen vorbei, bis tief in die Nacht wurden politische Diskussionen geführt, und oft hatten wir Gäste, die auf dem Fußboden unseres Wohnzimmers übernachteten. Sie können sich gar nicht vorstellen, wie aufregend das alles war – auch wenn wir auf Dinge verzichten mußten, die anderen Familien als selbstverständlich erschienen.» Natürlich störte Carla das ein wenig, vor allem, als ihre Kinder sie wissen ließen, daß sie von dem neuen Leben längst nicht so begeistert waren. Sie begann, Bill vorsichtig aufzufordern, doch mehr väterliches Interesse an ihren Kindern zu zeigen.

«‹Aber ich bin nicht ihr Vater›, entgegnete er, und das hat mich unglaublich getroffen. Wenn er meine Kinder nicht akzeptieren konnte, wie konnte er dann mich akzeptieren? Gäbe es überhaupt eine gemeinsame Zukunft für uns?» Plötzlich schöpfte sie den Verdacht, daß die Beziehung zu Bill vielleicht doch nicht so wichtig war, und mit diesem nagenden Gedanken im Hinterkopf begann sie, vorsichtige Andeutungen über eine mögliche Heirat und ein gemeinsames Kind zu machen. Bill nahm kein Blatt vor den Mund und erklärte Carla, daß ihm die Dinge, so wie sie seien, gefielen, daß er nicht die Absicht habe zu heiraten und daß seine Abneigung, Kinder in die Welt zu setzen, so stark sei, daß er sich schon vor Jahren hatte sterilisieren lassen.

Für Carla brach eine Welt zusammen. Schließlich hatte sie sich weitere Kinder gewünscht, und sie war sicher, daß Bill das gewußt hatte. Jetzt fühlte sie sich betrogen, hintergangen und völlig desillusioniert. «Es fiel mir plötzlich wie Schuppen von den Augen. Bill war also doch nicht der Mann, mit dem ich den Rest meines Lebens verbringen wollte.»

Carla verließ Bill, zog in einen nahegelegenen Vorort, nahm einen Ganztagsjob an und versuchte, für ihre Kinder gleichzeitig Mutter und Vater zu sein. Nach vier Jahren war sie völlig erschöpft. Sie hatte weder die Zeit noch die Energie, sich mit einem Mann zu treffen. Sie bezweifelte, ob sich überhaupt noch ein Mann für sie und ihre Kinder interessieren würde. «Aber ich weiß genau, daß ich nicht dafür geschaffen bin, alles allein zu meistern. Ich will Stabilität und Sicherheit und einen Vater für meine Kinder.» Wieder einmal war Carla an ihrem Ausgangspunkt angelangt – und das überraschte mich nicht im geringsten.

Federn im Wind

Die meisten der Frauen, die ich während der letzten zehn Jahre befragt habe, hatten, wie Carla, eine Vision von einer Beziehung mit einem Mann, die so unbeständig war wie das Wetter. Carla war wie eine Feder im Wind. Sie vertraute nie dem, was sie hatte, zweifelte ständig an ihren eigenen Entscheidungen, war immer auf der Suche nach etwas, was ihre Minderwertigkeitsgefühle dämpfen und ihre Angst beseitigen könnte, sie sei «uninteressant, unscheinbar und furchtbar durchschnittlich».

Wieder und wieder hatte Carla sich auf Beziehungen mit Männern eingelassen, die ihr das geben sollten, wovon sie glaubte, daß es ihr fehle: Beliebtheit, Stabilität, Sicherheit, Anerkennung, ein spannendes Leben, Normalität und, seit kurzem, die Erlösung von ihrem aufreibenden und zermürbenden Dasein als alleinerziehende Mutter. Wenn sie jedoch bekommen hatte, was, wie sie meinte, ihre innere Leere ausfüllen würde, entdeckte sie stets einen neuen leeren Platz in sich selbst, etwas anderes, was ihr fehlte, etwas anderes, durch das ihr Leben sich in Frage stellen ließ, das ihr ein schlechtes Gefühl gab und verändert werden sollte. Und jedesmal, wenn ihre Meinung über sich selbst sich änderte, dann änderte Carla leider auch ihre Ansichten über ihre Beziehungen und die Erwartungen, die sie an den Mann ihres Lebens stellte. Sie begann, mit dem Erreichten zu experimentieren, änderte ihre Vorstellung von einer Beziehung und versuchte, ihren Mann so umzuformen, daß er ihren veränderten Erwartungen entsprach.

Das ist *nicht* der richtige Weg zum Erfolg in einer dauerhaften, engagierten Beziehung. Es ist die beste Voraussetzung für ein Desaster. Es ist außerdem leider die übliche Vorgehensweise vieler moderner Frauen. Sie sind nicht in der Lage, ihren Männern zu vertrauen und sie zu akzeptieren; sie sind unfähig, ihrer Vorstellung von einer erfolgreichen Beziehung zu vertrauen, und unfähig, zu ihrer Entscheidung, alles Erforderliche für diese Art von Beziehung zu tun, zu stehen. Das Problem ist, daß sie sich selbst nicht vertrauen.

Wie Carla suchen heute zahllose Frauen unaufhörlich nach etwas, das sie «vollständig» machen soll. Stets darauf aus, sich selbst zu vervollkommnen, suchen sie ständig nach Problemen in sich selbst, in ihrem Leben und in ihrer Beziehung. In den meisten Fällen finden sie etwas. Sie haben vergessen oder nie gelernt oder sie haben nur eine vage Ahnung davon, was es heißt, sich selbst als Frau zu akzeptieren, zu sich selbst zu sagen: «Das bin ich. Das ist es, was ich bin, und es ist gut genug für mich.» Statt dessen werden sie von Selbstzweifeln und geringem Selbstvertrauen geplagt, von einem alles beherrschenden Gefühl, sie seien nicht gut genug, sie seien in einem oder mehreren Bereichen – Beziehungen eingeschlossen – unfähig.

Frauen und Selbstvertrauen

Warum haben Frauen so wenig Selbstvertrauen? Diese Frage habe ich im Laufe der Jahre zahllosen Frauen gestellt. Hier sind ein paar beispielhafte Antworten:

Ich habe wenig Selbstvertrauen,
weil ich nicht vollkommen bin,
weil ich zu dick bin,
weil ich ungeschickt bin,
weil ich keine erfolgreiche Beziehung habe,
weil ich im Beruf nicht erfolgreich bin,
weil ich mein Temperament nicht unter Kontrolle habe,
weil ich nie etwas Interessantes zu sagen habe,
weil ich ein Adoptivkind bin,
weil ich nie eine höhere Schule besucht habe,
weil meine Eltern mich immer zur Leistung angetrieben haben, und ich es ihnen nie recht machen konnte,
weil meine Eltern sich nie richtig um mich gekümmert haben.

Solche Aussagen und Hunderte andere, die in diese Reihe passen würden, haben mir den Eindruck vermittelt, daß Frauen mit geringem Selbstvertrauen stets nach einem Grund suchen, an dem sie ihr Problem festmachen können. Die Gründe für ihre Selbstzweifel und ihren Selbsthaß, für die Schranken, auf die sie bei dem Versuch, sich selbst zu achten, stoßen, sind selbstproduziert und zahllos.

Geringes Selbstvertrauen ist ein wirkliches Problem, und zwar insofern, als es Sie davon abhält, so zu sein, wie Sie sind, und sich dabei wohl zu fühlen. Aber es ist auch ein künstliches Problem, das durch Vergleiche und durch Hürden entsteht, die Sie sich selbst in den Weg stellen.

Sie setzen sich unerreichbare Ziele, können sie nicht verwirklichen und fühlen sich dann schlecht, weil Sie versagt haben. Sie lassen sich durch Frauenzeitschriften, Fernsehserien und Geschichten über den Lebensstil der Reichen und Berühmten, durch Ihre Nachbarn, Freunde, Verwandten und Geschäftspartner vorschreiben, was Ihre Maßstäbe und Prioritäten sein sollten. Was auch immer modern sein mag – oder was andere Leute für akzeptabel halten –, Sie machen es zu dem Maßstab, an dem Sie Ihren eigenen Wert messen. Wenn die Mode sich ändert, sehen Sie sich genötigt, sich ebenfalls zu ändern. Wenn Sie es nicht täten, könnten die anderen ja denken, Sie seien eigenartig. Sie würden möglicherweise nichts mehr mit Ihnen zu tun haben wollen. Abgelehnt zu werden, allein dazustehen ohne die Bestätigung, die Sie so nötig brauchen, wäre das schlimmste Schicksal, das Ihnen jemals widerfahren könnte. Sie glauben, nur dann, wenn Sie den Erwartungen anderer Menschen entsprechen, seien Sie liebenswert und würden akzeptiert. Nur leider hält Sie dieses permanente Bemühen, von anderen akzeptiert zu werden, davon ab, sich selbst zu akzeptieren.

Sie lassen sich von Ihrem Ego leiten statt von Ihrem natürlichen Selbst, dem Teil in Ihnen, der nicht empfänglich ist für wechselnde Einflüsse und Zwänge. Ihr Ego ist der Teil Ihrer Persönlichkeit, der überlegen, einzigartig, beachtenswert, etwas Besonderes, allein und egoistisch sein will. Es ist der Teil von Ihnen, der immer recht haben, die Nummer eins sein und alle Konkurrenten schlagen will. Natürlich hat dieser Teil auch seine Berechtigung. Er kann die Kraft sein, die Sie im Beruf, beim Sport oder bei anderen wettbewerbsorientierten Disziplinen zum Erfolg führt. In diesen Fällen ist Ihr Ego ein hilfreiches Werkzeug. Es kann jedoch, wie jedes Werkzeug, falsch eingesetzt werden. Es kann zu einer Waffe werden, die Sie womöglich gegen sich selbst richten.

Ihr Ego sagt Ihnen, daß Sie überlegen, einzigartig und dergleichen sein sollten. Es gaukelt Ihnen Phantasiebilder vor und weckt Erwartungen, die vielleicht wenig oder gar nichts mit dem zu tun haben, wie Sie wirklich sind, was Sie wirklich wollen, und was Sie tatsächlich glücklich machen würde. Obwohl Sie nicht Ihr Ego *sind*, handeln Sie stets so, als seien Sie es. Ständig versuchen Sie, die Erwartungen Ihres Egos zu erfüllen. Sie verlieren das Gefühl dafür, wer Sie als Frau wirklich sind. Sie verhalten sich tatsächlich so, als wollten Sie alles andere als Sie selbst sein.

Wie eine von Korn/Ferry International mit dreihundert Frauen in gehobenen Positionen durchgeführte Untersuchung ergab, ist in den Augen der Frauen das größte Hindernis auf dem Weg zu beruflichem Erfolg die Tatsache, daß sie Frauen sind. Entsprechend möchte ich hinzufügen, daß meine eigenen Forschungen gezeigt haben, daß Hunderte von Frauen aus den unterschiedlichsten Gesellschaftsschichten Männer als ihre primären Rollenvorbilder angeben.

Die Identität dieser Frauen basierte auf den Verhaltensweisen und Handlungen, die sie sich bei ihren Vätern, Brüdern und männlichen Freunden, bei Kollegen und «Mentoren» im beruflichen Bereich abgeguckt hatten. Die Lektionen, die sie von ihren Müttern, Großmüttern und anderen weiblichen Vorbildern lernen konnten, hatten sie abgelehnt. «Ich wußte, daß ich nicht so sein wollte wie sie» – so beschrieben sie ihr Verhältnis zu diesen Frauen. Als die besten weiblichen Eigenschaften nannten sie intuitives Verständnis, instinktive Sicherheit, die Fähigkeit, heilen und pflegen zu können, Gefühlsstärke. Allerdings sahen sie diese Merkmale zugleich auch als potentielle Schwächen an: als Hindernisse beim «Erfolg in der Männerwelt», als Fallen, die sie in allen möglichen Bereichen ihres Lebens als die ewige Zweite dastehen lassen würden. Sicher, nachdem sie Jahrzehnte lang zu beweisen versucht hatten, daß sie so gut wie Männer sind und genauso erfolgreich sein können, schienen diese Frauen mehr denn je davon überzeugt zu sein, daß es besser ist, ein Mann zu sein als eine Frau, und daß die Tatsache, eine Frau zu sein, für den Erfolg im Beruf und für das Glück im privaten Bereich außerordentlich hinderlich ist.

Die Schlacht verlieren, den Krieg gewinnen

Die Frauen haben die Schlacht gewonnen, aber den Krieg verloren. Sie haben ihre ursprünglichen weiblichen Qualitäten geopfert, um zu beweisen, daß sie den Männern ebenbürtig sind. Der Sieg, den sie damit errungen haben, bringt ihnen jedoch nichts ein. Eine Frau muß immer wissen, worin ihr langfristiges Ziel besteht, und sich entscheiden, welche Schlacht sie verlieren darf und welche sie gewinnen muß. Siegreiche Schlachten sind nicht unbedingt das, was Sie letztlich zum Ziel führen wird. Meggys Großmutter Claire, von der im dritten Kapitel die Rede war, hatte genug Vorstellungskraft und Selbstvertrauen – sie war bereit, auch einmal etwas zu verlieren, damit sie auf Dauer etwas dazugewann. Um erfolgreich zu sein, dürfen Sie sich nicht von Ihrer Angst vor dem Verlieren beherrschen lassen.

Sklavinnen der eigenen Minderwertigkeitsgefühle

Als Frau ist Ihnen anerzogen worden zu siegen, indem Sie eine Niederlage hinnehmen. Das haben Sie gelernt. Und andere Frauen dabei beobachtet. Sie haben zugehört, wie andere Frauen ihre Probleme oder Unzulänglichkeiten miteinander besprochen, sich gegenseitig getröstet, umsorgt und mit Rat geholfen haben. Sie haben aber auch gesehen, wie selbstsichere und erfolgreiche Frauen von ihren Geschlechtsgenossinnen mit Spott, Skepsis und Mißtrauen betrachtet wurden. Und auch Sie haben sicher schon selbstsichere und erfolgreiche Frauen mit Skepsis und Mißtrauen betrachtet. Minderwertigkeitsgefühle, Gespräche darüber, was Sie sich nicht zutrauen und wovor Sie Angst haben, machten es für Sie möglich, sich mit anderen Frauen verbunden und sich ein Leben lang von ihnen unterstützt zu fühlen. Das sind einige der Gründe dafür, warum Selbstzweifel und geringes Selbstvertrauen bei Frauen so häufig sind, Selbstachtung dagegen selten.

Merkwürdigerweise ist es viel schwieriger und beängstigender, durch Erfolg zu gewinnen – durch Selbstachtung, durch Vertrauen in die Weisheit Ihres natürlichen Selbst –, als sich unsicher zu fühlen und mit sich selbst unzufrieden zu sein. Geringes Selbstvertrauen ist der einfachere Weg. Es gibt Ihnen die Ausrede dafür, daß Sie nicht ganz die Frau sind, die Sie sein könnten. Es gibt Ihnen die Ausrede dafür, nicht alle Möglichkeiten auszuschöpfen und die Verantwortung für das, was es heißt, eine moderne Frau zu sein, zu übernehmen. Sie müssen sich nicht die Arbeit machen, herauszufinden, wer Sie wirklich sind. Sie brauchen sich nicht den vollen Einsatz abzuverlangen. Wenn Sie nur wenig Selbstvertrauen haben, dann weiß niemand, wozu Sie in der Lage sind, und niemand bittet Sie um mehr, als Sie zu geben bereit sind. Wenn Sie Ihren eigenen Entscheidungen nicht vertrauen, wenn Sie es der Meinung anderer Leute und der neuesten Mode überlassen, Ihnen Ihren Weg vorzuschreiben, vermeiden Sie echtes Engagement und Selbstdisziplin. Sowie es schwierig wird, ändern Sie Ihre Meinung. Sie verlassen den eingeschlagenen Weg und sagen sich: «Ich bin wohl nicht dazu in der Lage, das zu bekommen, was ich will. Ich bin wohl nicht stark oder sicher oder sonstwie gut genug, um es zu bewältigen.»

Wenn Sie nur geringes Selbstvertrauen haben, dann werden Sie von morgens bis abends von Selbstzweifeln und Unsicherheit gequält. Tagtäglich beschäftigen Sie sich damit, Ihre vermeintlichen Unzulänglichkeiten, die Ihnen im Geiste überlebensgroß erscheinen, zu sezieren, zu analysieren, sie einzuordnen oder zu verbergen. Sie sind die Sklavin Ihrer Minderwertigkeitskomplexe. Sie werden von diesen Komplexen völlig beherrscht, bis schließlich der größte Teil Ihrer Zeit und Energie dafür draufgeht, sich selbst zu maßregeln, zu kritisieren und schlechtzumachen. Sie wollen sich fortwährend ändern und verbessern und im Grunde genommen eine ganz andere Frau werden – gleichgültig, ob das nun die Frau ist, die Sie eigentlich sind beziehungsweise wirklich sein wollen, oder nicht.

Wenn Sie sich nicht selbst akzeptieren, können Sie keinen Erfolg haben

Solange Sie die Sklavin Ihrer Minderwertigkeitsgefühle bleiben und Ihre Probleme darauf zurückführen, werden Sie keine erfolgreiche Beziehung führen können. Es besteht eine direkte Verbindung zwischen Ihrem Selbstvertrauen und Ihrer Fähigkeit, eine erfolgreiche Beziehung mit einem Mann zu haben. Sie werden einem Mann nur gestatten, Sie so weit zu akzeptieren, wie Sie es auch selbst tun. So wie Carla Szenen heraufbeschwor, weil sie annahm, David würde sie wegen einer anderen, besseren Frau fallenlassen, werden auch Sie – größtenteils unwissentlich und auf jeden Fall unbeabsichtigt – darauf hinwirken, daß die Männer in Ihrem Leben Sie so behandeln, wie es Ihrer Vorstellung von sich selbst entspricht. Sie werden sich Männer aussuchen, die Sie in Ihren Selbstzweifeln bestärken, die genau die Fehler und Dinge an Ihnen kritisieren, die auch Sie an sich selbst bemängeln oder die alles für Sie tun, von dem Sie immer glaubten, daß Sie es eigentlich allein schaffen müßten (und es auch schaffen würden, wenn Sie nicht so verdammt unfähig wären). Sie werden sich auf Beziehungen einlassen, die Ihnen die Fortdauer Ihrer Minderwertigkeitskomplexe garantieren: Beziehungen mit verheirateten Männern, mit Drogenabhängigen oder Alkoholikern, mit Männern, die Sie mißbrauchen, Sie betrügen oder die nicht das gleiche vom Leben erwarten wie Sie. Und Sie werden in der Falle dieser Beziehungen steckenbleiben, weil Ihr geringes Selbstwertgefühl Ihnen suggeriert, eine solche Beziehung sei immer noch besser, als allein zu sein.

Wenn Sie sich nicht selbst akzeptieren und sich nicht zutrauen, Entscheidungen zu treffen, die in Ihrem eigenen Interesse sind, wird jede Kleinigkeit Sie aus dem Gleichgewicht werfen. Eine unpassende Bemerkung von Ihrem Mann, ein mißbilligender Kommentar von einer Freundin, ein beunruhigendes Ergebnis beim Psychotest in Ihrer Lieblings-Frauenzeitschrift oder eine unvorhergesehene Wendung in Ihrem Leben kann Sie in schwere Selbstzweifel stürzen. Unversehens sind Sie dabei, alles in Frage zu stellen, was in Ihrem bisherigen Leben von Bedeutung war, Sie sind verunsichert und unzufrieden mit allem, was Sie bisher getan haben – auch mit der Entscheidung, mit Ihrem derzeitigen Mann eine Beziehung eingegangen zu sein. Sie setzen eine Kettenreaktion in Bewegung, die letztendlich sogar dazu führen kann, daß Sie eine Beziehung beenden, die womöglich das Potential zu einer dauerhaften, engen Bindung beinhaltete.

Zu guter Letzt tappen Sie mit Ihrem geringen Selbstvertrauen in die Falle, sich einen Mann zu suchen, der Sie ergänzt, der Ihnen all die Dinge liefert, von denen Sie glauben, daß sie Ihr Leben erst vollständig machen. Aber das, was Ihnen ein Mann liefern sollte, damit Sie «vollständig» werden, ist nicht konstant. Die Bedürfnisse, die Sie befriedigt haben wollen, werden sich ändern. Wenn dies passiert, dann erwarten Sie von Ihrer Beziehung nicht mehr das, was Sie zu Anfang erwartet haben. Oder Sie verlangen, daß Ihr Mann sich in gleichem Maße verändert wie Sie selbst. Sie versuchen, ihn zu ändern, und das schafft Probleme.

Wie die Beziehung zu einem Mann wirklich klappt

Sie müssen damit aufhören, den Einflüsterungen Ihres Egos, anderer Leute und den augenblicklichen Vorstellungen über die Frau, die Sie sein sollten, zu glauben, und damit anfangen, an die Frau zu glauben, die Sie tatsächlich sind.

Lernen Sie, sich selbst zu akzeptieren

Sie können sich nicht selbst finden oder lernen, sich zu akzeptieren, wenn Sie sich auf irgendeine Beziehung einlassen oder aber Beziehungen zu Männern ganz vermeiden. Wenn Sie sich vor Nähe schützen und es ablehnen, Verpflichtungen einzugehen, werden Sie es nicht lernen, sich selbst zu vertrauen. Ein Beruf, eine Karriere, Kinder, eine Diät, eine Scheidung, das Engagement für wohltätige Zwecke oder was auch immer außerhalb Ihres eigenen Selbst kann nicht bewirken, daß Sie mit sich selbst im reinen sind. Der einzige Weg, Selbstvertrauen zu entwickeln, besteht darin, ständiges Vergleichen aufzugeben und Hürden zu überwinden, die Sie selbst geschaffen haben. Hören Sie auf, Schranken zu errichten. Hören Sie auf, jemand sein zu wollen, der Sie nicht sind. Hören Sie auf, Situationen zu schaffen, die Ihre Minderwertigkeitskomplexe bestätigen. Vergessen Sie die Frau, von der Sie glauben, daß Sie sie sein oder nicht sein sollten, und entdecken Sie die Frau, die Sie wirklich sind.

● *Befreien Sie sich selbst.* Hören Sie auf, Ihre in der Vergangenheit gemachten Fehler ständig zu wiederholen, sich selbst eine Versagerin zu nennen und dieses willkürliche Etikett als

Entschuldigung zu benutzen, um keine neuen Herausforderungen anzunehmen. Wenn Sie Fehler gemacht haben, sind Sie deshalb noch keine Versagerin. Auf dem Weg zum Erfolg werden immer Fehler gemacht. Dadurch lernen Sie, was funktioniert und was nicht. Fehler zu machen ist ein Prozeß, der Sie befähigt, Wege auszuschließen, die in die Irre führen, bis Sie den Weg finden, der Sie zu Ihrem Ziel bringen wird.

• *Finden Sie ein Ventil für Ihre Gefühle,* damit Sie nicht von ihnen gelähmt werden. Unterdrückter Ärger, feindselige Gefühle, Leid und Traurigkeit gefährden die Gesundheit. Wenn Sie Angst haben, diese Gefühle könnten Sie überwältigen, dann verdrängen Sie sie und ersticken dadurch auch Ihre positiven Gefühle und einen großen Teil Ihres wahren Selbst. Sie können mit anderen Frauen über diese Gefühle sprechen. Natürlich nicht mit irgendeiner Frau, sondern mit solchen, die vertrauenswürdig, ehrlich und wohlwollend sind und das ihnen Anvertraute nicht gegen Sie verwenden. Diese Frauen werden Ihnen zuhören und Ihre Gefühle verstehen. Ihre Gefühle werden andere Frauen nicht verletzen, aber wenn Sie diese Gefühle in Ihrer Brust verschließen, werden sie Sie umbringen.

• *Gewinnen Sie Ihre Unschuld zurück.* Finden Sie den Teil Ihrer selbst, der unverfälscht und nicht der Mode und dem Prestigedenken verhaftet ist, der nicht von Schuld- und Schamgefühlen kleingehalten wird. Nutzen Sie jede erdenkliche Gelegenheit, um die Welt aus einer unschuldigen, unvoreingenommenen Perspektive zu betrachten.

• *Entdecken Sie Ihre Wesensmerkmale:* Ihre persönlichen Fähigkeiten, Vorzüge und Verhaltensweisen. Machen Sie sich nach und nach damit vertraut, und fangen Sie an, diese Eigenschaften zu nutzen, um Ihre verschiedenen Ziele zu erreichen. Sie werden erkennen, daß Sie sehr wohl Erfolg haben können, ohne männliche Eigenschaften und Verhaltensweisen anzunehmen und ohne immer nur das zu tun, was – wie Sie glauben – andere Leute von Ihnen erwarten.

• *Haben Sie den Mut, verletzlich zu sein,* offen zu sein für Kritik und Ablehnung. Zeigen Sie Ihre Schwächen und Unsicherheiten, auch wenn Sie dadurch verletzt werden könnten. Sorgen Sie dafür, daß es in Ihrem Leben Frauen gibt, die Sie trösten, wenn Sie verletzt worden sind. Frauen, die ihre Verletzlichkeit zeigen, werden seltener gekränkt (und lernen sehr viel mehr über sich selbst und ihre Fähigkeiten) als Frauen, die sich beherrschen, verstellen und ständig wachsam sind, um sich vor möglichem Schmerz zu schützen.

• *Hören Sie auf, Ihr wahres Selbst mit Ihrem Ego zu verwechseln.* Wenn Sie ständig darum bemüht sind, die Erwartungen zu erfüllen, die dieser wettbewerbsorientierte, fordernde, Illusionen schaffende Teil Ihrer Persönlichkeit an Sie stellt, dann töten Sie viele Dinge ab, die wichtig für Sie sind. Sie verunglimpfen und untergraben Ihr wahres Selbst, Sie ersticken die weibliche Stimme, die aus Ihrem Inneren zu Ihnen spricht. Hören Sie auf, sich ständig um Ihr Ego zu kümmern. So können Sie diese innere Stimme, die wahre Quelle Ihrer Kraft als Frau, sehr viel besser hören und respektieren.

Entdecken Sie die Quelle Ihrer weiblichen Kraft

Versuchen Sie, an ein Erlebnis zu denken, das beinahe perfekt war und das Ihrer Idealvorstellung von dem, wie die Dinge sein sollten, sehr, sehr nahe kam. Es kann eine nahezu perfekte sexuelle Erfahrung sein, ein nahezu perfektes Erlebnis in Zusammenhang mit einem Kind, ein nahezu perfekter Spaziergang am Strand, ein fauler Sonntagnachmittag oder eine gemeisterte berufliche Herausforderung. Ob dieses Erlebnis nur einige Minuten oder ein paar Stunden oder mehrere Tage lang gedauert hat – solange es andauerte, schien alles «im Fluß» zu sein, sich fast ohne jede Anstrengung von selbst zu ergeben. Führen Sie sich dieses Erlebnis noch einmal vor Augen, so als hätten Sie es auf ein Videoband aufgenommen. Nehmen Sie sich selbst, andere beteiligte Menschen, Ihre Umgebung, die Geräusche und Gerüche genau wahr. Erleben Sie die ganze Situation noch einmal in Ihrer Phantasie. Dann erleben Sie sie in Gedanken noch einmal, nur halten Sie diesmal an dem Punkt inne, an dem Ihnen bewußt wurde, daß Sie eine beinahe perfekte Erfahrung machten, an dem alles «genau richtig» war. Wie haben Sie sich in diesem Moment gefühlt?

«Kraftvoll... leicht... schön... liebenswert... attraktiv... friedlich... weiblich» – dies sind die Worte, die Tausende von Frauen, Frauen wie Sie, benutzt haben. Bei diesem nahezu perfekten Erlebnis fühlten sie sich «abenteuerlustig... mutig... verspielt... begehrenswert... unwiderstehlich... offen».

In einem Moment, der in fast jeder Hinsicht beinahe vollkommen war, legten Sie keinen Wert auf Bestätigung von außen. Sie machten sich keine Gedanken über Ihre Motivation und zweifelten Ihren Wert nicht an. Sie grübelten nicht über alte Fehler nach und dachten auch nicht an zukünftige Probleme. Sie versuchten nicht, die Situation zu beherrschen, und hatten keine Angst, die Kontrolle zu verlieren.

Sie hatten die Quelle Ihrer Kraft als Frau entdeckt und waren der weiblichen Stimme in Ihrem Inneren gefolgt. Sie fühlten sich wunderbar: «vertrauensvoll... leidenschaftlich... attraktiv... fortgetragen... frei».

Ganz sicher können auch Sie sich an solche Momente erinnern, Momente, in denen Sie sich selbst vorbehaltlos vertraut haben. In solchen Momenten kam die positive Energie, die von Ihnen ausging, zu Ihnen zurück. In solchen Momenten war Ihr natürliches Selbst, befreit von vergänglichen Einflüssen und Zwängen, der Steuermann. Dieses natürliche Selbst, Ihre positive Energie, Ihr Selbstvertrauen und diese Gefühle des Friedens, der Kraft und der Leidenschaft sollten Sie in Ihre Beziehung einbringen.

Wie die Beziehung zu einem Mann wirklich klappt

Gehen Sie nie eine Beziehung ein, damit sie Sie glücklich macht – sondern damit sie Sie glückli*cher* macht. Wenn Sie Ihr Glück in die Beziehung hineintragen, dann wird sie Sie noch glücklicher machen.

Ihr Selbstvertrauen als Frau und das Einbringen Ihres natürlichen Selbst sind für eine erfolgreiche Beziehung zu einem Mann absolut notwendig. Genauso notwendig ist es, zu verstehen und zu akzeptieren, wie Männer sich in Beziehungen verhalten. Auch wenn es gut genug ist, eine Frau zu sein, wenn es genauso gut ist, wie ein Mann zu sein, und in vielerlei Hinsicht sogar noch besser, so ist es doch nicht das gleiche. Männer und Frauen sind verschieden. Sie sind sogar total gegensätzlich – besonders in Beziehungen.

5
Männer und Frauen
sind verschieden

Charlotte

Tony, 40, Architekt, und Charlotte, 38, Mutter von zwei Kindern und Ballettlehrerin, waren noch kein Jahr miteinander verheiratet, als Charlotte feststellte, daß sie sich «auseinanderlebten», wie sie es ausdrückte. Es gab kein bestimmtes Problem, erklärte sie, «nur dieses Gefühl, daß wir uns nicht mehr so nahestanden wie früher. Wir schienen nur noch mit unserer alltäglichen Routine und unseren eigenen Angelegenheiten beschäftigt zu sein und sprachen nicht mehr richtig miteinander – jedenfalls hatten wir uns nichts Wichtiges mehr zu sagen.» Sie konnte sich noch daran erinnern, wie sie zum ersten Mal versucht hatte, mit Tony darüber zu reden. Es war an einem Samstagnachmittag, und Tony war gerade dabei, die neue Stereoanlage, die er gekauft hatte, auszupacken und aufzubauen. Wie Charlotte berichtete, verlief ihre Unterhaltung etwa so:

Charlotte: Liebling, wir müssen uns mal unterhalten.
Tony: Ja? Worüber denn?
Charlotte: Über uns. Unsere Beziehung. Was du darüber denkst.
Tony: Wieso? Es ist doch alles bestens. Oder nicht?
Charlotte: Ich weiß nicht. Vielleicht nicht. Ich meine nur...
also, ich fühle mich manchmal so ausgeschlossen, als wären wir nicht mehr so wie früher miteinander verbunden. Als wäre eine unsichtbare Wand zwischen uns.

Tony: Du bist immer noch sauer, weil ich letztes Wochenende angeln war, stimmt's? Ich wünschte, du hättest mir gesagt, daß dir das nicht paßte.

Charlotte: Nein. Darum geht es überhaupt nicht. Ich versuche nur zu sagen, daß zwei Menschen, die sich lieben, alles miteinander teilen sollten, sie ...

Tony: Aber du magst Angeln doch überhaupt nicht.

Charlotte: Verdammt, du hörst mir gar nicht zu. Ich rede nicht vom Angeln. Ich rede von uns. Wir entfernen uns voneinander. Wir ... weißt du ... wir sind uns nicht mehr so nah, wie wir es früher waren.

Tony konnte nicht begreifen, worauf Charlotte hinauswollte. «Er sagte, das sei doch lächerlich. Dann fing er an, mir aufzuzählen, was wir alles gemeinsam unternahmen.» Aber Charlotte wollte wissen, was er *empfand*. «Ich wollte von ihm hören, wie wichtig ich ihm war.»

Nachdem Charlottes sämtliche Versuche, Tony dazu zu bewegen, ihr seine innersten Gefühle zu offenbaren, ihr nichts weiter eingebracht hatten als die Einladung, ihm beim Aufbau der Stereoanlage zu helfen, gab sie verbittert auf. Tony, offensichtlich erleichtert, wandte sich wieder seiner Beschäftigung zu. Charlotte zog sich zurück, um über den Status quo ihrer Beziehung nachzudenken. Besorgt fragte sie sich, ob dieser «Mangel an Kommunikation» womöglich noch zu deren endgültigem Scheitern führen würde. Sie wünschte sich ein Gefühl größerer Nähe und glaubte, daß sie das erreichen würde, indem sie mit ihrem Partner über die Beziehung redete. Deshalb sprach sie das Thema bei der nächsten sich bietenden Gelegenheit erneut an. Das Ergebnis war allerdings auch diesmal wenig befriedigend.

So ging es jahrelang. Genau gesagt, zehn Jahre lang. Tony war Charlotte während all dieser Jahre treu. Sie hatten ein befriedigendes Liebesleben. Sie bekamen Kinder, und Tony arbeitete hart, damit sie alles hatten, was sie brauchten oder wollten. Er übernahm sogar zusätzlich freiberufliche Aufträge, damit er für die Familie ein Haus bauen konnte.

«Aber nie weiß ich, was er fühlt», klagte Charlotte. «Er redet nicht darüber. Nie reden wir über die Dinge, die ihm wichtig sind, und er will auch nichts von meinen Problemen hören. Wenn ich über etwas rede, das mich beschäftigt, dann kümmert er sich nicht um meine Gefühle. Er sagt dann sofort: ‹Warum tust du nicht einfach dies oder jenes, um das Problem zu lösen?›» Aber Charlotte wollte keine praktischen Ratschläge. «Ich will seinen Beistand... aber den gibt er mir nicht. Selbst wenn ein Problem uns beide betrifft, sagt er nur: ‹Also, was soll ich tun?›, und wenn ich sage, daß ich darüber reden will, dann sieht er mich an, als sei ich verrückt. Dann fragt er: ‹Wozu soll das gut sein?› Ich schwöre, daß ich mit der Frau, die mir die Nägel maniküʳt, intensivere Gespräche führe als mit Tony.»

Am schlimmsten sei es, erklärte Charlotte, wie Tony sich verschließe, wenn er Probleme habe. Bei seiner Arbeit gab es Schwierigkeiten, es gab Probleme mit seinen Eltern, vor einigen Jahren sah es sogar so aus, als hätte er Krebs. Sie wußte, daß diese Dinge ihn innerlich sehr mitnahmen, aber er ließ es nicht zu, daß sie ihm half. Er schloß sie einfach aus, und je mehr sie versuchte, Zugang zu ihm zu finden, um so weiter zog er sich von ihr zurück.

«Ist das denn überhaupt eine Beziehung?» fragte Charlotte mich, als ich sie zum ersten Mal traf. Wie sollen zwei Menschen miteinander leben, wenn einer von beiden nicht bereit ist, seine Gedanken und Gefühle dem anderen mitzuteilen? Wie kann man eine gute Beziehung mit einem Mann führen, der nicht mit einem redet?

Man kann es nicht. Allerdings bestand Charlottes Problem, das mir im Laufe der Jahre in ähnlicher Form auch von sehr vielen anderen Frauen beschrieben wurde, nicht darin, daß Tony überhaupt nicht mit ihr redete. Wenn überhaupt keine Kommunikation zwischen ihnen stattgefunden hätte, wäre ihre Ehe nicht so beständig gewesen. Das eigentliche Problem, der tatsächliche Grund für Charlottes Unzufriedenheit und die eigentliche Gefahr für ihre Beziehung, bestand darin, daß Tony nicht so mit ihr kommunizierte, wie Charlotte es von ihm erwartete. Obwohl Tony sehr wohl gezeigt hatte, daß ihm etwas an der Beziehung lag und daß er sich in vielerlei Hinsicht für sie einsetzte, wollte Charlotte, daß er ihr seine Gedanken und Gefühle in derselben Weise vermittelte, wie sie es tat – in Worten.

Sie war an einer der schwierigsten Hürden auf dem Weg zu einer erfolgreichen Beziehung mit einem Mann hängengeblieben. Sie setzte nämlich voraus, Männer und Frauen verhielten sich in Beziehungen ähnlich, sie dächten gleich, interpretierten Situationen auf die gleiche Weise und handelten aus denselben Beweggründen. Dies aber ist ganz und gar nicht der Fall.

Männer sind wie Wesen von einem anderen Planeten

Männer gehen eine Beziehung ein und teilen sich mit, aber auf eine Art, die von derjenigen der Frauen völlig verschieden ist. Männer denken und handeln nicht böswillig, absichtsvoll oder bewußt anders als Frauen. Es ist einfach so, daß etwas, was einer Frau selbstverständlich erscheint, für einen Mann unglaublich schwierig sein kann – nicht nur Kommunikation, sondern auch vieles andere, was mit der Fähigkeit zu tun hat, auf den anderen einzugehen. Für einen Mann ist die Art, wie eine Frau die Welt betrachtet, ziemlich unverständlich. Fähigkeiten, die Frauen ganz selbstverständlich beherrschen – sich in andere Menschen hineinzuversetzen oder sich vorzustellen, welche Auswirkungen etwas auf ihre Mitmenschen haben kann –, sind Männern gänzlich fremd. Wenn es für eine Frau offensichtlich ist, daß jemand verärgert ist, oder wenn die Stimmung im Raum so gespannt ist, daß man die Luft mit dem Messer schneiden könnte, dann denken die meisten Männer noch immer, alles sei in bester Ordnung. Sie bemerken solche Dinge nicht. Sie verstehen nicht, was die Frauen sagen wollen, und aus ihrer Perspektive betrachtet sieht es so aus, als verstünden die Frauen nicht, was Männer meinen, oder als machten sie aus einer Mücke einen Elefanten oder würden Ärger und Komplikationen heraufbeschwören, wo doch alles so einfach sein könnte.

Diese und viele andere Unterschiede, die auf der einfachen Tatsache beruhen, daß die beiden Geschlechter in ihren Veranlagungen grundverschieden sind, erklären, warum Männer und Frauen es in aller Unschuld immer wieder schaffen, einander tief zu verletzen. Sie enttäuschen, frustrieren und verwirren einander immer wieder. Die Art und Weise, wie Männer und Frauen das Leben sehen, wie sie es leben und wie sie an die Dinge, die ihnen wichtig sind, herangehen, ist so unterschiedlich, daß für die Frau die sicherste Möglichkeit des Umgangs mit einem Mann darin besteht, ihn sich als Wesen von einem anderen Stern vorzustellen.

Wie die Beziehung zu einem Mann wirklich klappt

Erwarten Sie nicht, daß Ihr Mann genauso ist wie Sie, sondern stellen Sie sich ihn als ein Wesen von einem anderen Planeten vor.

Ja, aber . . .

Vielen Frauen mißfällt dieser Rat. «Ja, aber Männer *sind* nun mal keine Wesen von einem anderen Planeten», protestieren sie. «Sie leben in derselben Welt wie wir. Sie haben entschieden mehr mit uns Frauen als mit irgendwelchen Außerirdischen gemeinsam. Sie gehören derselben Spezies, der menschlichen Rasse, an und haben dieselben Bedürfnisse und Gefühle wie alle menschlichen Wesen.»

Wenn Sie so denken, dann will ich darüber nicht mit Ihnen streiten. Ich kann Ihnen aber versichern, daß Ihnen dieses Denken im Umgang mit Männern nicht weiterhilft. Sie setzen zu große Erwartungen in sie. Sie erwarten von ihnen, daß sie sich wie menschliche Wesen verhalten, und Ihre Vorstellungen von menschlichen Verhaltensweisen sind von Ihrer eigenen Einstellung geprägt – von einer weiblichen Einstellung, die anders ist als die der Männer.

Wenn Sie Männer jedoch nicht als menschliche Wesen betrachten, sondern als Außerirdische von einem anderen Planeten, die in einer völlig anderen Kultur aufgewachsen sind als Sie, die keine Kenntnisse von Ihren Gebräuchen haben und keine Grundlage besitzen, um Ihre Ansichten zu verstehen, dann werden Ihre Erwartungen der Realität weitaus mehr entsprechen. Sie werden nicht länger Ihre Zeit und Energie auf Gefühle wie Enttäuschung oder Verärgerung verschwenden und nicht länger darauf warten, daß Männer Ihnen sagen, sie liebten Sie und seien um die Beziehung bemüht. Sie werden nicht länger hoffen, daß ein Mann Ihnen mit Worten seine Vorlieben, Abneigungen und innersten Gefühle offenbart, daß er seine Ängste und Wünsche, Hoffnungen und Erwartungen in Worte faßt. Frauen teilen sich auf diese Weise mit. Männer nicht. Stellen Sie sich Männer als Wesen von einem anderen Stern vor, und Sie werden nicht mehr erwarten, daß sie auf die gleiche Weise mit Ihnen reden wie Frauen. Sie werden anfangen, das Verhalten der Männer zu *beobachten*, und Sie werden feststellen, daß Männer Ihnen ständig eine Menge mitteilen.

Männer teilen sich durch Handlungen mit

Männer kommunizieren. Sie drücken ununterbrochen ihre Vorstellungen, Einstellungen, Erwartungen und Gefühle aus. Aber Frauen bereitet es Probleme, die männliche Art der Kommunikation zu verstehen, zu akzeptieren oder sich damit zufriedenzugeben, weil Männer, um ihre Bedürfnisse und Gefühle zu offenbaren, keine Worte benutzen.

Es ist nicht so, daß sie über diese Dinge nicht reden wollten. Es ist nur äußerst schwierig für sie. Sie als Frau haben keine Vorstellung davon, wie schwierig es ist, denn für Sie ist es leicht, mit Hilfe von Worten zu kommunizieren. Frauen besitzen von Natur aus die Fähigkeit, ihre Gefühlswelt durch Sprache ausdrücken zu können. Männer haben diese Gabe nicht. Männer können nicht auf diese Weise reden.

Sie können natürlich versuchen, es ihnen beizubringen. Sie können den Männern zeigen, wie es geht, aber in Extremsituationen werden sie es wieder vergessen. Das sind die Momente, in denen sie sich gegenüber verbalen Ausdrucksmöglichkeiten verschließen, und Sie, die Partnerin, fühlen sich dann ausgeschlossen.

Wenn Sie nur die Tatsache akzeptieren könnten, daß es für Männer bisweilen äußerst schwierig ist, sich in Worten auszudrücken, dann würden Sie sich nicht mehr verletzt und abgelehnt fühlen, wenn Ihr Partner nicht das sagt, was Sie hören möchten. Sie würden Ihre Energie nicht mehr darauf verschwenden, ihn dazu zu bewegen, über seine Gefühle zu sprechen, weil er sie Ihnen ohnehin zeigt. Männer teilen sich dadurch mit, wie sie reagieren und was sie tun. Sie teilen Ihnen alles, was Sie wissen müssen, auf nonverbalem Wege mit. Was Ihr Mann wirklich von Ihnen will oder was er Ihnen gegenüber empfindet, das ist im Grunde eindeutig und offensichtlich. Ein Mann zeigt durch sein *Verhalten*, was er wirklich denkt und fühlt. Sie müssen ihn einfach nur beobachten.

Wie die Beziehung zu einem Mann wirklich klappt

Erlernen, respektieren und akzeptieren Sie die «Sprache ohne Worte», durch die Männer Ihnen ihre Gefühle offenbaren.

Sie haben also die Wahl. Sie können weiterhin von Männern erwarten, daß sie sind wie Sie – dann müssen Sie sich aber auf weitere Enttäuschungen und Unzufriedenheit gefaßt machen. Sie können aber auch Ihre Erwartungen ändern und damit die ersten Schritte auf dem Weg zu einer dauerhaften, engagierten Beziehung mit einem Mann tun. Ihre Aussichten, Ihre romantische Vorstellung von einer Beziehung zu verwirklichen, werden sich drastisch verbessern, wenn Sie einmal bereit sind zu erkennen und zu akzeptieren, daß Männer und Frauen sich in Beziehungen voneinander unterscheiden.

Männer sind ein Irrtum der Evolution

Wenn Sie über die Entwicklungsgeschichte des Menschen nachdenken, werden Sie feststellen, daß es zwischen Männern und Frauen seit Jahrtausenden eine feste Aufgabenverteilung gab. Männern war die gefährliche Rolle des Jägers, Kriegers und Beschützers zugeteilt, während Frauen mit den Aufgaben der Kinderaufzucht und der Bildung und Pflege von Gemeinschaften betraut waren. Es gehörte zudem zur

Rolle des Mannes, mit seinen Geschlechtsgenossen zu rivalisieren.

Im Laufe der Zeit verstärkten und verfestigten sich die jeweiligen Charakterzüge, die beide Geschlechter für ihre Aufgaben prädestinierten, und wurden an die folgenden Generationen weitergegeben. Männer und Frauen paßten sich ihren Rollen immer besser an.

Die Instinkte, die einen Jäger und Krieger zu seiner Aufgabe befähigten, wirkten sich auf Beziehungen eher ungünstig aus. Jäger und Krieger müssen bereit sein zu kämpfen. Sie müssen gewinnen wollen und bereit sein, den Konkurrenten zu schlagen oder zu töten. Sie müssen daran glauben, daß sie, wenn der Zeitpunkt gekommen ist, ihre Aufgabe erfüllen können, gleichgültig, wie hart oder gefährlich diese Aufgabe auch sein mag. Sie müssen sich auf ihr Ego und auf die Überlebensstrategien, die ihr Ego entwickelt, verlassen. In ihrer Psyche ist gewöhnlich kein Platz für Mitgefühl, Empfindsamkeit oder sonstige Qualitäten, die dem Aufbau von Beziehungen förderlich sind. Wenn sie einem Feind gegenüberstehen, können sie es sich nicht leisten zu denken: «Hm, der Typ da mit den Giftpfeilen ist vielleicht gar nicht so übel, wie es scheint. Vielleicht ist er nur ängstlich und verunsichert.» Oder: «Vielleicht sollte ich ihn nicht töten. Vielleicht sollte ich versuchen, ihn kennenzulernen und eine Beziehung zu ihm aufzubauen.» Wenn die Männer der Steinzeit solche Gedanken zugelassen hätten, hätte der Feind ihnen inzwischen längst die Keule über den Kopf geschlagen oder das Mammut hätte sie zermalmt. Da Männer ständig um ihr Überleben kämpften, hatten sie keine Zeit, Verhaltensweisen oder Fähigkeiten zu pflegen, die einer Beziehung förderlich sind. Statt dessen haben sie ein aufgeblähtes Ego, Konkurrenzverhalten und Killerinstinkte entwickelt.

Währenddessen lebten die Frauen in ihren Gruppen und Gemeinschaften, wo sie die Kinder großzogen, ihre Gebräuche und Werte weitergaben und für Frieden und Harmonie sorgten. Dabei entwickelten sie immer kompliziertere und wirksamere Formen der Kommunikation. Sie ersannen immer komplexere und sozialverträglichere Denk- und Verhaltensweisen. Sie bauten zu den anderen Frauen Beziehungen auf, die sehr viel gefühlsbetonter, beglückender und fürsorglicher waren, als ihre Beziehung zu einem Mann. Aufgrund ihrer komplexen Beziehungen zu anderen Frauen und ihrer Funktion als Gründerinnen von Gemeinschaften, wurden Frauen zu hochentwickelten, vielschichtigen und vielseitigen Wesen.

Bei den Männern sah die Sache anders aus. Aufgrund ihrer Prioritäten – Jagen, Kämpfen, Erobern, Töten, Wettbewerb – gerieten sie ins Abseits. Sie blieben in ihrer Entwicklung stecken. Alles, was sie konnten, war kämpfen und töten. Und als die Zeit kam, da es keine Mammuts mehr zu erlegen gab, da es keine Barbaren mehr zu vertreiben galt, die ihnen die Frauen stehlen und ihre Dörfer ausplündern wollten, war es zu spät, um das, was die Frauen bereits beherrschten, noch zu erlernen. Es war den Männern unmöglich, die Entwicklung der Frauen noch nachzuholen. Selbst wenn sie es versucht hätten, wären die ständig sich weiterentwickelnden Frauen ihnen immer noch meilenweit voraus gewesen. Und in Wahrheit hatten die Männer auch gar kein Interesse daran, es zu versuchen.

Die Instinkte und Denkweisen der Männer, die sie während Tausenden von Jahren der Jagd und des Kampfes angenommen hatten, waren so tief in ihnen verwurzelt, daß sie in der Neuzeit ihr Konkurrenzdenken, ihre Sieg-oder-Niederlage-Mentalität, ihre Töten-oder-getötet-werden-Einstellung einfach auf neue Gebiete übertrugen: auf den Sport, die Politik, auf Geschäftliches und auf das, was damit zusammenhängt.

Männer sind ein Irrtum der Evolution. Sie haben sich nicht mit den Zeiten und den Verhältnissen geändert. Sie haben sich nicht in der gleichen Weise weiterentwickelt wie die

Frauen. Und wenn sie vielleicht auch nicht mehr wie Höhlenmenschen aussehen und auch nicht mehr so sprechen und sich so gebärden, denken sie in ihrem tiefsten Herzen doch noch immer ganz so, wie sie es bereits vor Jahrhunderten taten. Es könnte noch einmal Jahrhunderte dauern, bis man ihnen wirklich beigebracht hat, was eine Beziehung ausmacht, und bis man sie zu einer neuen Orientierung und auf das Niveau geführt hat, auf dem die Frauen sich bereits seit langem befinden.

Wem will ich etwas vormachen?

Wahrscheinlich sind Sie jetzt entrüstet über meine auf den ersten Blick unverschämten, sexistischen Bemerkungen. Sie fragen sich vielleicht, wie ich es mir heutzutage noch erlauben kann, Männer und Frauen in so simple Kategorien einzuteilen. Es ist archaisch. Es ist erniedrigend. Es ist genau die Art von «Biologie ist Schicksal»-Argumentation, die seit Jahrhunderten zur Unterdrückung der Frauen beigetragen hat.

«Männer könnten so sein wie wir», protestieren Sie. «Sie könnten es lernen. Wenn sie nur bereit wären, es zu versuchen...»

Sie, die Frauen, haben seit Jahrzehnten versucht, die Männer zu ändern. Sie haben versucht, den Männern die Dinge beizubringen, die Ihnen selbst so leichtfallen, während sie im Geschäftsleben und anderen wettbewerbsorientierten Bereichen den Männern immer ähnlicher wurden. Sie haben begonnen, dieses unberechenbare, willensstarke, aufregende Objekt Ihrer ursprünglichen, romantischen Vision zu zähmen. Und wenn Sie das Ergebnis Ihrer Bemühungen einmal objektiv betrachten, dann müssen Sie feststellen, daß Sie im besten Fall ein Rudel von Wölfen im Schafspelz geschaffen haben: Männer, die sich zwar auch empfindsam, unterstützend und offen geben können, die aber, wenn sie mit dem

Rücken zur Wand stehen, unweigerlich in ihr altes Rollenverständnis zurückfallen. Oder Männer, die inzwischen den Frauen weitgehend ähneln, die aber für Frauen sexuell nicht attraktiv sind.

Ihr Versuch, Ihren Mann zu «feminisieren», war wahrscheinlich nicht besonders erfolgreich – und wenn er es doch war, dann *wollen* Sie diesen Mann nicht mehr. Er ist Ihnen nicht mehr aufregend genug. Ihr Versuch, Ihren Mann zu ändern, ist ein Kampf gegen Windmühlen, bei dem keiner etwas zu gewinnen hat. Sie können immer weiterkämpfen und fühlen sich am Ende doch nur erschöpft, denn Sie ringen mit dem kulturellen Erbe und den tief verwurzelten Verhaltensweisen, Überzeugungen und Ansichten von Tausenden und aber Tausenden von Jahren.

Sowohl vor als auch nach der Einführung von Erziehungsmethoden, die darauf abzielten, das männliche und weibliche Rollenverhalten abzubauen, haben Forscher wiederholt bestätigt, daß männliche Kinder zu aggressiven, wettbewerbsorientierten, ja sogar brutalen Spielen neigten. Mädchen dagegen bildeten und lebten im Spiel ihre sozialen und emotionalen Fähigkeiten aus. Auch unbeeinflußt von Eltern oder anderen Erziehungsberechtigten waren Jungen von Explosionen, Waffen und Zerstörungen fasziniert, während Mädchen sich mit Beziehungen und den Problemen anderer Menschen beschäftigten. Mädchen waren darum bemüht, mögliche Streitursachen oder Quellen der Verletzung für ihre Spielkameraden auszuschließen. Die Jungen dagegen stürzten sich, auf der Suche nach Herausforderung und Abenteuer, kopfüber in jede Rangelei, ohne Rücksicht darauf, daß sie selbst oder andere dabei körperlichen Schaden erleiden könnten.

Forschungen haben ergeben, daß diese offensichtlich naturgegebenen Neigungen, die den Unterschied der Geschlechter ausmachen und die wir, die Gesellschaft, in die richtigen Bahnen lenken müssen, Männer und Frauen während ihres ganzen Lebens begleiten. Selbst wenn Männer lernen, sich wie

Frauen zu verhalten, und wenn umgekehrt Frauen sich wie Männer verhalten, bilden ihre natürlichen Neigungen doch weiterhin das Fundament für die wesentlichen Verhaltensweisen, die sie in ihre Beziehungen einbringen.

Und so, wie das Verhalten von kleinen Jungen und Mädchen beim Spiel unterschiedlich ist, so sind auch die Verhaltensweisen, Überzeugungen und Deutungen von Männern und Frauen vollkommen verschieden. Wenn es um Beziehungen geht, dann sind Männer und Frauen nicht einfach nur verschieden. Sie sind sogar gegensätzlich.

Männer und Frauen unterscheiden sich wie Tag und Nacht

Die grundlegenden Unterschiede zwischen Männern und Frauen rühren von ihren unterschiedlichen Prioritäten her.

Wie ich schon sagte, ist die erste Priorität einer Frau die Beziehung: Jede Form von Interaktion, die auf Vertrauen, Einfühlungsvermögen und Gefühlen basiert. Als Frau ist Ihnen der Wunsch, einen sinnvollen Austausch und Kontakt mit anderen Menschen zu haben, wichtiger als alles andere. Das Wesentliche in Ihrem Leben ist dieser Austausch, die Kommunikation und die Beziehungen zu anderen. Durch die Kommunikation mit anderen fühlen Sie sich lebendiger, stärker und besser ins Leben integriert. Und Sie sind in diesem Bereich äußerst geschickt und erfahren.

Die höchste Priorität im Leben eines Mannes ist etwas völlig anderes: Konkurrenz und Rivalität. Männer lieben das Fieber der Jagd, die Aufregung des Kampfes. Sie wollen dominieren, erobern und siegen. Doch obwohl Männer natürlich gerne gewinnen, ist ihnen der Kampf doch noch wichtiger als der Sieg. Wenn sie stets nur gewinnen würden, wäre ihnen das Leben nicht aufregend genug. Männer sind Experten im Konkurrenzkampf. Sie wissen alles, was man über den erfolgreichen Wettbewerb wissen muß – und keine dieser Fähigkeiten und Kenntnisse ist ihnen beim Aufbau und der Pflege einer Beziehung in irgendeiner Weise nützlich.

Frauen sind äußerst komplexe, vielschichtige und vielseitige Wesen, die sich beständig verändern und weiterentwikkeln. Männer sind auf elegante Art unkompliziert. Wenn ein Mann erst einmal ein Objekt, für das es sich zu kämpfen lohnt, gefunden hat – etwas, das in einer Weise fordert und belohnt, wie er es sich wünscht –, dann wird er möglicherweise immer weiter und für alle Zeiten danach streben.

Frauen sind, was soziale Beziehungen anbetrifft, äußerst wach. Sie möchten gern wissen, wie sich Ereignisse auf Menschen auswirken; sie möchten erkennen, wie die Menschen innerlich auf alles, was um sie herum vorgeht, reagieren. Männer sind aufgabenbezogen. Sie sind interessiert an Werkzeug, Spielzeug, am Herumbasteln und am Ballspiel: Beschäftigungen mit greifbaren Ergebnissen, die ihnen, auf die eine oder andere Weise, Anerkennung oder sogar Ruhm einbringen können.

Frauen sind problemorientiert. Sie halten ständig nach möglichen Konflikten und nach dem kleinsten Anzeichen einer bevorstehenden Katastrophe Ausschau. Deshalb sind sie stets damit beschäftigt, Schwierigkeiten zu analysieren, um sie in Zukunft vermeiden zu können. Sie neigen dazu, mehr Zeit und Energie darauf zu verwenden, über jeden konfliktträchtigen Aspekt ihres Lebens zu reden, als tatsächlich zu handeln. Und so, wie es mit Sicherheit auch bei Charlotte der Fall war, haben die meisten Frauen in ihren Beziehungen Schwierigkeiten, irgend etwas einfach geschehen oder auf sich beruhen zu lassen. Sie glauben, daß eine Beziehung sich nur – und nur dann – entwickeln und Bestand haben kann, wenn sie regelmäßig über den Zustand der Beziehung reden können.

Männer sind auf Problemlösungen fixiert. Wenn etwas kaputtgeht, dann wollen sie es so schnell wie möglich reparieren. Sie müssen nicht unbedingt wissen, warum es kaputtgegangen ist. Sie wollen nicht die Umstände analysieren, die dazu geführt haben, oder ihre Gefühle, die damit zusammenhängen, oder die langfristigen Auswirkungen. Das ist der Grund, weshalb Ihr Mann – genau wie Tony – Ihnen, lange bevor Sie ihm erzählt haben, wie Sie sich fühlen, einen nützlichen Ratschlag gibt. Er will das Problem lösen und so schnell und schmerzlos wie möglich zur Tagesordnung übergehen. Außerdem glauben Männer, daß man sich um etwas, das jeden Moment kaputtgehen könnte, aber noch nicht kaputt ist, nicht zu kümmern braucht. Solange es kein wirklich greifbares Problem gibt, sehen die meisten Männer überhaupt keinen Anlaß und keinen Sinn darin, über den Zustand ihrer Beziehung zu reden.

Männer tun das, was wirkt, was ihnen mit dem geringstmöglichen Aufwand ein Ergebnis einbringt. Sie setzen ihre Energie effektiv ein. Während Männer sich fragen: «Wird das funktionieren oder nicht?», machen Sie, die Frauen, sich Gedanken darüber, ob es in Ordnung ist oder nicht.

Frauen wollen es richtig machen, sie wollen akzeptiert werden und modern sein. Sie werden sogar Dinge tun, die nicht funktionieren, oder sich weigern, Dinge zu tun, die funktionieren, weil sie meinen, daß es so richtig sei. Sie orientieren sich sehr stark an der Meinung und dem Ratschlag anderer, selbst dann, wenn eine andere Orientierung, eine andere Vorgehensweise sehr viel erfolgversprechender wäre. Diese naturgegebene und entschieden weibliche Eigenschaft wird gewiß genau jetzt, in diesem Moment, zum Tragen kommen, denn ich bin davon überzeugt, daß das eben Gelesene Ihnen alles andere als richtig erscheint.

«Das kaufe ich Ihnen nicht ab!»

Ich bin mir ziemlich sicher, daß Sie mir kein Wort von dem, was ich Ihnen zu vermitteln versucht habe, abnehmen werden. Obwohl eine innere Stimme Ihnen zuflüstert: «Eigentlich hat er nicht unrecht», weigern Sie sich, es zu glauben. Sie glauben an Gleichberechtigung. Sie glauben, daß Frauen, wenn sie nur die Gelegenheit dazu haben, genauso konkurrenzfähig, praktisch, aktiv und ergebnisorientiert sein können wie Männer, und daß Männer genauso verständnisvoll, empfindsam, sozial und zugänglich sein können wie Frauen.

Es ist Ihr gutes Recht, das zu glauben.

Was Sie glauben, mag richtig sein. Es mag gut sein. Vielleicht ist es besser als das, was ich glaube, und vielleicht zeigt es, wie die Dinge in der besten aller Welten sein sollten. Aber es ist unpraktisch. Es funktioniert nicht. So, wie Sie die Dinge haben wollen, sind sie in der realen Welt und in realen Beziehungen nicht, und Sie müssen sich entscheiden, ob Sie recht haben wollen oder Erfolg, ob Sie auf Ihrem Standpunkt beharren oder eine gute und erfüllte Beziehung mit einem Mann haben wollen.

Sie müssen mir nicht glauben. Ich kann Sie nicht daran hindern, weiterhin zu glauben, Männer seien in der Lage, Beziehungen auf die gleiche Weise zu sehen und zu erleben, wie Sie es tun. Ich kann Ihnen aber versichern, daß Sie sich mit dieser Erwartung viel Ärger einhandeln werden. Wenn Sie Männer in einer Beziehung als Ihresgleichen ansehen, dann wird Sie das daran hindern, eine dauerhafte, engagierte Partnerschaft aufzubauen. In dieser Art von Beziehung – nicht in einer modernen Beziehung, sondern einer erfolgreichen und erfüllten Beziehung, die ein Leben lang dauern kann – sind Sie den Männern *nicht* ebenbürtig. Sie sind ihnen weit *überlegen*. Sie haben von Natur aus ein soziales Bewußtsein, Einfühlungsvermögen, emotionale Ausdrucksmöglichkeiten und die Fähigkeit, sich in komplexe, zwischenmenschliche Situationen hineinzuversetzen. Männer können das nicht. Sie sind das genaue Gegenteil. Und im Grunde Ihres Herzens ist Ihnen das auch bewußt.

Sie können darauf warten, daß die Männer sich ändern. Aber es gibt keine Garantie, daß sie es jemals tun werden. Sie können sich der Aufgabe widmen, die Männer zu ändern und ihnen beizubringen, sich in Beziehungen so zu verhalten, wie Sie selbst es naturgemäß tun. Dann werden Sie allerdings Ihr ganzes Leben lang sehr, sehr harte Arbeit leisten müssen. Sie können sich aber auch dafür entscheiden, nicht so hart zu arbeiten und statt dessen weise zu handeln. Sie können lernen, eine erfolgreiche, befriedigende, innige Beziehung mit einem «Irrtum der Evolution» zu führen.

Das Gesetz der Elektrodynamik

Wenn Frauen mit den Tatsachen, die ich Ihnen in diesem Kapitel aufgezählt habe, konfrontiert werden, sind sie stets bestürzt und entmutigt. Sie scheinen zu denken, daß die Unterschiede zwischen Männern und Frauen – die Tatsache, daß Männer und Frauen in puncto Beziehungen genaue Gegensätze sind – die Beziehung mit einem Mann erschwert. Aber genau das Gegenteil ist der Fall. Es ist die Ablehnung oder die glatte Weigerung der Frauen, diese Gegensätze zu akzeptieren und zu nutzen, die sie daran hindert, erfolgreiche und fruchtbare Beziehungen mit ihren Männern zu führen. Die Unterschiede selbst sind nicht das Problem. Gerade die Unterschiede machen ja die Männer und Frauen füreinander anziehend.

Gegensätze ziehen sich an. Sie erzeugen Energie, die wiederum dazu genutzt wird, etwas anderes zu erzeugen; das ist es, was das Gesetz der Elektrodynamik uns lehrt. Und eine lebendige, pulsierende, aufregende, dauerhafte, engagierte Beziehung unterliegt dem Gesetz der Elektrodynamik. Je gegensätzlicher zwei Einheiten sind, um so mehr ziehen sie sich an und um so mehr Energie produzieren sie. Dasselbe gilt für Menschen, für männliche und weibliche Energie. Intuitiv haben Sie das schon immer, seit Ihrer Kindheit, gewußt. Die romantische Beziehung Ihrer Träume war nicht eine Beziehung zu jemandem, der Ihnen sehr ähnlich war. Das Objekt Ihrer romantischen Phantasien war nicht extrem komplex, sozialbewußt, problemorientiert und bemüht, seine Gedanken und Gefühle mit Worten auszudrücken. Der Mann Ihrer Träume war in vielerlei Hinsicht ganz anders als Sie: unkompliziert, auf Aufgaben und Problemlösungen konzentriert, wettbewerbsorientiert; ein Mann, dessen Taten eine beredtere Sprache sprachen als seine Worte. Von dieser männlichen Energie fühlten Sie sich angezogen. Der Mann dagegen fühlte sich von Ihrer weiblichen Energie angezogen. Durch die Gegensätzlichkeit wurde der Funke gezündet, der die Beziehung auf den Weg brachte.

Wenn ich von der Anziehungskraft der Gegensätze rede, dann denke ich *nicht* an unvereinbare Wertvorstellungen oder Interessen oder an eine Art Haßliebe. Ich denke auch nicht an eine Beziehung, in der Sie und Ihr Mann ununterbrochen streiten, sich versöhnen und diese Versöhnung mit wildem, leidenschaftlichem Sex besiegeln. Was ich vielmehr meine, ist dies: Wenn Sie ganz die Frau sind, die Sie sein können, und Ihrem Mann erlauben – ihn sogar dazu ermutigen! –, ganz der Mann zu sein, der er sein kann, dann wird sich sehr natürlich eine erfolgreiche Beziehung entwickeln. Zu sich selbst zu stehen – dazu ist nur eine weitblickende, zuversichtliche, engagierte, disziplinierte, selbstbewußte Frau in der Lage. Eine Frau, die wirklich begriffen, respektiert, akzeptiert und verinnerlicht hat, wie Männer sich in Beziehungen verhalten.

Wenn Sie nun die folgenden Kapitel lesen, dann halten Sie sich bitte vor Augen, daß bestimmte Voraussetzungen erfüllt sein müssen, um das zu nutzen, was ich Ihnen über Männer und über die Verwirklichung einer engen Beziehung zwischen Mann und Frau sage.

Es muß sich um die richtige Beziehung mit dem richtigen Mann handeln: einem Mann, dem Sie vertrauen und dessen Ansichten, Verhaltensweisen und Erwartungen mit den Ihren vereinbar sind. Mein Rat wird nicht bei jedem Mann funktionieren, der Ihnen über den Weg läuft. Und er kann nicht funktionieren, wenn Sie mit einem Mann zusammen sind, der von Ihnen Dinge will, die Sie ihm nicht geben können, oder der Ihnen nicht geben kann, was Sie brauchen.

Sie müssen ernsthaft um Ihre Beziehung bemüht sein. Die Vorschläge, die ich Ihnen in den nächsten Kapiteln machen werde, sind nur bei dauerhaften, engagierten Beziehungen anwendbar. Sie nützen nichts und können sich sogar gegen Sie wenden, wenn Sie mit einem Mann nur eine lockere Affäre haben oder wenn Sie noch nicht genug über den Mann wissen, um ihm wirklich vertrauen zu können.

Sie müssen wirklich wollen, daß Ihre Beziehung erfolgreich und erfüllend ist und ein Leben lang hält. Jede Technik, die benutzt wird, um eine Beziehung zu verbessern, kann genauso mißbraucht werden, wenn Sie entschlossen sind, die Oberhand zu behalten und recht haben wollen oder einen Grund suchen, die Beziehung zu beenden.

6
Wie Männer sich in
Beziehungen verhalten

Noch einmal Charlotte

Für Millionen von Männern sind die meistgefürchteten Worte: «Schatz, wir müssen miteinander reden.» Warum ist das so? Weil Männer aus Erfahrung wissen, was ihnen bevorsteht, wenn Sie – aus Gründen, die Männer nicht begreifen können – beschlossen haben, daß ein Stück «Beziehungsarbeit» erforderlich ist. Tony war da keine Ausnahme. Als Charlotte eben diese Worte gebrauchte, um ein Gespräch einzuleiten, wußte er, daß er in Schwierigkeiten war. Er wußte, daß die Unterhaltung ihn auf fremdes Territorium führen würde, daß seine Frau, dieses vielschichtige Wesen, ihm etwas Kompliziertes vermitteln wollte und daß sie von ihm nicht nur Verständnis, sondern auch entsprechende Antworten erwarten würde. Sie würde erwarten, daß er über seine Gefühle sprach, und genau das war es, was ihm so schwerfiel. Für sie war es leicht, und Tony wußte das. Ihm war bewußt, daß er auf diesem Gebiet im Nachteil war. Wenn die Unterhaltung nach Charlottes Vorstellungen verlaufen würde, dann würde er verlieren. Und da er von Natur aus auf Wettbewerb eingestellt war, mißfiel ihm natürlich die Vorstellung, verlieren zu müssen.

Außerdem war er von Natur aus aufgabenorientiert; deshalb erschien ihm der Zeitpunkt, den Charlotte gewählt hatte, äußerst unpassend. Sah sie denn nicht, daß er gerade damit beschäftigt war, die neue Stereoanlage zu installieren? Sie wußte doch, daß er sich seit Wochen auf diese neue

Anlage gefreut hatte. Während der Fahrt zum Einkaufszentrum und zurück hatte er darüber nachgedacht, wie das Gerät am besten aufzubauen sei. Bevor seine Kumpels später am Nachmittag hereinschauen würden, wollte er unbedingt alles fertig haben. Er wünschte, Charlotte würde mit dieser dummen Unterhaltung warten, bis er diese wichtige Aufgabe erledigt hätte.

Da es sich aber offenbar nicht mehr vermeiden ließ, beschloß er, alles Erdenkliche zu tun, um so schnell wie möglich wieder zu seiner Stereoanlage zurückkehren zu können. Ihm war klar, daß er, gleichgültig, was er tat, auf Charlottes Territorium nicht gewinnen konnte, deshalb versuchte er, sich einsichtig zu geben und, noch bevor Charlotte ihren zweiten Satz ganz ausgesprochen hatte, das Gespräch zu beenden. Da er von Natur aus unkompliziert und an schnellen Lösungen interessiert war und da er von sich aus nie auf die Idee gekommen wäre, über seine Beziehung zu reden, ohne daß ein konkretes Problem vorlag, nahm er an, daß er etwas getan haben mußte, was Charlotte verärgert hatte und das er jetzt auf irgendeine Weise wiedergutmachen sollte. Er beschloß also herauszufinden, was er Charlottes Meinung nach falsch gemacht hatte, sich zu entschuldigen und entweder Besserung zu geloben oder eine andere Art von Friedensangebot zu machen, weil er das für die wirksamste Methode hielt, um so schnell wie möglich wieder zu der wirklich wichtigen Aufgabe, dem Aufbau seiner Stereoanlage, zurückkehren zu können. So brachte er also seinen Angelausflug zur Sprache, zählte ihre gemeinsamen Unternehmungen auf und forderte Charlotte schließlich dazu auf, ihm mit der Stereoanlage zu helfen. Natürlich begriff er nicht, worauf Charlotte hinauswollte. Sie redeten von Anfang bis Ende des Gesprächs aneinander vorbei.

Wenn Charlotte verstanden hätte, wie Männer sich in Beziehungen verhalten, dann hätte sie dieses äußerst frustrierende Gespräch wahrscheinlich gar nicht führen wollen.

Selbst wenn sie nur die vier Tatsachen erkannt und akzeptiert hätte, die ich Ihnen bereits erläutert habe – daß Männer durch ihre Handlungen sprechen, daß Wettbewerb und Konkurrenz für sie oberste Priorität haben, daß Männer unkompliziert, aufgabenbezogen und lösungsorientiert sind, daß sie ihre Energie möglichst wirkungsvoll einsetzen wollen, weil sie alles so schnell und schmerzlos wie möglich bekommen möchten –, dann wäre ihr klargewesen, daß diese Unterhaltung sie nirgendwohin führen würde.

Und sie hätte einen besseren Weg finden können, um sich ihrem Mann nahe zu fühlen. Sie hätte nicht zehn Jahre damit zubringen müssen, sich Sorgen um den Zustand ihrer Beziehung zu machen und Tony zu verübeln, daß er nicht mit ihr «kommunizierte». Sie hätte ihre Beziehung während dieser ganzen Zeit genießen können und sich über die vielen Zeichen freuen können, mit denen Tony ihr vermittelte, daß ihm eine Menge an ihrer Ehe lag. Statt immer weiter an der Beziehung herumzuarbeiten, hätte sie auf sehr viel einfachere Weise eine gute Beziehung mit ihrem Mann führen können.

Genau das wünsche ich Ihnen auch. Deshalb lege ich so großen Wert darauf, Ihnen zu erklären, wie sehr sich Männer und Frauen unterscheiden und wie Männer sich in Beziehungen verhalten. Vielleicht ist das, was ich zu sagen habe, nicht fair. Vielleicht erscheint es Ihnen nicht richtig. Mit Sicherheit ist es nicht «modern». Aber es funktioniert.

Männer sind nicht Ihre Feinde. Sie sind lediglich anders als Sie. Und im Bereich von Beziehungen unterscheiden Sie sich von einem Mann wie die Nacht vom Tag. Wenn Sie sich das klarmachen, dann werden Sie sich sehr viel weniger anstrengen müssen, um einen Mann zu verstehen oder mit ihm zurechtzukommen. Wenn Sie es sich erlauben, die Unterschiede zwischen Männern und Frauen zu akzeptieren, wenn Sie lernen, das Wissen um diese Unterschiede zu nutzen, werden Sie in der Lage sein, Männer realistischer einzuschätzen und erfolgreicher und besser mit ihnen umzugehen.

Wenn Sie das Verhalten der Männer in Beziehungen verstehen, akzeptieren und sich darauf einstellen, dann werden Sie überrascht feststellen, daß Sie in einer dauerhaften, engagierten Beziehung mit einem Wesen von einem anderen Stern ausgesprochen glücklich sein können.

Männer sehen Beziehungen mit anderen Augen als Frauen

Die Priorität, die das Leben eines Mannes prägt, ist eine andere als die Ihre, deshalb erlebt er Beziehungen anders als Sie, und deshalb haben Beziehungen für ihn eine andere Bedeutung als für Sie. Die Motive, die einen Mann dazu bewegen, eine Beziehung einzugehen, sind andere als die Ihren; er erwartet nicht das gleiche von einer Beziehung wie Sie.

Männer haben nichts dagegen, gebunden zu sein. Es gefällt ihnen sogar. Es ist angenehm, eine Beziehung zu haben. Aber die kalte, harte Wahrheit ist, daß Männer nicht von vornherein an Beziehungen interessiert sind. Es gibt Wichtigeres für sie. Wenn Sie mir das nicht glauben, dann versuchen Sie doch einmal, mit Ihrem Mann über Ihre Beziehung zu reden, während im Fernsehen die Fußballweltmeisterschaft läuft, er an seinem Wagen herumbastelt oder während er – wie im Fall von Charlotte – die neue Stereoanlage aufbaut.

Mit dem Wettbewerb als oberste Priorität und mit einer jahrhundertealten Programmierung als Jäger, Krieger und Ernährer neigen Männer dazu, das Leben in Kategorien von schwarz und weiß einzuteilen. Man gewinnt oder verliert, tötet oder wird getötet, lebt oder stirbt. In einer erfolgreichen, fruchtbaren Beziehung aber gibt es keinen Verlierer und keinen Sieger. Man wächst. Man verändert sich. Man nimmt vom anderen bestimmte Gewohnheiten an und gibt gewisse Werte an den anderen weiter. Man geht Kompromisse ein und lebt harmonisch und im Einklang miteinander. Das ergibt für einen Mann keinen Sinn. Das rentiert sich nicht. Daraus ergibt sich für ihn keine greifbare Belohnung – es sei denn, durch die Beziehung wird auf irgendeine Weise seine Konkurrenzfähigkeit gefördert und sein Ego gestärkt.

Männer führen Beziehungen, um ihr Ego zu stärken. Das ist ihr Anliegen. Aus diesem Grunde gehen sie Beziehungen ein. Eine Beziehung ist für einen Mann dann wertvoll, wenn durch sie sein Ego gestärkt wird.

Die meisten Männer sind Sklaven ihres Egos

Männer wollen überlegen, einzigartig, etwas Besonderes, Einzelkämpfer, stets der Größte, der Mittelpunkt sein – sie wollen das sein, was ihnen ihr Ego zu sein vorschreibt. Und Männer hören stets auf ihr Ego. Sie können nicht anders. Sie sind Sklaven ihres Egos. Sie brauchen ihr Ego. Ohne die Phantasien, die von diesem Bereich ihrer Persönlichkeit hervorgerufen werden, wären Männer morgens nicht in der Lage, das Bett zu verlassen und sich einem neuen Tag voller Herausforderungen zu stellen. Sie würden an ihrem Erfolg zweifeln. Sie hätten nicht den Willen zu kämpfen. Sie würden sich elend fühlen, wären ungeschickt, erfolglos und nicht annähernd das, was sie sein könnten.

Indem sie sich von ihrem Ego antreiben lassen, gehen Männer bis an die Grenzen ihrer Leistungsfähigkeit. Ihr Ego ist sehr fordernd. Es besteht auf sofortige und beständige Anerkennung. Es muß regelmäßig gestärkt, gestreichelt und wiederaufgeladen werden. Der größte Teil männlichen Verhaltens ist bedingt durch das Bedürfnis, die Ansprüche des Egos zu befriedigen. Die gute Nachricht ist die, daß heutzutage, da die Gelegenheiten zum Jagen, Kämpfen, Plündern und Erobern immer seltener werden, die Männer sich Ego-Anerkennung dadurch holen, daß sie versuchen, einer Frau zu gefallen. Männer lieben es, von einer Frau anerkannt zu werden. Es ist ein einfacher Weg, ihr Ego zu stärken.

Lassen Sie mich das noch deutlicher machen. Ein Mann, der von seinem Ego Befehle entgegennimmt und der Sklave seines Egos ist, stärkt dieses Ego, indem er *Sie* glücklich macht. Er wird ganz der Mann, der er sein kann – und kommt damit dem Mann Ihrer romantischen Vorstellung sehr nahe –, wenn er Ihre Anerkennung findet. Warum schlagen Sie einen solchen Handel aus?

Weil Sie die Vorstellung, daß Männer nur um ihres Egos willen gut zu Ihnen sein könnten, abscheulich finden. Sie wollen, daß Männer durch selbstlosere Gefühle motiviert sind: durch Zuneigung, Freundlichkeit, Güte, Mitgefühl; weil es richtig, akzeptabel oder zeitgemäß ist, etwas Bestimmtes zu tun. Anders ausgedrückt: Sie wünschen sich, daß Männer aus den gleichen Motiven handeln wie Sie. Ich behaupte auch nicht, daß das nicht der Fall sei. Männer sind in der Tat oftmals durch Zuneigung und Freundlichkeit motiviert. Oft tun sie auch das Richtige zum richtigen Zeitpunkt. Sie wissen, wie man sich freundlich und mitfühlend verhält. Und dennoch ist das wesentliche Motiv, warum sie eine Beziehung eingehen und warum sie Ihnen gefallen wollen, eine Stärkung ihres Egos. So sind die Männer, und Sie könnten alles haben, wovon Sie jemals geträumt haben, wenn Sie sie nur so lassen würden, wie sie sind.

Aber Sie bestehen darauf, daß Männer Sie entsprechend *Ihren*, das heißt den von einer Frau gestellten Bedingungen, glücklich machen. Ich muß Ihnen leider sagen, daß Männer genau das *nicht* tun werden. Denn wenn sie den lieben Jungen spielen und alles so machen, wie Sie es sich wünschen, dann wird ihr Ego dadurch nicht gestärkt. Außerdem sind Ihre Vorstellungen zu kompliziert, zu komplex und zu instabil, als daß ein Mann sie verstehen, geschweige denn sich an sie halten könnte.

Männer sind einfach

Erinnern Sie sich an Carla, die alleinerziehende Mutter und Leiterin einer Verbraucherberatungsstelle? Als sie ihren früheren Mann Robert kennenlernte, war er ein eifriger, intelligenter, aber furchtbar zerstreuter Student. Er konnte komplizierte mathematische Formeln berechnen, aber sein Bankkonto war ständig überzogen, weil er einfach vergaß, es auszugleichen. Er konnte unzählige Fakten und Berechnungen im Kopf behalten, aber er konnte sich nie daran erinnern, wo er seinen Wagenschlüssel hingelegt oder wann er die letzte Mahlzeit zu sich genommen hatte. Von Anfang an übernahm Carla die Verantwortung für die zahllosen alltäglichen Aufgaben und Pflichten, durch die Robert, weil er so «hoffnungslos zerstreut» war, sich einfach überfordert fühlte. Da sie es gerne zu tun schien und es Robert auf diese Art leichter gemacht wurde, im Studium hervorragende Leistungen zu zeigen und später bei der Arbeit bahnbrechende Entdeckungen zu machen – alles Tätigkeiten, die sein Ego bestätigten –, war er über Carlas Fürsorge hocherfreut. Zehn Jahre später war er über dieses Arrangement noch immer so glücklich wie zu Anfang. Wie Sie sich vielleicht erinnern werden, empfand es Carla ganz anders. Nun wollte *sie* sich beruflich verwirklichen und nahm es Robert übel, daß er nicht seinen Teil zur Organisation des Haushalts beitragen wollte. Sie war plötzlich davon überzeugt, daß seine unzulänglichen Ansätze, beim Kochen zu helfen, auf die Kinder aufzupassen oder andere Arbeiten zu übernehmen, reine Sabotageakte und nichts anderes als ein Versuch waren, sie am Erreichen ihrer Möglichkeiten zu hindern. Aber das war nicht der Fall. Robert tat lediglich das, was er schon immer getan hatte, und er war noch immer derselbe intelligente, auf seine Arbeit fixierte, aber ansonsten zerstreute Mann, als den Carla ihn kennengelernt hatte.

Ähnlich war es bei Margrit, 32, Sonderschullehrerin, als sie

Michael, 33, Psychologe, kennenlernte. Sie war damals in einer besonders schwierigen Phase ihres Lebens. «Mein Freund hatte mich verlassen, meine Mutter erlitt einen schweren Schlaganfall, und wir waren gerade dabei, sie in einem Pflegeheim unterzubringen. Außerdem hatte ich vor wenigen Tagen erfahren, daß ich aufgrund von Budgetkürzungen in meinem Schulbereich entlassen werden sollte. Es ist wohl überflüssig zu sagen, daß ich ein einziges Häufchen Elend war. Michael tauchte auf, um mich wieder aufzurichten. Er hörte sich mein Jammern und Klagen wochenlang an. Er kümmerte sich ganz rührend um mich.» Margrit liebte Michael für seine Fürsorge. Sie zeigte ihm, wie sehr sie die Aufmerksamkeit genoß, die er ihr schenkte, wie sehr sie ihn brauchte und wie wichtig er ihr war. Und Michael fühlte sich in seinem Ego gestärkt, weil er das hilflose Vögelchen Margrit, das aus dem Nest gefallen war, unterstützte.

Aber Margrit blieb nicht hilflos. Sie bekam ihr Leben wieder in den Griff. Sie wurde wieder zuversichtlich und selbstsicher. Ihre Beziehung mit Michael dauerte an, aber sie brauchte seine Fürsorge nicht mehr. Sie fühlte sich eingeengt. Plötzlich erschien er ihr nicht länger nett und hilfsbereit, sondern aufdringlich, bevormundend und kontrollierend. Michaels Verhalten war jedoch nicht anders als damals, als Margrit ein hilfloses Vögelchen gewesen war. Er tat das gleiche, was er immer getan hatte, um Margrit glücklich zu machen.

Ich könnte Ihnen noch Dutzende von ähnlichen Geschichten erzählen. «Meine Beziehung erfüllt meine Bedürfnisse nicht mehr» – «Mein Mann und ich haben uns auseinandergelebt» – «Mein Mann hemmt meine Entwicklung»: Diese Art von Klagen höre ich von den Frauen immer wieder, und bei näherer Betrachtung muß ich stets feststellen, daß sich nicht die Männer, sondern vielmehr die Frauen und ihre Ansprüche an eine Beziehung geändert haben.

Frauen sind äußerst komplex, vielseitig, vielschichtig und

veränderlich. Sie entdecken ununterbrochen neue Möglichkeiten, um sich Befriedigung zu verschaffen und sich auszudrücken. Männer sind das genaue Gegenteil. So wie Robert und Michael wird auch *Ihr* Mann in zehn Jahren noch das gleiche tun, Sie auf die gleiche Weise behandeln wie an dem Tag, als Sie ihm Ihr Herz schenkten. Aber da Sie sich weiterentwickeln und verändern, werden Sie Ihren Mann mit anderen Augen sehen. Sie werden seine Handlungen anders deuten. Sie werden ihn, obwohl er sich überhaupt nicht verändert hat, für alle Probleme, die in Ihrer Beziehung auftauchen, verantwortlich machen.

Männer sind auf elegante Art unkompliziert. Es gibt eine Handvoll von Dingen, die sie gut bewerkstelligen können – hauptsächlich wettbewerbsbezogene, praktische, greifbare Dinge –, und sie halten sich an das, was sie können. Solange es Anerkennung zu ernten gibt, solange ein bestimmtes Verhaltensmuster zur Bestätigung ihres Egos führt (oder zu führen scheint), wird ein Mann an diesem Verhaltensmuster festhalten. So einfach sind Männer. Wenn sie erst einmal ihre Nische gefunden haben, dann machen sie es sich für immer darin bequem.

Das bedeutet nicht, daß Ihr Mann sich in seinem ganzen Leben nicht ändern wird oder daß er nicht fähig ist, Sie anders zu behandeln. Er will Sie glücklich machen. Wenn er Sie glücklich macht, dann wird dadurch sein Ego gestärkt. Wenn Sie ihm demonstrieren, daß das der Mühe wert ist, und wenn er sich selbst dabei nicht aufgeben muß, dann wird er alles tun, um Ihnen zu gefallen. Männer sind nicht so wie Frauen darauf aus, sich zu verändern. Aber sie können sich ändern, wenn sich dadurch ihre Wettbewerbschancen verbessern. Männer betrachten alles – auch eine Veränderung – als Werkzeug. Wenn dieses Werkzeug nützlich ist, wenn es dazu beitragen kann, ihr Ego zu stärken, dann werden sie es benutzen. Sie werden sich ändern, wenn die Veränderung ihnen Erfolg verspricht und wenn die greifbare Belohnung den Aufwand lohnt.

Natürlich entsprechen die üblichen Versuche der Frauen, ihre Männer zu anderen Verhaltensweisen zu überreden, dieser Beschreibung absolut nicht – und darum funktionieren sie auch nicht. Es funktioniert nicht, wenn Sie den Zustand Ihrer Beziehung diskutieren und analysieren, wenn Sie versuchen, Ihrem Mann klarzumachen, wie Sie sich fühlen, in der Hoffnung, daß er, wenn er Sie verstanden hat, das tut, was Sie von ihm erwarten. Das ist zu kompliziert. Sie werden nie die erwünschten Resultate erzielen, wenn Sie Ihrem Mann erzählen, was er falsch macht und was er besser machen sollte, und Sie werden ihn auch nicht ändern, wenn Sie ihm Ihre Unzufriedenheit signalisieren und erwarten, daß er herausfindet, was Sie stört. Diese Taktiken funktionieren nicht. Solche Wege sind ihm zu schwierig und zu wenig lohnend. Damit verunsichern und schmälern Sie sein Ego und halten ihn davon ab, ganz der Mann zu sein, der er sein kann.

Sie erreichen damit nur, daß Ihr Mann in Abwehrstellung geht, sich Ihnen widersetzt und mit allen Mitteln gegen Sie ankämpft. Das ist die normale Reaktion, wenn ein Mann Angst hat, etwas zu verlieren oder kontrolliert zu werden. Es ist sehr mühselig, Männer ändern zu wollen – und es ist gar nicht nötig, soviel Mühsal auf sich zu nehmen.

Männer sind pflegeleicht

Eine Frau ist wie ein Ferrari, und ein Ferrari ist ein äußerst empfindlicher und hochentwickelter Wagen. Man muß ständig daran herumbasteln, ihn hegen und pflegen und aufmerksam auf jedes Rattern oder Klappern lauschen, das er eventuell von sich geben könnte. Ein Ferrari ist sehr wartungsintensiv.

Aber zu Ihrem Glück sind Männer ganz anders als Ferraris. Ein Mann ist eher wie ein robuster Lkw. Man füllt ab und zu Öl nach, sorgt dafür, daß der Tank voll ist, läßt den Motor an, und er läuft einfach. Wenn etwas kaputtgeht, ist es leicht zu reparieren. Männer bedürfen keiner aufwendigen Wartung. Sie sind kinderleicht zu handhaben, und ihre Bedürfnisse sind ganz leicht zu befriedigen: Geben Sie ihnen das, was sie wollen, und zwar zu dem Zeitpunkt, wann sie es haben wollen.

Bevor Sie mir jetzt an die Kehle springen, lassen Sie mich Ihnen versichern, daß es aufgrund der Tatsache, daß Männer so simpel sind, kein großer Aufwand ist, ihnen zu dem Zeitpunkt etwas zu geben, zu dem sie es haben wollen. Die Männer wollen nicht viel von Ihnen. Sie wollen Ihr Vertrauen und Ihre Loyalität, sie wollen gelegentlich ein wenig Aufmerksamkeit und häufig wollen sie auch in Ruhe gelassen werden. Sie wünschen sich vor allem eine regelmäßige Stärkung ihres Egos, damit sie in der Lage sind, das zu tun, wozu sie fähig sind und was sie gut machen. Einem Mann das zu geben, was er will und wann er es will, braucht nicht mehr Zeit als eine dreiviertel Stunde pro Tag.

Ja, aber...

Sie können von einem Mann und von einer dauerhaften, engagierten Beziehung alles haben, was Sie sich wünschen, wenn Sie nur fünfundvierzig Minuten täglich darauf verwenden, ihm das Gefühl zu geben, überlegen, einzigartig, etwas Besonderes und der Mittelpunkt des Universums zu sein. Aber der bloße Gedanke daran läßt alle Alarmglocken in Ihrem Kopf gleichzeitig klingeln. «Das ist ja das letzte. Das ist unglaublich», denken Sie. «Das werde ich nicht tun. Warum sollte ich auch?» Meine Antwort ist: Weil es funktioniert und weil es ein kluger, energiesparender und praktischer Weg ist, um eine Beziehung mit einem Mann auf Dauer erfolgreich zu gestalten.

Wenn Sie einem Mann das, was er will, nicht dann geben wollen, wann er es will, sollten Sie sich nach dem Grund dafür fragen. Liegt es nur daran, daß Sie seine Wünsche für verrückt und chauvinistisch halten? Liegt es daran, daß es für eine selbstbewußte, «moderne» Frau nicht akzeptabel ist, das Ego eines Mannes zu streicheln (und sei es auch nur für fünfundvierzig Minuten am Tag)? Wenn ja, dann sollten Sie Ihre Ziele noch einmal überdenken. Sie müssen sich überlegen, was Ihnen wichtiger ist: erfolgreich und zufrieden oder modern und im Recht zu sein?

Andererseits – und dieser Punkt ist sehr wichtig – kann es natürlich auch sein, daß Ihr Mann Dinge von Ihnen erwartet, daß Sie ihm *nicht* geben können. Gewiß wollen Sie Ihre Wertvorstellungen nicht aufgeben oder unvernünftige Opfer bringen. Wenn es Sie die Aufgabe Ihrer Persönlichkeit kostet, Ihrem Mann das zu geben, was er will, wenn dadurch Ihre Selbstachtung und Ihr Wohlbefinden eingeschränkt werden, dann ist er nicht der richtige Mann für Sie. Dann ist er die Investition nicht wert.

Deshalb ist es so enorm wichtig, einen Mann, der Sie interessiert, auch wirklich kennenzulernen. Die Entscheidung, einem Mann das zu geben, was er will, und wann er es will, muß wirklich gut überlegt sein. Wenn Sie mit einem Mann nur eine lockere Beziehung haben, sollten Sie besser nicht so freigebig sein. Sie sollten ihm dieses Geschenk vielmehr nur dann machen, wenn Sie sich zu einer langfristigen Bindung entschlossen haben. Wenn Sie noch nicht genau wissen, was dieser Mann von Ihnen erwartet, setzen Sie sich der Gefahr aus, verletzt zu werden.

Wie die Beziehung zu einem Mann wirklich klappt

Bevor Sie sich ernsthaft mit einem Mann einlassen, finden Sie heraus, ob Sie ihm das, was er will, geben können, und ob Sie es ihm dann geben können, wann er es will, ohne daß dadurch Ihre eigenen Wertvorstellungen und Grundsätze eingeschränkt werden.

Nehmen Sie sich Zeit, zu erfahren, wie Ihr Mann wirklich ist

«Liebe auf den ersten Blick» ist ein Phänomen, das in Romanen und Filmen sehr viel häufiger anzutreffen ist als im wirklichen Leben. Die Illusion der Liebe auf den ersten Blick fördert den Verkauf von Bestsellern und Kinokarten, aber eine Beziehung, die mit himmelhochjauchzender Verliebtheit beginnt, führt nicht automatisch zu einem Happy-End. Natürlich mißgönne ich niemandem dieses berauschende, beseligende Gefühl der blinden Verliebtheit, aber ich möchte Sie warnen: Wenn Sie «wahnsinnig verliebt» sind, dann sind Sie auch in einem Zustand der zeitweiligen geistigen Umnachtung. Die Entscheidung, ob der Mann, der Sie so fasziniert und begeistert, auch der Mann ist, mit dem Sie eine dauerhafte und engagierte Beziehung führen können, werden Sie in diesem Zustand wohl kaum treffen können. Ariane, das ehemalige Fotomodell, lernte diese Lektion im Alter von neunzehn Jahren.

«Meine Karriere als Mannequin hatte ihren Höhepunkt erreicht. Ich war ganz oben, und Paolo war die Krönung des Ganzen.» Reich, gutaussehend und charmant – so trat Paolo in Arianes Leben, und sofort war es um sie geschehen. «Er war weltgewandt, sexy, ein bißchen mysteriös, ein bißchen launisch, aber immer Herr der Lage. Er verkörperte alles, was ich mir jemals von einem Mann gewünscht hatte, und ich verliebte mich wahnsinnig in ihn.»

An dem Abend, als sie sich kennenlernten, ging Ariane mit in Paolos Wohnung und blieb drei Tage lang ununterbrochen mit ihm zusammen. Da die beiden kaum aus dem Bett herauskamen, war es nicht einmal nötig, die Kleider zu wechseln. Vom Tag des ersten Kennenlernens an verbrachten sie jede freie Minute miteinander. «Wir haben jeden Abend bei Kerzenlicht getafelt. Es gab romantische Strandspaziergänge, spontane Wochenendausflüge – alles war wie im Traum.» Der Traum dauerte sechs Monate lang. Ariane war überglücklich. Sie schmiedete Pläne für eine gemeinsame Zukunft, und Paolo war begeistert. «Er zeigte zum Beispiel auf ein Haus und sagte: ‹In einem Haus wie diesem werden wir eines Tages zusammen leben.› Er erzählte mir von all den wunderbaren Orten, an denen er schon gewesen war und die er mir zeigen wollte. Er sprach davon, was für reizende Kinder wir haben würden. Er wußte sogar schon, wie sie heißen sollten. Es klang alles so, als wollte er den Rest seines Lebens mit mir verbringen.»

Aber leider erwies sich das, was wie die Erfüllung eines romantischen Traums ausgesehen hatte, als blanke Illusion. Paolo verschwand ebenso plötzlich und dramatisch aus Arianes Leben, wie er darin aufgetaucht war. Er rief vom Haus seiner Eltern in Italien an, um ihr zu sagen, daß «etwas dazwischengekommen sei» und sie ihm nicht, wie ursprünglich geplant, nachreisen könne. «Das war das letzte, was ich von ihm hörte. Natürlich habe ich versucht, ihn zu erreichen. Ich habe angerufen, ich habe geschrieben. Ich bin zu seiner Wohnung gefahren, aber der Hauswart ließ mich nicht hinein.» Nachdem ein Monat vergangen war, erhielt Ariane ein Paar wertvoller Diamantohrringe und ein kurzes Schreiben, in dem Paolo sich für die schönen Erinnerungen bedankte.

Es stellte sich heraus, daß Ariane nicht die erste und wahrscheinlich auch nicht die letzte Frau gewesen war, der Paolo den Hof gemacht hatte, um dann spurlos zu verschwinden. Paolo *wollte* gar keine feste Beziehung, erfuhr Ariane von einem gemeinsamen Freund. Er wollte ein schönes Mädchen an seiner Seite – und zwar alle paar Monate ein anderes. Und er wußte offensichtlich genau, wie er zum Ziel gelangen konnte.

«Romantik, Kerzenschein, Händchenhalten und die gemeinsamen Zukunftspläne – das alles war Theater, und ich bin darauf reingefallen», sagte Ariane, noch immer voll Bitterkeit, obwohl seitdem fast zwanzig Jahre vergangen waren. Sie war betrogen, hinters Licht geführt und verletzt worden. Und sie kam sich wie eine Idiotin vor. «Ich war mir so sicher. Warum habe ich nicht gesehen, wie er wirklich war? Wie konnte ich mich so täuschen lassen?» Die Antwort ist einfach: Weil sie sich kopfüber in die Beziehung gestürzt hatte, weil sie mit blindem Vertrauen gehandelt hatte, anstatt sich Zeit zu lassen, um herauszufinden, ob Paolo ein Mann war, der ihr Vertrauen verdiente. Wenn Sie meine Ratschläge auch sonst nicht befolgen wollen, so halten Sie sich doch zumindest an folgende Grundregel: Lassen Sie sich niemals ernsthaft mit einem Mann ein, bevor Sie nicht herausgefunden haben, ob Sie ihm vertrauen können.

Wie ich bereits sagte und wie ich auf diesen Seiten bestimmt noch einige Male wiederholen werde, die Auswahl des Lebenspartners ist eine sehr ernsthafte Angelegenheit. Es wird Ihnen viel eher gelingen, die bestmögliche Entscheidung zu treffen (und 95 Prozent Ihrer Beziehungsprobleme im voraus zu vermeiden), wenn Sie über einen Mann und seine Erwartungen so viel wie möglich herausfinden, und zwar *bevor* Sie sich dazu entschließen, eine dauerhafte, engagierte Beziehung mit ihm einzugehen.

Wie können Sie am besten etwas über ihn herausfinden? Indem Sie sein Verhalten beobachten. Sehen Sie sich einfach eine Zeitlang an, wie dieser Mann sich bei verschiedenen Gelegenheiten, in unterschiedlicher Umgebung, mit Ihnen und mit anderen benimmt. Seine Verhaltensmuster werden Ihnen alles verraten, was Sie über ihn wissen müssen: über seine Gefühle, seine Erwartungen, seine Vertrauenswürdigkeit und seine Lebenseinstellung. Männer kommunizieren durch ihr Verhalten. Das ist ihre «Sprache».

Natürlich sprechen Männer dieselbe Sprache wie Sie. Aber sie vermitteln durch Worte nicht unbedingt die Wahrheit über sich selbst. In einer Beziehung drücken sie ihre tiefsten Gefühle so gut wie nie in Worten aus – dessen müssen Sie sich bewußt sein. Wenn Sie nur auf die Worte eines Mannes hören, dann werden Sie den falschen Eindruck gewinnen. Sie werden Entscheidungen treffen, die auf dem beruhen, was Sie *gehört* haben – und dabei können Sie leider leicht verletzt werden. Männer können und werden Sie viele Male in Ihrem Leben mit Worten betrügen. Wenn sie um Sie werben oder wenn sie sich in die Enge getrieben fühlen oder etwas Bestimmtes erreichen wollen, sind Männer in der Lage, Ihnen alles zu erzählen, von dem sie meinen, daß Sie es hören wollen. Männer werden alles sagen, um zu gewinnen – es muß aber kein einziges Wort davon wahr sein.

Wenn sie in Ihrer Sprache sprechen, dann können Männer Sie leicht belügen – in ihrer eigenen Sprache ist das jedoch nicht möglich. Ein Mann wird die Wahrheit durch seine Handlungen und durch sein Verhalten offenbaren. Vielleicht kann er eine Frau für eine kurze Zeit täuschen, so wie Paolo es bei Ariane gelang, aber er würde sich bald verraten. Die Sache wird ihm zu kompliziert. Er muß sich so viele Dinge merken und so vieles koordinieren. Er würde sich unversehens in Widersprüche verwickeln und sich, wenn Sie ihn aufmerksam beobachten, sehr bald verraten.

Rückblickend wurde Ariane beispielsweise bewußt, daß

alles, was Paolo getan hatte, auf das sorgfältigste geplant und berechnet gewesen war. «Nichts passierte spontan. Alles lief ab wie nach einem Drehbuch, das Paolo geschrieben hatte und nun in Szene setzte. Manchmal gab er mir sogar meinen Text vor. ‹Wolltest du nicht gerade dies oder jenes sagen?› oder ‹Jetzt mußt du aber das und das sagen.› Er wurde wütend oder war beleidigt, wenn seine Pläne einmal durchkreuzt wurden. Wenn er mit mir zusammen war, dann brauchte er immer ein Publikum. Er mußte immer einen großen Auftritt haben. Ich habe das damals zwar alles bemerkt, mir aber nichts dabei gedacht. Andernfalls wäre mir vielleicht bewußt geworden, daß ich in seiner Schauspielinszenierung nur eine weitere Darstellerin war, und nicht – wie ich es mir wünschte – die Liebe seines Lebens.»

In nachfolgenden Kapiteln werde ich Ihnen mehr darüber erzählen, wie man das Verhalten der Männer besser versteht und deutet. Im Augenblick genügt der Hinweis, daß Sie auf das, was Männer Ihnen durch ihre Taten vermitteln, sehr sorgfältig achten müssen. Männer drücken ihre wahren Gedanken, Gefühle, Ängste und Erwartungen durch ihr Verhalten aus. Und weil Männer so unkompliziert sind, weil sie Sklaven ihrer Egos und weder bereit noch fähig zu Veränderungen sind, werden Sie das, was Sie anfangs beobachten, auch in den folgenden Jahren, ja vielleicht ein Leben lang zu sehen bekommen. Wenn Ihnen das, was der Mann Ihnen zeigt, nicht gefällt und Sie sich nicht vorstellen können, seinen Erwartungen zu entsprechen, dann lassen Sie sich mit ihm auf keine dauerhafte, engagierte Beziehung ein.

Männer haben «Killer»-Instinkte

Zwar sind die wenigsten Männer solche Schwindler wie Paolo, aber ihr oberstes Ziel ist nun einmal der Wettbewerb, und infolgedessen haben sie gelernt, zu betrügen, zu lügen, zu stehlen und alles zu tun, was ihnen sonst noch das Erreichen ihres Zieles erleichtert. Wenn es sein muß, dann tun Männer alles, um das zu bekommen, was sie haben wollen. Das dürfen Sie niemals vergessen.

Gleichgültig, wie sanft, einfühlsam und anpassungswillig sie erscheinen mögen, in Wirklichkeit legen alle Männer es darauf an, um jeden Preis zu gewinnen. Wenn sie eine Herausforderung erst einmal angenommen haben, dann geht es ihnen nur noch um den Sieg, und sobald sie das Gefühl haben, dieser Sieg werde ihnen streitig gemacht, können sie völlig irrational reagieren. Dann können sie bösartig, gemein und rachsüchtig werden. Sie können Sie verletzen. Sie können – wie man in Kriminalstatistiken nachlesen kann – gefährlich und unberechenbar werden.

Ein Mann kann in jedem Augenblick seines Lebens entweder ein «Killer» oder ein «Held» sein. Er tut das, was funktioniert. Er tut das, was nötig ist, um zu gewinnen. Wenn Sie sein Ego stärken, wenn Sie ihn anerkennen und ihn wie einen Helden behandeln, dann werden Sie den Helden in ihm zum Leben erwecken. Er wird sich sehr darum bemühen, Ihnen zu gefallen und in Ihren Augen der Größte zu sein. Aber wenn Sie einen Mann in die Ecke drängen, wenn Sie sein Ego bedrohen, wird er sich wehren und Sie verletzen.

Wie die Beziehung mit einem Mann wirklich klappt

Vergessen Sie *niemals*, daß ein Mann sowohl brutal als auch heldenhaft sein kann – und daß es an Ihnen liegt, welche dieser beiden Seiten zum Vorschein kommt.

116

Es ist Ihre Aufgabe, den Helden in Ihrem Mann hervorzulok-
ken und ihn zu ermutigen, das Beste aus sich herauszuholen,
so daß *Sie* erfolgreich mit dieser Beziehung sind. So funktionieren dauerhafte Beziehungen. *Ihr* Glück und *Ihr* Erfolg
sind das direkte Ergebnis *Ihrer* Fähigkeit, Ihre Beziehung
effektiv zu gestalten und Ihrem Partner das Gefühl zu vermitteln, daß es eine lohnende Sache ist, mit Ihnen zusammenzusein.

7
Arbeit und Management:
Sie bestimmen,
was aus Ihrer Beziehung wird

Diana

«Was ist, wenn die Probleme ganz woanders liegen?» fragte Diana, 40, Redakteurin einer Wochenzeitung. «Was ist, wenn der Mann ein Workaholic ist und so gut wie gar keine Zeit mehr für seine Partnerin hat?» Das Problem hatte sich, so berichtete Diana, erst in jüngerer Zeit ergeben. «Wenn ich geahnt hätte, daß es so kommen würde, dann hätte ich Rick niemals geheiratet.» Rick war Ökologe mit einer eigenen Umweltschutz-Beratungsfirma, und damals, als sie ihn kennengelernt hatte, war er von seiner Arbeit noch nicht so «besessen» gewesen.

«Sicher, er war schon immer ehrgeizig», räumte sie ein. «Er hatte große Zukunftspläne und keinen Zweifel daran, alle seine Vorhaben eines Tages in die Tat umsetzen zu können. Er war sich seiner selbst in dieser Hinsicht sehr sicher. Er schien immer ganz genau zu wissen, was er wollte.» Das war einer der Gründe, warum Diana so fasziniert von ihm gewesen war. «Ich tappte damals ein wenig im dunkeln», gab sie zu. «Ich wußte nicht so recht, was ich mit meinem Leben anfangen sollte.» Sie fand Ricks Sicherheit und Zielstrebigkeit deshalb ganz besonders anziehend.

«Er hatte vor, in Wirtschaftswissenschaften und Umwelttechnologie seine Abschlüsse zu machen und dann bei einem Unternehmen zu arbeiten, das sich mit Umweltproblemen befaßte. Dann wollte er seine eigene Firma gründen, mit der er anderen Unternehmen helfen wollte, umweltfreundlich zu

produzieren. Er wollte sein eigener Chef sein und eine sinn-
volle Arbeit tun.» In der Theorie klang das phantastisch, fand
Diana, und sie tat alles, um ihn zu unterstützen.

Sie stellte ihre eigenen Bedürfnisse zurück, damit Rick
problemlos durch das Studium kam, und arbeitete, während
er Vorlesungen besuchte und lernte, in zwei verschiedenen
Jobs. Wenn er schon längst von der Uni nach Hause gekommen war, war sie noch bis spät in der Nacht bei ihrer Arbeits-
stelle. «Ich hatte mich schließlich zu einer sehr interessanten
Position hochgearbeitet. Es war eine anspruchsvolle und zeit-
aufwendige Arbeit, aber das war nicht weiter schlimm, denn
Rick war inzwischen in seinem neuen Job ebenfalls sehr ge-
fordert; er wollte ein neues Recycling-System entwickeln.»
Es war auch nicht weiter schlimm, daß Rick in seiner nächsten
Position sehr viel reisen mußte. «Zu der Zeit war ich vollauf
mit den Kindern beschäftigt, und nebenbei schrieb ich freibe-
ruflich für Fachzeitschriften. Außerdem verdiente Rick viel
Geld und sammelte wertvolle Erfahrungen, die ihm helfen
würden, in naher Zukunft sein eigenes Geschäft aufzubauen.» Zwölf Jahre lang arbeiteten Diana und Rick, jeder
auf seine Art, auf dieses Ziel hin. Je mehr Diana erzählte, um
so deutlicher wurde es, daß das Paar nie besonders viel Zeit
miteinander verbracht hatte.

«Aber so sollte es ja nicht bleiben!» meinte sie. «Nachdem
Rick seine eigene Firma aufgebaut hatte, dachte ich, daß sich
die Situation nun ändern würde. Mittlerweile existiert das
Unternehmen schon seit acht Jahren. Es ist sehr erfolgreich
und läuft auch reibungslos, wenn er einmal nicht anwesend
ist. Aber er scheint sich dauernd nur in der Firma aufzuhal-
ten. Für ihn dreht sich alles nur noch um das verdammte
Geschäft. Wenn man ihn so sieht, könnte man meinen, seine
Ehe und seine Familie bedeuteten ihm überhaupt nichts
mehr!»

Diana war wütend auf Rick, denn obwohl sie ihr Ziel
erreicht hatten, waren Dianas Erwartungen nicht erfüllt wor-

den. Sie fing an zu bedauern, daß sie im Laufe der Jahre so vieles in Kauf genommen hatte. Es war alles umsonst, dachte sie und beschloß, eine Gegenleistung für ihr eigenes Engagement zu verlangen. «Ich habe alles versucht, jeden Trick angewandt, damit Rick mir, den Kindern und unserer Beziehung mehr Aufmerksamkeit schenkt.»

Sie redete über das Problem, sie schwieg und zeigte Rick die kalte Schulter, bis er schließlich bemerkte, daß etwas nicht stimmte – dann schnitt sie das Thema erneut an. Sie bot ihm an, ihren Job aufzugeben, damit sie in seiner Firma mitarbeiten konnte. «Aber das ging damals noch nicht, weil wir mein Gehalt dringend brauchten. Ich habe aber gesagt, daß dieses Angebot immer gelten würde, daß ich jederzeit bereit wäre, ins Geschäft einzusteigen. Aber er hat mich nie darum gebeten.» Daraus schloß sie, daß er sie nicht in seiner Firma haben wollte, und sah «keinen Anlaß mehr, mich über Ricks Erfolge zu freuen und ihn nach jeder kleinen Niederlage wieder aufzubauen». Tatsächlich hatte sie schon vor langer Zeit aufgehört, sich für Ricks Arbeit zu interessieren.

Um Ricks Aufmerksamkeit wieder auf sich zu lenken, versuchte sie, ihn wieder häufiger zu verführen, aber «bei neun von zehn Malen war er zu müde oder zu abgelenkt, um mit mir zu schlafen. Allerdings erwartete er weiterhin, daß ich selbst jederzeit bereit und willig sei, wenn ihm danach zumute war.» Das gefiel Diana natürlich nicht. Sie wehrte Ricks Annäherungsversuche immer häufiger ab. Wenn sie dann doch einmal miteinander schliefen oder, was immer seltener vorkam, gemeinsam etwas Schönes unternahmen, nutzte Diana diese Gelegenheit, um Rick daran zu erinnern, daß doch noch vieles im argen liege. «Wir verstehen uns doch so gut. Warum sind wir dann nicht öfter zusammen?»

Hatte Diana mit ihren Bemühungen und Vorhaltungen Erfolg? War sie Rick dadurch nähergekommen, oder hatte sie ihm einen Grund gegeben, ihr mehr seiner kostbaren Zeit zu widmen? Ganz und gar nicht. Sie hatte das Gegenteil erreicht. «In den letzten Jahren ist alles nur noch schlimmer geworden», gab sie zu.

Sie war davon überzeugt, daß ihre Ehe nur besser werden würde, wenn Rick mehr Zeit mit ihr verbringen und ihr zeigen würde, daß er gerne mit ihr zusammen war. Natürlich war sie nicht allzu begeistert, als ich ihr sagte, daß Rick das wahrscheinlich nicht tun würde. Er habe nichts davon, wenn er mit ihr zusammen sei, erklärte ich ihr. Ihr Mann ziehe überhaupt keinen Nutzen aus seiner Ehe.

Tag für Tag vermittelte Diana Rick auf jede erdenkliche Weise dieselbe Botschaft: «Ich bin unglücklich. Unsere Ehe erfüllt meine Bedürfnisse nicht. Du hast als Ehemann versagt, weil du mich nicht glücklich gemacht hast und weil du mir meine Bedürfnisse nicht erfüllst.» Indem sie ihn mit diesen Vorwürfen bombardierte, motivierte sie Rick natürlich nicht im geringsten dazu, das zu tun, was sie von ihm wollte. Sie attackierte sein Ego. Für Rick hatte die Beziehung mit Diana nichts Lohnendes und Angenehmes mehr, deshalb versuchte er, sich soweit wie möglich von seiner Frau zu entfernen. Er war so sehr damit beschäftigt, sein Ego anderswo zu stärken und es gegen Dianas ständige Vorwürfe, er mache sie nicht glücklich, zu schützen, daß er schließlich immer weniger Zeit mit ihr verbrachte. Solange Diana ihr Verhalten nicht änderte, solange sie die Beziehung nicht effektiver gestaltete, würde sich an dieser Situation nichts ändern.

Wer tut wem was an?

Unbewußt hatte Diana ihre Beziehung jahrelang in die falsche Richtung gelenkt. Sie wurde immer unzufriedener und setzte die Beziehung immer härteren Belastungsproben aus. Jedesmal, wenn sie Rick vorhielt, daß sie unglücklich sei, oder sich beklagte, daß er zuviel Zeit und Energie in seine Arbeit stecke, zog sich Rick weiter von ihr zurück. Jedesmal, wenn sie es versäumte, Rick für das, was er ihr gab, Anerkennung zu zollen, und jedesmal, wenn sie ihn kritisierte, weil er ihr das, was sie sich wünschte, nicht häufiger gab, untergrub sie das Fundament ihrer Beziehung. Und jedesmal, wenn sie ihrem Ärger freien Lauf ließ, indem sie sich weigerte, Rick das zu geben, was er brauchte (sei es Sympathie, Sex oder Stärkung seines Egos), zerstörte sie mehr und mehr die letzten Reste an Vertrauen, Intimität und Liebe, die zwischen ihr und Rick noch vorhanden waren.

Heutzutage gehen unzählige Frauen mit ihren Beziehungen sehr achtlos um. Aber es gibt keine Notruftelefone oder Selbsthilfegruppen für «Beziehungsmißbrauch». Also werden viele Frauen ihre Beziehungen weiterhin – oftmals bis zur völligen Zerstörung – «mißbrauchen». Dann drehen sie, wie Diana, den Spieß um und machen ihre Männer für alles verantwortlich.

Sie sagen: «Er ist ein Workaholic. Er engagiert sich nicht. Er hat mich belogen, er hat nicht mit mir geredet, er hat überhaupt nicht versucht, meine Gefühle zu verstehen. Er unterdrückt mich, er versucht, mich zu überwachen. Er weigert sich, mit mir zu einer Beratung zu gehen. Er ist impotent und besitzergreifend. Er zeigt kein Interesse. Er sucht einen Mutterersatz, keine Frau.» Frauen finden unzählige Möglichkeiten, ihre Männer für ihre Beziehungsprobleme verantwortlich zu machen. Es ist leicht, Männern die Schuld für die Unzufriedenheit und mangelnde Erfüllung der Frauen in die Schuhe zu schieben. Natürlich stimmt es, daß Männer sehr oft etwas Gefühlloses oder sogar Beleidigendes tun oder sagen. Aber Männer sind, wie abscheulich sie sich auch manchmal verhalten mögen, nicht die eigentlichen Architekten der Beziehung. Ihnen fehlt die Vorstellungskraft, die Vision, deshalb gelingt es ihnen auch nicht, eine Beziehung zu gestalten, und deshalb können sie auch nicht für das Gelingen einer Beziehung verantwortlich gemacht werden. Nur eine Frau kann eine Beziehung so gestalten, daß sie dauerhaft, erfolgreich, fruchtbar und erfüllend wird. Frauen haben die Vision und die Fähigkeiten, um eine Beziehung in eine positive Richtung zu lenken, und sie sind zu hundert Prozent für den Erfolg ihrer Beziehung verantwortlich.

Ich weiß, daß Sie diese Tatsachen nicht gerne hören. Sie erscheinen Ihnen sogar noch schlimmer als das, was Sie in den letzten beiden Kapiteln erfahren haben. Aber ganz so schrecklich, wie Sie meinen, ist es nicht. Wenn ich den Frauen sage, sie seien zu hundert Prozent für den Erfolg ihrer Beziehungen verantwortlich, werde ich oftmals mißverstanden. Ich meine natürlich nicht, daß die Frauen ihre Männer von jeder Verantwortung für ihr Verhalten befreien sollen, daß sie ganz allein an ihrer Beziehung arbeiten oder daß sie hundert Prozent ihrer Zeit und Aufmerksamkeit in die Beziehung stecken sollen. Sie sollten das, was ich Ihnen hier vermitteln will, nicht ablehnen, ohne es wirklich verstanden zu haben. Ich möchte, daß Sie verstehen, was diese hundert Prozent Verantwortung ausmachen und warum Sie diese Verantwortung übernehmen sollten. Deshalb werde ich es noch einmal in einem anderen Zusammenhang erläutern – in einem Zusammenhang, der den meisten modernen Frauen sehr leicht verständlich ist.

Arbeit und Management

Stellen Sie sich einmal vor, Ihr Telefon klingelt und am anderen Ende sagt eine Stimme: «Hallo, hier ist Lee Iacocca. Sie wissen schon, der Chef der Chrysler Corporation. Ich hätte da einen Job für Sie.» Nun stellen Sie sich vor, daß Sie – nachdem Sie den ersten Schrecken überwunden haben – zu einem Vorstellungsgespräch bei Mr. Iacocca gehen. Er sagt folgendes: «Ich möchte Sie zur Leiterin der Lkw-Abteilung machen. Sie sollen ein neues Herstellungsprogramm entwickeln, ein neues Image und eine neue Marktstrategie. Dafür zahle ich

Ihnen eine halbe Million im Jahr. Sie haben 24000 Arbeiter unter sich. Sie werden diese Abteilung ganz neu aufbauen. Es ist Ihre Abteilung, und Sie sind zu hundert Prozent für den Erfolg verantwortlich.» Würden Sie verstehen, was er meint?

Natürlich würden Sie das. Sie wüßten, daß Mr. Iacocca Sie wegen Ihrer überragenden Fähigkeiten ausgewählt hat, damit Sie ein sehr komplexes, sehr herausforderndes, aber möglicherweise auch sehr lohnendes Projekt leiten. Sie wüßten auch, daß er nicht von Ihnen erwartet, diese Aufgabe ohne jede Hilfe zu bewältigen. Sie benötigen Arbeiter und Angestellte, die die Fahrzeuge bauen, Werbekampagnen leiten, die Korrespondenz erledigen, Bestellungen aufgeben und so weiter. Die Arbeiter und Angestellten wären für diese Dinge verantwortlich, und Sie wären dafür verantwortlich, alles so zu koordinieren, daß die Produktion reibungslos läuft. Sie würden Ihren Arbeitern keine Management-Aufgaben übertragen – schließlich ist das nicht ihr Job. Selbst wenn diese Arbeiter Interesse an solchen Aufgaben zeigten, könnten Sie sie damit nicht betrauen. Denn wenn es schwierig würde, würden die Arbeiter darauf pochen, daß sie nicht für Management-Aufgaben angestellt würden, daß sie schließlich dafür nicht bezahlt werden, und sie würden es Ihnen überlassen, die Schwierigkeiten in den Griff zu bekommen.

Wenn Sie Ihre Abteilung wirklich zum Erfolg führen wollen, werden Sie in diese Falle ganz bestimmt nicht hineintappen. Sie werden die Arbeiter ihren Job machen lassen und sich um Ihre eigenen Aufgaben kümmern. Und wenn Sie ein guter Manager sind, dann werden Ihre Arbeiter gerne für Sie arbeiten. Sie werden alles tun, damit Sie Erfolg haben – nicht, weil sie Sie gern haben oder weil es ihnen unglaublich viel Spaß bringen würde, Metall zu schweißen oder den ganzen Tag lang Zahlen zusammenzurechnen, und auch nicht, weil sie nette, selbstlose Menschen sind. Nein, sie würden für Sie arbeiten, weil Sie dafür sorgen würden, daß es sich für sie lohnt. Sie würden nicht nur die Gehaltsabrechnungen unterschreiben, sondern sich auch darum kümmern, daß die Arbeiter sich akzeptiert und anerkannt fühlen. Ihre Arbeiter setzen sich deshalb für die Arbeit ein, weil es sich für sie lohnt. Sie arbeiten so lange für Sie und helfen Ihnen so lange bei der Verwirklichung Ihrer Pläne, wie sie etwas davon haben.

Außerdem wüßten Sie, daß Lee Iacocca am Ende eines Quartals Ihre Ergebnisse überprüft und erwartet, daß Sie Gewinne und andere Anzeichen dafür vorzuweisen haben, daß die Lkw-Abteilung sich positiv entwickelt. Wenn er diese positive Entwicklung sähe, dann würde er Sie dafür loben (und Ihnen wäre Ihr Job auch im nächsten Quartal noch sicher). Wäre allerdings das Gegenteil der Fall und Ihre Abteilung würde unrentabel arbeiten, dann würde Mr. Iacocca Sie (und niemand anderen) zur Rechenschaft ziehen. Er würde von Ihnen verlangen, daß Sie die Situation erklären, und Sie würden die Schuld nicht auf Ihre Arbeiter abwälzen können. Sie würden nicht sagen: «Tja, Mr. Iacocca, es tut mir leid, daß wir in diesem Quartal so schlechte Ergebnisse hatten, aber die Arbeiter haben einfach nichts geleistet.» Denn Mr. Iacocca würde die Situation so interpretieren, daß Sie nicht fähig waren, Ihre Arbeiter zu besseren Leistungen zu motivieren – und Sie würden entlassen werden. Er würde einzig und allein Sie zur Rechenschaft ziehen, denn Sie waren zu hundert Prozent für den Erfolg Ihrer Abteilung verantwortlich.

Wenn Sie sich entschließen, eine engagierte Beziehung mit einem Mann einzugehen, dann tragen Sie eine ähnliche Verantwortung. Der Nährboden für Ihre Beziehung ist Ihre Vision. Sie ist Ihr künstlerisches Ausdrucksmittel. An Ihnen liegt es, ob die Beziehung zu einem Erfolg oder Mißerfolg wird. Das war schon immer so. Aufgrund Ihrer überragenden Fähigkeiten im Bereich der Beziehungen, Intimität, Liebe und Nähe, waren Sie seit jeher für Beziehungen verantwortlich. Schon immer hat es in Ihrer Hand gelegen, welche

Entwicklung Ihre Beziehungen nahmen. Männer verstehen einfach nicht genug davon. Außerdem werden Männer nicht am Erfolg oder Mißerfolg ihrer Beziehungen gemessen. Das ist nur bei Ihnen als Frau der Fall.

Diese Tatsache werden Sie nicht gern akzeptieren, aber ganz neu ist sie Ihnen mit Sicherheit nicht. Wenn Sie alleinstehend sind, wird Ihnen zweifellos schon aufgefallen sein, daß Sie die Karriereleiter noch so hoch geklettert sein können und daß Sie noch so viel erreicht haben können, daß aber Ihre Freunde und Verwandten sich immer noch so verhalten, als müsse man Sie bemitleiden. Wenn Sie Ihren Freunden von Ihren neuesten beruflichen Erfolgen erzählen, werden Sie sofort nach Ihrem Liebesleben gefragt. Man gibt Ihnen alle möglichen Tips, wie und wo Sie Männer kennenlernen können. Ihre Freunde wollen, daß Sie glücklich sind, und dazu gehört in jedem Fall, daß Sie eine dauerhafte, engagierte Beziehung mit einem Mann führen. Es mag nicht fair und auch nicht richtig sein, aber über Männer denken die Leute anders. Ihnen selbst dagegen nimmt es im Grunde niemand ab, wenn Sie den Mann für Ihre gescheiterte Beziehung verantwortlich machen.

Wenn Sie Ihrer Mutter, Ihrer besten Freundin oder Ihrer Nachbarin erzählen, daß Ihre Ehe oder Ihre letzte Beziehung in die Brüche gegangen ist, weil Ihr Mann oder Freund gelogen und Sie betrogen hat, zuviel gearbeitet oder Sie geschlagen hat, werden Sie Mitgefühl ernten. Aber die Person, der Sie sich anvertraut haben, wird sich natürlich auch fragen, warum Sie sich denn überhaupt mit einer solchen Null eingelassen haben, warum Sie es so lange mit einem solchen Ekel ausgehalten haben, warum Sie bestimmte Probleme nicht rechtzeitig erkannt und etwas dagegen unternommen haben. Ungeachtet der Umstände, wird man bei einer gescheiterten Beziehung stets davon ausgehen, daß Sie als Frau für die Beziehung verantwortlich waren. Wenn Sie jedoch Erfolg haben, dann ernten Sie auch die Lorbeeren und letztendlich auch die schönste Belohnung: die Beziehung Ihrer Träume. Es liegt in *Ihrer* Hand, ob Ihre Beziehung zu einem Erfolg wird oder scheitert, deshalb sollten Sie auch hundert Prozent der Verantwortung dafür übernehmen.

Lohnt sich denn all die Verantwortung?

In obigem Beispiel zahlte Lee Iacocca Ihnen eine halbe Million dafür, daß Sie die volle Verantwortung für den Erfolg der Lkw-Abteilung übernehmen. Wahrscheinlich hat er Ihnen auch noch ein schickes Büro, einen Firmenwagen und einiges mehr angeboten. So wurde es für Sie zu einer lohnenden Herausforderung, hundert Prozent Verantwortung für die Lkw-Abteilung zu übernehmen. Wenn er Ihnen dagegen nur 100 000 geboten hätte, dann hätten Sie vielleicht kein Interesse an der Aufgabe gehabt. Sie hätten vielleicht beschlossen, daß Sie für 100 000 auch einen Job haben könnten, der einen weniger harten Einsatz von Ihnen verlangt, daß 100 000 keine angemessene Entlohnung für das sind, was Mr. Iacocca von Ihnen erwartet. Mit anderen Worten: Sie hätten nicht hundert Prozent Verantwortung für den Erfolg der Lkw-Abteilung übernommen, wenn es sich nicht gelohnt hätte, wenn Sie keine ausreichende Gegenleistung für Ihr Engagement erhalten hätten.

Das gleiche Prinzip gilt für Ihre Entscheidung, ob Sie das Erforderliche tun wollen, um in einer dauerhaften engagierten Beziehung mit einem Mann erfolgreich zu sein. Sie müssen sich fragen, ob eine Beziehung mit diesem Mann die Verantwortung lohnt, die Sie übernehmen müssen. Wenn das der Fall ist, wenn diese Beziehung wichtig für Sie ist, dann werden Sie die Beziehung in einer Weise gestalten wollen, die zum Erfolg führt, und Sie werden hundert Prozent Verantwortung für diesen Erfolg übernehmen. Sie würden auf keinen Fall einen Teil der Verantwortung auf jemanden übertragen, der am Erfolg der Beziehung nicht genauso interessiert ist wie Sie – und ein Mann ist das nicht. Für ihn hat eine Beziehung keine erste Priorität.

In einer Beziehung sind im Prinzip Sie selbst die Handelnde, und der Mann sollte auf Ihre Initiativen reagieren. Er nimmt seine Weisungen genauso von Ihnen entgegen, wie es die 24 000 Arbeiter in der Lkw-Abteilung tun würden, und genauso wie diese Arbeiter wird er «sein Soll erfüllen», Sie glücklich machen und es Ihnen ermöglichen, eine erfolgreiche und zufriedenstellende Beziehung zu führen, wenn es sich für ihn lohnt.

Wie die Beziehung mit einem Mann wirklich klappt

Denken Sie daran, daß in Beziehungen Männer die Arbeiter und Frauen die Manager sind.

Aber meine Beziehung ist doch keine Lkw-Abteilung!

Die meisten Frauen, die ich befragte, haben verstanden, daß ihre Arbeiter der Lkw-Abteilung nur dann gut arbeiten würden, wenn sie selbst zu hundert Prozent das Management und die Verantwortung übernähmen. Allerdings waren sie nicht davon überzeugt, daß dasselbe Prinzip auch für ihre Beziehungen mit Männern gelten soll. «Ich finde, daß eine Beziehung eine gleichberechtigte Partnerschaft sein sollte», sagen sie. «Ich finde, daß mein Partner und ich, wenn es um unsere Beziehung geht, gleiche Rechte haben und daß wir gleichermaßen Verantwortung für das Gelingen der Beziehung tragen sollten.»

Das mag funktionieren – in einer gleichberechtigten Partnerschaft. Alles zu teilen, das wäre eine gleichberechtigte Partnerschaft. Sie und Ihr Partner haben absolut gleiches Stimmrecht. Sie handeln und feilschen und schließen Kompromisse. Sie wissen genau, wo Sie stehen, denn natürlich wird über alles ganz genau Buch geführt. Sie wissen genau, wer wieviel in die Partnerschaft einbringt, und wenn ein Partner zuviel oder zuwenig gibt, dann wird eine Konferenz anberaumt, damit Sie Ihre Position erneut definieren können. Gleichberechtigte Partnerschaften sind nett, gerecht, einfach und sehr zeitgemäß. Sie ermöglichen karrierebewußten Frauen, etwas zu haben, was einer Beziehung ähnelt, die ihnen aber nicht die Disziplin oder die Opfer abverlangt, die sie bringen müßten, wenn sie die Beziehung ihrer Vision verwirklichen wollten.

Ein Mann, der wirklich Ihr Partner ist, handelt wie eine Frau. Er spricht über seine Gefühle. Er versucht, Ihre Gefühle zu verstehen. Er erwartet von der Partnerschaft die gleichen Dinge wie Sie. Er ist berechenbar und weniger beängstigend als ein Mann, der sich wie der romantische Held benimmt, der er sein könnte, wenn er seine männliche Stärke behalten hätte. Aber ein Mann ohne diese Stärke ist auch weniger aufregend. Gleichberechtigte Partnerschaften bringen Sicherheit, aber sie bergen die Gefahr in sich, langweilig zu werden. Der entscheidende Funke fehlt. Es gibt keine Anziehungskraft von Gegensätzen, die Energie erzeugt und die Beziehung zündend und lebendig macht. Nach einer Weile wird wahrscheinlich nicht einmal mehr genügend Energie vorhanden sein, um all die Verhandlungen, die Kompromisse und die Buchführung durchzustehen. Dann läuft eine solche Beziehung sich tot: Die Bedürfnisse der Frau werden nicht erfüllt, das Ego des Mannes wird nicht gestärkt, und beide Partner machen sich erneut auf die Suche, um das zu bekommen, was sie brauchen.

Vielleicht ist es aber genau das, was Sie wollen: eine gleichberechtigte Partnerschaft. Vielleicht ist das alles, was Sie zur Zeit verkraften können. Aber in diesem Buch geht es nicht um gleichberechtigte Partnerschaften. Was ich Ihnen zu sagen habe, ist auf gleichberechtigte Partnerschaften nicht anwendbar. Es gilt für Beziehungen, die dem Gesetz der Elektrodynamik unterliegen und die so nah wie nur menschenmöglich an die romantische Vision der Beziehung heranreichen, die Sie sich schon immer erträumt haben. Wie ich bereits im fünften Kapitel erklärte, ist diese Art von Beziehung das Ergebnis der Anziehungskraft zwischen Gegensätzen. Sie verlangt von Ihnen, ganz die Frau zu sein, die Sie sein können, und erlaubt Ihrem Mann, ganz der Mann zu sein, der er sein kann. Ein Mann, dem das gestattet wird, ist aufregend, unberechenbar, wettbewerbsorientiert und ein wenig gefährlich. Er kann Sie glücklich machen. Er will Ihnen gefallen, aber er ist nicht wie eine Frau. Er kann ein umwerfender Mann sein, aber als gleichberechtigter Partner ist er kaum brauchbar. Sie dürfen ihm keine Verantwortung für den Erfolg der Beziehung überlassen, denn er besitzt nicht die Fähigkeiten oder das Know-how, die Instinkte oder natürlichen Anlagen, die erforderlich sind, um eine Beziehung zu gestalten.

Männer können keine Beziehung gestalten

Stellen Sie sich noch einmal vor, Männer seien wie Wesen von einem anderen Planeten. Wenn ein Außerirdischer in Ihrem Garten landete, dann würden Sie nicht zu ihm sagen: «Okay, du gefällst mir. Du kannst hierbleiben, und ich werde dir, wenn du fünfzig Prozent der Verantwortung dafür übernimmst, helfen, dich auf diesem Planeten, von dem du überhaupt nichts weißt, zurechtzufinden.» Sie würden nicht von ihm erwarten, daß er Sie an Orte führt, die er noch nie gesehen hat. Sie würden nicht von ihm erwarten, daß er Ihre

Gefühle berücksichtigt oder die langfristigen Konsequenzen, die sein Verhalten auf Ihr gemeinsames Vorhaben, den Planeten zu erkunden, hätte. Über solche Dinge hätte er natürlich noch nie nachgedacht – warum also sollte er es jetzt plötzlich tun? Der Außerirdische von einem anderen Stern wäre nicht in der Lage, die Hälfte der Verantwortung zu tragen. Sie müßten ihn ständig ermahnen, korrigieren, kritisieren und mit ihm streiten, und trotzdem würde er Sie an jeder Wegkreuzung frustrieren und enttäuschen. Genau dasselbe passiert, wenn Sie versuchen, die Verantwortung für Ihre Beziehung mit Ihrem Mann zu teilen. Er wäre unfähig, fünfzig Prozent seiner Verantwortung zu übernehmen. Auch wenn Sie selbst Ihren bestmöglichen Beitrag leisten, würden Sie seine Versäumnisse dadurch nicht wettmachen.

Eine Beziehung, in der die Verantwortung geteilt wird, ist fair, aber sie funktioniert nicht. Ich bin sogar davon überzeugt, daß das «Halbe-halbe-Syndrom» die wesentliche Ursache für das Scheitern von Beziehungen ist. Seit Frauen damit begonnen haben, in ihren Ehen das Prinzip der geteilten Verantwortung zu fordern, sind die Scheidungsraten in die Höhe geschnellt, und selbst wenn Ihre Ehe nach diesem Prinzip *nicht* scheitert, bekommen Sie doch nur fünfzig Prozent dessen, was Sie haben könnten, und müssen doppelt so hart dafür arbeiten.

Wie die Beziehung zu einem Mann wirklich klappt

Vergessen Sie nie, daß der Bereich Ihrer Beziehung, für den Sie Ihren Mann verantwortlich machen, der Bereich ist, der zum Scheitern verurteilt ist.

Selbst wenn Ihr Mann sagt, daß auch er einen Teil der Verantwortung für das Gelingen Ihrer Beziehung übernehmen will,
sollten Sie ihm diesen Teil nicht überlassen. Es ist nett von
ihm, daß er den Vorschlag macht. Aber das heißt noch lange
nicht, daß er dazu auch in der Lage ist. Ein Mann ist nicht
dazu geschaffen, eine Beziehung zu gestalten. Diese Fähigkeit fehlt ihm einfach, und wenn Sie ihm etwas Entsprechendes beibringen wollen, dann werden dabei wahrscheinlich
seine natürlichen Fähigkeiten, die männliche Energie, die
männliche Sichtweise und die männliche Unberechenbarkeit
verlorengehen, die er sonst in die Beziehung einbringen
würde und die eine Beziehung mit ihm aufregend und erfüllend machen könnte.

Männer suchen nach einem guten Handel

Männer sind nicht nur unfähig, eine Beziehung zu gestalten,
sie haben im Grunde auch kein wirkliches Interesse daran.
Ihnen liegt am Erfolg einer Beziehung bei weitem nicht soviel
wie Ihnen als Frau.

Während Sie darum bemüht sind, einen Mann kennenzulernen, ihm näherzukommen und herauszufinden, ob Sie ihm
vertrauen können, stellt er eine Kosten-Nutzen-Analyse auf.
«Was werde ich davon haben?» fragt er sich. «Und ist das, was
ich bekommen kann, den Aufwand wert?» Männer wollen,
daß ihre Beziehungen eine lohnende Investition sind. Um
eine gute Beziehung mit einem Mann zu haben, müssen Sie
ein guter Handel sein. Sie müssen Ihre Beziehung so gestalten, daß Ihr Mann eine erkennbare Gegenleistung für seine
Investitionen erhält; er muß sicher sein, daß er mehr bekommt, als es ihn kostet.

Wenn Sie diese Zeilen lesen, werden Sie vielleicht denken,
daß ich Ihnen einzureden versuche, Sie sollten mehr geben,
als Sie bekommen werden. Das tue ich nicht. Wenn Sie ein

guter Handel sind, wenn Sie Ihre Beziehung effektiv gestalten und wenn Sie dafür sorgen, daß es eine lohnende Angelegenheit ist, mit Ihnen eine Beziehung zu haben, dann werden Sie immer mehr bekommen, als Sie geben. In einer Beziehung ist für Sie selbst immer mehr zu holen als für einen Mann. Ein Pfennig in seiner Währung ist für Sie eine Mark wert. Also hören Sie mit Ihrer Buchhaltung auf. Hören Sie auf, zu denken: «Es ist nicht fair. Warum sollte er seinen doppelten Einsatz zurückbekommen? Er wird von mir keinen Pfennig mehr bekommen, als er selbst in die Beziehung investiert hat.» Das ist eine Milchmädchenrechnung, die sich für Sie nicht rentiert. Wenn Sie einem Mann auf seine Investition gute Zinsen zahlen, dann wird sich Ihre Investition auch für Sie selbst lohnen. Wenn Sie ein guter Handel sind, wird Ihr Mann alles tun, um Ihnen zu gefallen.

Schlagen Sie einem Mann einen guten Handel vor, und er kann gar nicht anders, als sich darauf einzulassen – und das nicht, weil er von Natur aus großzügig, wohltätig oder menschenfreundlich wäre. Er erkennt einen guten Handel, wenn er ihm angeboten wird. Das ist es, wonach er sucht. Das ist etwas, woran er festhält, weil er die Belohnung braucht, die ihm dadurch angeboten wird. Er muß in die Welt hinausgehen und sich in den Wettkampf stürzen. Er hat keine andere Wahl. Wettbewerb ist seine oberste Priorität. Wettbewerb mit anderen Männern ist das, was ihm sein Ego diktiert, und er ist Sklave seines Egos. Aber manchmal, und möglicherweise sogar meistens, wird er besiegt und frustriert. Wenn das passiert, dann wird er zuerst an seine Frau denken.

«Wo ist meine Frau?» denkt er. «Ich brauche meine Frau.» Er kommt nach Hause gelaufen – nicht, um seine Gefühle mitzuteilen, zu kommunizieren, über seinen Streß zu reden oder an Ihrer Beziehung zu arbeiten, sondern um sein Ego zu stärken, seine Batterie wieder aufladen zu lassen. Er will hören, daß Sie glücklich sind, ihn zu sehen, daß Sie an ihn gedacht haben, oder er wünscht sich eine andere Art der

Anerkennung, die ihn wieder aufbaut. Er wird Ihnen zeigen, was er braucht, und er wird alles dafür geben, um es zu bekommen. Er wird alles für Sie tun – den Mülleimer hinaustragen, die Wäsche waschen, zwei Jobs gleichzeitig erledigen, seine Schwiegereltern ertragen –, wenn Sie ein guter Handel sind. Er wird Sie glücklich machen. Er will Ihnen gefallen. Das ist sein Job. So verdient er seinen Lohn, so wird sein Ego gestärkt. Sie müssen nur stets daran denken, daß er nur dann gut arbeitet, wenn er dafür entsprechend bezahlt wird.

Dianas Fall war ein Beweis dafür. Sie hatte Rick geheiratet – einen ehrgeizigen Mann, der seiner selbst sicher war und genau zu wissen schien, was er tat. Diana selbst hatte einen Weg gesucht, dem sie folgen konnte, weil sie eine Richtung für ihr Leben suchte und einen Traum, auf dessen Erfüllung sie hinarbeiten konnte. Rick hatte sie geheiratet, um ihr genau das zu geben. Er wollte das tun, was, wie Diana ihm signalisiert hatte, sie glücklich machen würde, und er war wie vom Donner gerührt, als sie plötzlich mit dem, was er tat, nicht zufrieden war.

Als Diana Rick die Anerkennung für seine Leistung und Tüchtigkeit verweigerte und plötzlich immer wieder betonte, wie unglücklich sie sei, stürzte sie ihn in tiefe Verwirrung. Die Motivation, die ein Mann hat, um eine Beziehung zu führen – die Stärkung seines Egos, und zwar dadurch, daß er seine Frau glücklich macht –, wurde damit zerstört. Diana änderte die Bedingungen, unter denen der Handel geschlossen worden war, also hörte Rick auf, ihr das zu geben, was sie wollte. Kein Wunder, daß ihre Beziehung zum Scheitern verurteilt war. Da nichts, was Rick ihr anbot, Diana zu befriedigen schien, hörte er damit auf, ihr gefallen zu wollen. Das Schlimme ist, daß es ganz anders hätte kommen können, wenn Diana wirklich hundert Prozent der Verantwortung für den Erfolg ihrer Beziehung übernommen und sie effektiv gestaltet hätte, anstatt zu versuchen, die Beziehung und ihren Mann unter Kontrolle zu halten.

Sie können Ihren Mann beherrschen oder auf ihn eingehen – aber beides zugleich geht nicht

Niemand kann seine Wünsche und Sehnsüchte auf Bestellung verändern, aber genau das war es, was Diana von Rick verlangte. Sie wollte, daß Rick häufiger mit ihr zusammen wäre, also beklagte sie sich, daß er zuviel Zeit und Energie in seine Arbeit stecke. Sie meinte, auf diese Weise könne sie ihn zwingen, mehr Zeit mit ihr zu verbringen. Pausenlos hielt sie ihm vor, wie unglücklich sie sei. Sie nörgelte und schmollte und verweigerte ihm die Anerkennung in der Annahme, sie könne ihn dazu zwingen, ihr das zu geben, was sie wollte. In ihrem Unglück versuchte Diana, ihren Mann zu beherrschen und ihn in die Richtung zu drängen, die ihre Beziehung nehmen sollte. Aber all ihre Tricks, all ihre Versuche, das Gewünschte von Rick dann zu bekommen, wann sie es haben wollte, schlugen fehl oder machten die Situation nur noch schlimmer. Die Beziehung, von der Diana geträumt hatte, scheiterte, weil sie versuchte, ihren Mann zu beherrschen, statt auf ihn einzugehen. Wenn Sie sich derselben Methoden wie Diana bedienen, dann werden auch Sie scheitern.

Wenn Sie eine erfolgreiche Beziehung mit einem Mann haben wollen, dann müssen Sie diese Beziehung gestalten, ohne ihn zu kontrollieren, einzuschüchtern, zu beherrschen, zu manipulieren oder ständig etwas zu fordern. Wenn Sie Drohungen, Strafen, Ärger, Schweigen, Kritik und andere Formen emotionaler Erpressung benutzen, um ihn dazu zu zwingen, Ihnen das zu geben, was Sie wollen und wann Sie es wollen, dann wird Ihre Beziehung wahrscheinlich scheitern.

Ob es nun um eine Beziehung oder um ein Milliardengeschäft geht – wenn Ihr Management auf Kontrolle und Zwang beruht, dann werden Ihre Arbeiter das Verlangte nur tun, weil sie keine andere Wahl haben, und nicht, weil es sich für sie lohnen würde. Die Arbeitsmoral wird erheblich sinken, und damit wird auch die Produktivität nachlassen.

Wenn Sie versuchen, Ihren Mann oder Ihre Beziehung zu beherrschen, werden Sie außerdem eine Menge Konflikte heraufbeschwören, denn er wird nicht gewillt sein, seine Bedürfnisse auf Kosten Ihrer Bedürfnisse hintanzustellen. Sie und Ihr Mann werden pausenlos streiten – und es ist gleichgültig, ob es dabei um Geld oder Sex geht oder darum, wieviel Zeit man miteinander verbringt oder wer den Mülleimer hinausträgt. In Wirklichkeit geht es nämlich um Kontrolle. Ihre Beziehung ist das «unschuldige» Opfer dieser Kämpfe. Auch Sie können – so wie Diana es fast getan hätte – eine potentiell erfolgreiche Beziehung zerstören, wenn Sie versuchen, sie zu kontrollieren.

Leider haben Sie, wie so viele Frauen heutzutage, möglicherweise mehr Interesse an Kontrolle als an Nähe. Nähe wirkt bedrohlich und ist riskant. In einer Beziehung mit wirklicher Nähe müssen Sie Ihren Mann so lassen, wie er ist, und das könnte für Sie ein Problem sein. Sie fühlen sich vielleicht verletzlich, bloßgestellt, ihm auf Gedeih und Verderb ausgeliefert. Vielleicht tut er nicht das, was Sie von ihm erwarten. Vielleicht verletzt er Sie, weist Sie zurück, enttäuscht Sie oder versucht, Sie zu beherrschen. In einer wirklich innigen Beziehung müssen Sie ganz Sie selbst sein, und vielleicht befürchten Sie, daß Ihr wahres Selbst nicht gut genug ist, um eine solche Nähe auf Dauer auszuhalten. Wenn Sie alles im Griff haben, alles kontrollieren, dann sind Sie nicht so verletzlich. Wenn Sie Ihren Mann beherrschen, haben Sie das Gefühl, das Risiko, von ihm verletzt zu werden, zu verringern. Es gibt dann weniger Überraschungen und weniger Gelegenheiten für Ihren Mann, Sie herumzuschubsen, zu kontrollieren oder sonstwie einzuschränken. Sie fühlen sich sicherer. Aber Sie sind nicht in der Lage zu wachsen, echte Gefühle auszutauschen oder sonst etwas zu tun, was eine Beziehung lebendig macht. Sie können nicht auf den anderen eingehen, wenn Sie versuchen, ihn zu beherrschen. Um eine Beziehung erfolgreich zu gestalten, dürfen Sie nicht kontrollieren.

Zwar mag der bloße Gedanke an diese Vorstellung bei Ihnen eine panische Angst hervorrufen, aber ich versichere Ihnen, daß es möglich ist, nach diesem Prinzip zu leben. In den nächsten Kapiteln dieses Buches werde ich Ihnen zeigen, wie Sie eine Methode des Beziehungsmanagements entwikkeln können, die es sowohl Ihnen als auch Ihrem Mann ermöglicht, mit Hilfe des erbrachten Einsatzes den höchsten Gewinn zu erzielen.

8

Das Diplom in Sachen Beziehungsmanagement: Eine erfolgreiche Beziehung erfordert die Fähigkeiten eines Managers

Rita

Vor mir stand ein zierlicher Rotschopf mit glühendem Gesicht und blitzenden Augen. Rita, 33, Innenarchitektin, war seit drei Jahren mit Fred, 31, Buchhalter, verheiratet. «Fred setzt sich mit nichts wirklich auseinander – mit mir auch nicht», beklagte sie sich. «Manchmal behandelt er mich so herablassend, daß ich schreien könnte. Wenn ich wütend bin, sagt er: ‹Immer mit der Ruhe, Schatz, nun sei doch vernünftig.› Wenn ich traurig bin, kriege ich zu hören: ‹Armes Kleines. Komm, ich umarme dich, und dann geht's dir schon wieder besser.› Und wenn ich mir um etwas Sorgen mache, dann gibt er lächerliche Phrasen von sich: ‹Nun mach dir doch nicht mehr Probleme, als du hast› oder: ‹Es ist noch nicht aller Tage Abend.› Selbst wenn es um etwas wirklich Gravierendes geht, behandelt er mich wie ein kleines Kind, das eine Schramme am Knie hat. Mit seinem ewigen Jasagen bringt er mich noch zur Verzweiflung. Er stimmt mir in allem zu. Er entschuldigt sich, bevor ich ihm überhaupt erzählt habe, was mich stört. Er verspricht, alles zu tun, worum ich ihn bitte, aber von dem, was er sagt, meint er nicht ein einziges Wort ernst. Er versucht nur, mich zum Schweigen zu bringen, und wenn ich ihm sage, ich wisse ganz genau, daß er das versucht, dann tut er es trotzdem! Er entschuldigt sich und schwört, daß er mich doch nur trösten wolle. Aber ich will nicht, daß er mich tröstet. Ich will, daß er mir zuhört, daß er mich wie einen erwachsenen Menschen behandelt und nicht versucht, mich

mit kleinen Geschenken zu bestechen oder mit albernen Gri-
massen abzulenken. Ich will, daß er mich ernst nimmt, verdammt noch mal.»

Rita hatte versucht, Fred genaue Anweisungen zu geben,
wie er es richtig machen solle. «Ich habe ihm alles x-mal
erklärt. Mindestens tausend Mal habe ich ihm gesagt, daß er
mich ausreden lassen müsse und mir sagen solle, was er über
das, was ich ihm sage, denkt. Ich bat ihn, mir mehr über seine
Gefühle zu erzählen. Ich flehte ihn an, nicht immer alles unter
den Teppich zu kehren und nicht dauernd den Kopf in den
Sand zu stecken.» Aber Fred weigerte sich, das zu tun, was
Rita ihm vorschrieb. «Er will sich einfach mit nichts auseinandersetzen. Wenn ich ein Thema nicht von mir aus beende,
dann unterbricht er mich einfach, als wenn er einen Radioap-
parat abstellen würde. Mitten im Gespräch verläßt er den
Raum, geht zur Arbeit, fährt irgendwohin, hängt einfach auf,
wenn wir telefonieren. Später kommt er dann nach Hause
und macht mir ein albernes Friedensangebot, tut so, als wäre
nichts gewesen, turnt mit einem Motorradhelm auf dem Kopf
herum oder hält sich den Mülleimerdeckel wie einen Schild
vor die Brust und fragt, ob die Luft wieder rein wäre. Das
macht mich dann erst recht wahnsinnig.» Rita wurde in solchen Situationen entweder furchtbar wütend oder zeigte Fred
die kalte Schulter, indem sie nicht mehr mit ihm sprach. Er
sollte einfach merken, daß diese Masche bei ihr nicht «zog»
und er nicht so einfach davonkäme. Dennoch änderte sich
Freds Verhalten nicht.

«So langsam glaube ich, daß Fred sich deshalb so benimmt,
weil er mich ärgern will. Er will nur, daß ich die Fassung
verliere, damit er sich überlegen fühlen kann.» Das hatte Rita
Fred auch während eines Streites schon einmal vorgeworfen.
Sie hatte angekündigt, sich einen anderen Mann zu suchen,
der ihre Bedürfnisse erfüllen würde. Aber selbst diese Dro-
hung hatte Fred nicht dazu bewegen können, sich genau so zu
verhalten, wie Rita es von ihm erwartete. «Allmählich ver-

140

liere ich die Geduld. Ich bin es so leid, ständig gegen dieselbe Wand anzulaufen.»

Dann sollte sie einfach damit aufhören, schlug ich vor.

«Aber ich finde nicht, daß es zuviel verlangt ist, wenn man erwartet, von demjenigen, mit dem man sein Leben teilt, ernstgenommen zu werden», protestierte Rita. «Zwei Menschen, die sich lieben, sollten offen zueinander sein und ihre Probleme gemeinsam angehen, statt vor ihnen davonzulaufen.»

Ja, ich hätte verstanden, daß dies ihre Bedingungen seien, sagte ich. Aus ihrem Bericht war zu ersehen, daß sie von Fred erwartete, er solle sich an diese Bedingungen halten. Sie schien tatsächlich um jeden Preis darauf bestehen zu wollen, daß Fred sich an ihre Regeln hielt, obwohl sie mir als erstes einmal von Fred berichtet hatte, daß er sich am liebsten niemals mit etwas Ernsthaftem auseinandersetzen wolle.

Fred wollte eine ruhige, friedliche und berechenbare Beziehung. Er erwartete von seiner Frau, daß sie sich von ihm aufheitern ließ; er wollte nett zu ihr sein, ohne den Dingen allzutief auf den Grund gehen zu müssen, ohne seine Position in Frage zu stellen und über Dinge nachdenken zu müssen, die er lieber ignorierte. Das waren Freds Bedingungen für eine dauerhafte, engagierte Beziehung, seine Erwartungen an jede Frau, mit der er eine solche Beziehung haben würde – und das hatte Rita auch gewußt, bevor sie ihn heiratete. Sie räumte ein, daß sie sich in Fred verliebt habe, weil er sie zum Lachen bringen konnte. Seine unbeschwerte, unbekümmerte Art schien ihr damals der perfekte Ausgleich für ihre eher ernste und pessimistische Lebenseinstellung zu sein. Sie gab zu, daß vor ihrer Ehe nichts darauf hingedeutet hatte, daß Fred ihre Sorgen ernst nehmen oder ihr bei der Schilderung ihrer Gefühle aufmerksam zuhören würde, wenn sie erst verheiratet wären. Das war einfach nicht seine Art – nicht nur, weil er ein Mann war, sondern auch, weil er mit einem prügelnden, alkoholkranken Vater aufgewachsen war, der bei

der geringsten Provokation Wutausbrüche bekam oder sich
maßlos betrank.

Von seiner Mutter und den älteren Geschwistern hatte
Fred gelernt, alles zu vermeiden, was seinen Vater reizen
könnte. Er lernte, seinen Vater abzulenken und zu beruhi-
gen, wenn sich ein neuer Wutanfall abzeichnete. Ja-Sagen,
andere besänftigen, Probleme unter den Teppich kehren und
Unbefangenheit heucheln, wenn Spannung in der Luft liegt –
all dies waren Überlebenstechniken, die Fred gelernt und sein
ganzes Leben lang angewendet hatte. Er würde dieses Verhalten nicht einfach ablegen können. Sein Bedürfnis, unangenehmen Situationen und möglichen Angriffen aus dem Wege
zu gehen (selbst wenn er deshalb lügen oder einfach verschwinden mußte), und seine Abneigung gegen heftige Ge-
fühlsausbrüche waren tief in seinem Wesen verwurzelt. Diese
Charakterzüge waren Bestandteil seiner Persönlichkeit, und
es war sinnlos, daran etwas ändern zu wollen. Aber Rita
wollte es trotz allem versuchen.

Sowie die Beziehung sich gefestigt hatte, fing Rita an,
Dinge von Fred zu erwarten und zu verlangen, von denen sie
im Grunde ihres Herzens wußte, daß er sie ihr nicht geben
konnte oder wollte. Sie wurde wütend auf ihn, weil er so war,
wie er war, und bestand darauf, daß er sich ändern solle. Aber
ganz offensichtlich klappte das nicht. So etwas funktioniert
nie.

Zwar versuchte Rita, ihren Mann und seine vermeintliche,
hartnäckige Weigerung, sie ernst zu nehmen, für ihr Unglück
verantwortlich zu machen, aber im Grunde waren die Konflikte in ihrer Beziehung das Ergebnis ihrer unangemessenen
Erwartungen. Sie bestand darauf, daß Fred – ungeachtet
seiner natürlichen Veranlagung – so reagiere, wie sie es
wollte. Rita versuchte, die Beziehung ausschließlich nach
ihren Vorstellungen zu gestalten, und bewirkte damit nur,
daß diese Beziehung allmählich auseinanderbrach. In Beziehungen begeben Männer sich auf unbekanntes Terrain, und

142

ein wettbewerbsorientierter, vom Ego angetriebener Mann, ein geborener Jäger und Krieger, wird auf diesem Terrain eine Frau nur nach seinen eigenen Regeln und Bedingungen glücklich machen wollen.

Beziehungen sind für Männer ein unbekanntes Terrain

Beziehungen sind der natürliche Bereich der Frauen. In diesem Bereich haben sie durch ihre natürlichen Instinkte und Veranlagungen, ihre angeborenen Fähigkeiten und Begabungen den Männern gegenüber einen entscheidenden Vorteil. Und die Männer, die auf Wettbewerb, Kampf und wenn möglich Sieg programmiert sind, befinden sich nicht gern in einer unterlegenen Position. Sie billigen den Frauen nicht noch einen zusätzlichen Vorteil zu, indem sie sich bereit erklären, nach deren Regeln zu spielen. Eine Beziehung entsprechend den Bedingungen einer Frau zu führen – über Gefühle zu reden, auf die Bedürfnisse des anderen einzugehen, den Zustand der Beziehung zu analysieren und zu diskutieren –, das bedeutet für einen Mann, mit Pfeil und Bogen in eine Schlacht zu ziehen, in der der Gegner mit Maschinengewehren bewaffnet ist.

Wenn ein Mann sich auf ein Heimspiel bei Ihnen einläßt, wird er auf jeden Fall eine Niederlage einstecken müssen – und das weiß er. Wenn er nach Ihren Regeln spielt, sich auf Ihre Forderungen einläßt, wenn er versucht, sich zu ändern, um Ihren Erwartungen gerecht zu werden, dann wird er so vernichtend geschlagen, daß er genausogut von vornherein kapitulieren könnte – aber das wird er nicht tun. Sein Ego würde es nicht zulassen. Statt dessen wird er sich, wenn er Ihr Terrain nur zu Ihren Bedingungen betreten darf, einfach von Ihnen fernhalten. Oder er wird sich in einer Beziehung Ihren Regeln beugen, damit er sich alles nehmen kann, was er

143

haben will – Sex, Geld, einen Stammhalter, eine hübsche, vorzeigbare Frau –, und dann verschwinden. Oder er wird in der Beziehung bleiben, sich aber gefühlsmäßig von Ihnen distanzieren, ungesellig, launisch und streitsüchtig werden oder alles tun, von dem er weiß, daß es Sie zur Weißglut treibt.

Wenn Ihr Mann am Anfang Ihrer Beziehung oder dann, wenn er etwas von Ihnen will, scheinbar voll und ganz auf Ihre Bedingungen eingeht, dann sollten Sie sich nicht in einem Gefühl trügerischer Sicherheit wiegen. Gelegentlich wird er sich Ihren Spielregeln anpassen. Er tut es, weil er zeigen will, daß er dazu in der Lage ist. Wenn er bekommen hat, was er wollte, oder wenn er es leid ist, Ihnen zu beweisen, wie nett, zugänglich und zahm er sein kann, dann zieht er sich zurück oder beginnt einen endlosen Streit über Ihre Erwartungen. Inzwischen haben Sie sich an diesen sensiblen, aufmerksamen, einsichtigen und unglaublich entgegenkommenden Mann gewöhnt, und urplötzlich bricht alles zusammen. Sie sind wie vom Donner gerührt. Sie wissen nicht, was passiert ist. Und Sie versuchen mit allen Mitteln, Ihren Mann wieder auf die richtige Bahn zu zwingen. Aber das wird Ihnen nicht gelingen. Ein Mann wird nicht zulassen, daß seine Persönlichkeit auf Dauer eingeengt wird. Er wird nicht für unbegrenzte Zeit zu Ihren Bedingungen auf ihm fremdem Terrain ausharren.

Mehr noch: Viele Männer sehen Beziehungen nicht nur als unbekanntes, sondern sogar als feindliches Territorium an. Wenn Sie also einen Mann tatsächlich verändern wollen, wird er, aus dieser defensiven Grundstellung heraus, unverzüglich zu kämpfen beginnen – oder aber sich von Ihnen zurückziehen. Er kann dann sogar relativ harmlose Gesten falsch verstehen und sich von vornherein verweigern. Deshalb ist es von so entscheidender Bedeutung, daß Sie Ihre Beziehung auf eine Weise gestalten, die Ihren Mann nicht dazu veranlaßt, seine Abwehrhaltung zu verstärken.

Wie Sie wahrscheinlich längst erkannt haben, will ich Sie behutsam auf die nächste schlechte Nachricht vorbereiten. Sie lautet: In einer ernsthaften, beständigen, engagierten Beziehung mit einem Mann sind Sie nicht nur hundertprozentig für den Erfolg dieser Beziehung verantwortlich – Sie müssen sich außerdem *auf die Spielregeln Ihres Mannes einlassen.*

Die meisten Frauen, die ich im Laufe der Jahre beraten habe, wiesen diese Vorstellung entschieden von sich. «Wie soll ich die Beziehung gestalten, bestimmen, in welche Richtung sie sich entwickelt, zu hundert Prozent dafür verantwortlich sein *und* mich nach den Bedingungen eines Mannes richten?» fragten sie ungläubig. «Wenn es nach seinen Vorstellungen geht, dann stellt *er* doch die Regeln auf», halten sie mir aufgebracht entgegen. «Er schreibt mir vor, was ich tun und lassen soll, und bestimmt, wie ich die Beziehung zu gestalten habe.» Die Vorstellung, sich in einer Beziehung den Regeln eines Mannes zu beugen, bedeutete für diese Frauen, sich von ihm herumkommandieren und beherrschen zu lassen, sich all seinen Wünschen (wie unangebracht sie auch sein mögen) zu fügen, sich selbst aufzuopfern und die eigenen Bedürfnisse zu verleugnen, um die seinen erfüllen zu können. Aber ganz so schlimm ist es nicht.

Eine gute Managerin arbeitet mit dem, was vorhanden ist

Greifen wir noch einmal das Beispiel mit Lee Iacocca aus dem siebten Kapitel auf. Stellen Sie sich vor, das Vorstellungsgespräch ist an dem Punkt angelangt, wo Mr. Iacocca sicher ist, daß er Sie als Leiterin der Lkw-Abteilung einstellen will und Sie sich beinahe sicher sind, daß Sie den Job annehmen wollen. Dann sagt er: «Ach, übrigens, wenn Sie die Stellung annehmen, dann müssen Sie mit diesem Budget auskommen und den vorgeschriebenen Zeitplan erfüllen. Sie müssen mit der bereits vorhandenen Produktionsanlage arbeiten und sich natürlich an all die Verfahrensweisen und Arbeitsabläufe halten, die in diesem Unternehmen üblich sind.» So lauten seine Bedingungen für jeden, den er als Leiter der Lkw-Abteilung einstellen würde. Er wird diese Bedingungen auch nicht ändern, um Ihnen entgegenzukommen. Er wird statt dessen einen anderen für die Stelle finden.

Was den Bereich des Geschäftlichen angeht, so finden Sie eine solche Einstellung nicht überraschend. Sie erwarten von Mr. Iacocca nicht, daß er einen so bedeutenden und großen Bereich wie die Lkw-Abteilung Ihnen zuliebe gänzlich reorganisieren und Sie ohne jede Kontrolle das tun lassen würde, wonach Ihnen gerade zumute ist. Und die Tatsache, daß er bestimmte Anforderungen und Bedingungen stellt, die Sie zu erfüllen haben, würde Sie nicht davon abhalten, hundert Prozent Verantwortung für den Erfolg der Lkw-Abteilung zu übernehmen. Sie würden die Abteilung unter den gegebenen Voraussetzungen übernehmen und leiten und die Möglichkeiten und Produktionsmittel nutzen, die Ihnen zur Verfügung stehen.

Nun, wenn Sie klug sind und in einer dauerhaften engagierten Beziehung mit einem Mann erfolgreich sein wollen, dann werden Sie das, was Sie für Mr. Iacocca tun würden, auch für Ihre Beziehung tun. Lernen Sie Ihren Mann und seine Bedingungen kennen. Finden Sie heraus, was er von Ihnen erwartet und was Sie von ihm erwarten können, und zwar *bevor* Sie sich ernsthaft mit ihm einlassen. Die Bedingungen, die ein Mann stellt, zeigen, wie er ist. Dann, wenn Sie mit ihm eine Beziehung eingegangen sind, akzeptieren Sie diese Bedingungen und richten Ihre Beziehung danach aus. Wenn es um die *Bedingungen* Ihrer Beziehung geht – das vorhandene Material, mit dem Sie arbeiten müssen, die Grundzüge dessen, was Sie von Ihrem Mann und Ihrer Beziehung erwarten können und was nicht –, lassen Sie *ihn* den Boß sein. Die Gesamtverantwortung aber tragen *Sie*.

Seien Sie realistisch. Arbeiten Sie mit dem, was vorhanden ist, statt sich über das zu ärgern, was fehlt. Hören Sie auf, aus Ihrem Mann jemanden machen zu wollen, der er nicht ist. Hören Sie auf:

Dinge zu wollen, die Ihr Mann Ihnen nicht geben kann;
Ihrem Mann Anweisungen zu geben, wie er es anstellen soll, um Ihnen zu gefallen;
ihn ständig zu kritisieren oder ihm Ihre Unzufriedenheit über das, was er für Sie tut, zu signalisieren;
Vergleiche mit anderen Männern anzustellen, durch die er in einem schlechten Licht dasteht;
ihn durch Schmollen oder verschlüsselte Bemerkungen darauf zu stoßen, daß etwas nicht stimmt, und dann, wenn er fragt, so zu tun, als sei alles in Ordnung;
ihn so lange zu bearbeiten, bis er verspricht, sich zu ändern;
ihm mit schrecklichen Konsequenzen zu drohen (ihn zu verlassen oder eine Affäre anzufangen), falls er sich nicht anpaßt und Ihnen nicht das gibt, was Sie wollen.

Wie sehr Sie einen Mann auch lieben mögen – wenn Sie ihn, in dem vergeblichen Versuch, Ihre Beziehung in den Griff zu bekommen, auf eine der oben beschriebenen Arten behandeln, wird er sich eben doch nicht geliebt fühlen. Geliebt zu werden heißt für einen Mann, akzeptiert zu werden. Er will keine Verrenkungen machen müssen, um sich Ihre Liebe zu bewahren. Er fühlt sich geliebt und ist in der Lage, Sie zu lieben, wenn Sie ihm erlauben, ganz er selbst zu sein, und wenn Sie das wertschätzen, was er Ihnen zu bieten hat.

Gegensätzliche Vorstellungen

Ein Mann geht eine ernsthafte Beziehung mit einer klar umrissenen Vorstellung ein. Er will Sie glücklich machen. Er will Sie zufriedenstellen, und dafür will er anerkannt werden. Wenn Sie ihm zeigen, daß Sie zufrieden mit ihm sind, fühlt er sich bestätigt. Wenn er hört oder sieht, daß Sie über das, was er Ihnen zu bieten hat, glücklich sind (oder zumindest nicht unglücklich), ist das ein wunderbares Futter für die Phantasien, die sein Ego produziert. Er fühlt sich einzigartig und heldenhaft und ist bereit, jede Herausforderung anzunehmen, mit der das Leben ihn konfrontiert. Er fühlt sich wie ein Sieger – und dieses Gefühl ist die Belohnung, die er immer wieder zu erringen erhofft, wenn er eine Beziehung eingeht.

Wenn Sie aber alles genau dann bekommen möchten, wann Sie es haben wollen, ohne Rücksicht auf die Vorstellungen Ihres Mannes und seine natürlichen Eigenschaften, dann machen Sie es ihm unmöglich, sich seine Belohnung zu verdienen. Statt Ihren Mann so zu akzeptieren, wie er ist, und mit dem zufrieden zu sein, was er Ihnen bieten kann, versuchen Sie – wie Rita –, ihn zu ändern. Oder Sie halten ihm plötzlich etwas vor, was Sie früher bereitwillig akzeptiert haben – so wie Diana. Sie ergreifen jede sich bietende Gelegenheit, um Ihrem Mann zu übermitteln, wie unglücklich Sie sind und wie wenig es ihm gelingt, Sie zufriedenzustellen. Er fühlt sich nicht mehr wie ein Sieger, sondern wie ein Versager, und wenn der Grund Ihrer Unzufriedenheit etwas ist, was Ihr Mann nicht ändern kann, das seiner Wesensart widerspricht, fühlt er sich unfähig und nutzlos. Warum sollte er versuchen, jemanden zufriedenzustellen, der ihm ein solches Gefühl vermittelt?

Wenn Sie die Beziehung mit einem Mann haben wollen, von der Sie träumen, wenn Sie dazu bereit und ernsthaft daran interessiert sind, dann müssen Sie eine neue Methode des «Beziehungsmanagements» entwickeln.

148

Planen Sie auf lange Sicht. Nutzen Sie Ihre Kenntnisse über Männer im allgemeinen und über Ihren Mann im besonderen, um Ihre Beziehung auf eine Weise zu gestalten, zu fördern und zu pflegen, die es Ihnen ermöglicht, auf die Dauer erfolgreich und zufrieden zu sein. Bisweilen kann das bedeuten, daß Sie das, was Sie sich wünschen, nicht sofort bekommen. Als Beziehungsmanagerin müssen Sie bereit sein, kurzfristig auf etwas zu verzichten, um auf lange Sicht bessere Ergebnisse zu erzielen.

Seien Sie unwiderstehlich. Geben Sie Ihrem Mann keinen Grund mehr, Ihnen widerstehen zu müssen. Drängen Sie ihn nicht in eine Position, in der er gegen Sie ankämpfen muß. Wenn Sie es wie Rita leid sind, ständig mit dem Kopf gegen dieselbe Wand zu rennen, dann hören Sie damit auf. Erwarten und verlangen Sie nicht Dinge von Ihrem Mann, die er Ihnen nicht geben will oder kann. Und wenn Sie es leid sind, mit ihm zu kämpfen, dann geben Sie ihm, was er will. Es gibt keine Hoffnung auf einen Kompromiß, solange die Bedrohung für sein Ego nicht aus der Welt geschafft ist und er nicht das bekommt, was er will. Solange Sie sein Ego herausfordern, indem Sie mit ihm streiten, versuchen ihn zu ändern oder ihm seine Bestätigung verweigern, wird er fürchten, sich selbst aufgeben zu müssen, wenn er nachgibt. Wenn Sie ihm jedoch geben, was er will, wenn Sie sein Ego stärken und ihm versichern, daß Sie ihn lieben und akzeptieren, wird er weitgehend offen und bereit zu Zugeständnissen sein. Die kann er sich jetzt erlauben, denn er braucht nicht zu befürchten, seine Würde zu verlieren. Sie selbst bekommen die schönste Belohnung – eine Beziehung, die gut funktioniert.

Hüten Sie sich vor der «Opfer-Mentalität», die Sie dazu verleitet, zu denken: «Er hat mir dies oder jenes angetan, deshalb mußte ich so reagieren.» Vergessen Sie nicht, daß Sie selbst es sind, die in einer guten Beziehung das Heft in der Hand hält. Der Mann reagiert auf Ihre Initiativen. Und er hat nur zwei Reaktionsmöglichkeiten: Entweder schützt er sich und sein Ego, oder er läßt sich und sein Ego bestätigen. Wenn er sich schützen muß, dann wird er Sie verletzen, sich von Ihnen zurückziehen oder dafür sorgen, daß Sie nicht das bekommen, was Sie sich wünschen. Wenn er nach Bestätigung sucht, wird er etwas für Sie tun, was Sie zufriedenstellt. Sie werden von seinem positiven, freundlichen Engagement profitieren können. Wenn er nicht provoziert wird, wird ein Mann sich stets auf eine Weise verhalten, die ihm Bestätigung verspricht – und das ist es, worauf Sie zählen können, wenn Sie Ihre Beziehung effektiv gestalten. Wenn er positiv reagiert, sind Sie auf dem richtigen Weg. Wenn er es nicht tut, dann wird es Zeit, daß Sie den Stil Ihres Managements einer kritischen Betrachtung unterziehen.

Ja, aber . . .

Vielen Frauen erscheint das, was ich bis jetzt empfohlen habe, wie eine Anleitung zum Märtyrertum und zur Selbstaufgabe. Sie glauben, daß ich von ihnen verlange, ihren Männern jeden Wunsch von den Augen abzulesen, auch wenn das bedeuten würde, auf ihre Identität, ihre Unabhängigkeit und die Erfüllung ihrer eigenen Bedürfnisse zu verzichten. Es gibt tatsächlich Männer, die das erwarten. Wenn Ihr Mann zu diesen Männern gehört und Sie haben das gewußt, als Sie sich entschlossen, mit ihm eine langfristige Beziehung einzugehen, dann sind Sie leider an diese Bedingungen gebunden. Sie werden ihn nicht ändern können. Sie müssen sich damit abfinden, mit dem arbeiten, was Ihnen zur Verfügung steht, und Wege finden, unabhängig zu sein und sich Ihre Bedürfnisse zu erfüllen, wenn Ihr Mann gerade keine Aufmerksamkeit von Ihnen fordert.

Wenn Sie mit einem solchen Mann bisher nur eine lockere Beziehung eingegangen sind, dann suchen Sie schleunigst das Weite. Niemand kann Sie dazu zwingen, Bedingungen zu akzeptieren, die Sie eigentlich nicht akzeptieren *wollen*. Seien Sie wählerisch. Finden Sie heraus, welche Erwartungen ein Mann hat, bevor Sie sich ernsthaft mit ihm einlassen, und lassen Sie sich nur ernsthaft mit einem Mann ein, dessen Bedingungen und Erwartungen mit Ihren eigenen Vorstellungen von einer Beziehung zu vereinbaren sind.

Achten Sie mehr auf das, was Ihr Mann tut, als auf das, was er sagt

Als Rita begriff, daß es ihr allein nicht gelingen würde, Fred zu ändern, redete sie so lange auf ihn ein, bis er sich bereit erklärte, mit ihr zusammen eine Eheberatung aufzusuchen. «Aber das hätte ich genausogut bleiben lassen können. Beim ersten Termin stellte er seine Kindheit und unsere Ehe in einem völlig falschen Licht dar. Er tat so, als wäre alles in Ordnung. Bei der zweiten Sitzung stimmte er grinsend allem zu, was der Therapeut oder ich zu sagen hatten. Den dritten Termin vergaß er, zum vierten konnte er nicht kommen, weil es bei seiner Arbeit angeblich Probleme gab, und an der fünften Sitzung konnte er wegen einer Autopanne nicht teilnehmen. Schließlich stellte ich ihn zur Rede, und er gab zu, daß er nicht vorhatte, mit der Beratung weiterzumachen.» Wieder hatte Rita «verloren». Sie konnte nicht verstehen, warum Fred sein altes «Spielchen» mit ihr gespielt hatte. «Warum hat er mir nicht gleich gesagt, daß er die Therapie nicht mitmachen wollte?»

Aber Fred *hatte* es ihr gesagt – durch sein Verhalten. Er hatte zwar nicht gesagt, daß er die Beratung für Zeitverschwendung hielt und daß er keine Lust hatte, eine Therapie zu machen. Dennoch ließ sein Verhalten von dem Moment, da er zum ersten Mal die Praxis des Therapeuten betrat, bis zu dem Augenblick, als er von Rita zur Rede gestellt wurde, nicht den geringsten Zweifel an seiner Einstellung.

In einer Beziehung wird ein Mann alles sagen, was ihn gewinnen läßt und wodurch er hofft, das zu bekommen, was er will und was sein Ego schützt. Fred ist der beste Beweis dafür. Er stimmte allem zu, entschuldigte sich für alles mögliche und versprach das Blaue vom Himmel, damit Rita ihn in Ruhe ließ. Manchmal meinte er es sogar ehrlich, meistens jedoch nicht. Er wollte ihre Attacken abwehren, den Frieden bewahren und sich nicht den unangenehmen Realitäten stellen, mit denen Rita ihn konfrontierte. Wenn er zu diesem Zweck lügen mußte, dann log er eben. Wenn er sich Ausreden für die verpaßten Therapiesitzungen einfallen lassen mußte, dann ließ er sich eben Ausreden einfallen. Als Lügner sah er sich deshalb noch lange nicht. Sein Vorgehen war für ihn nur die einfachste, schnellste und wirkungsvollste Methode, um sich aus der Affäre zu ziehen. Das entspricht genau der männlichen Natur und Denkweise. Auf fremdem Terrain – in Ihrem eigenen, weiblichen Bereich, in dem Sie nach Ihren Bedingungen über Ihre Beziehung reden wollen – stehen die Chancen fünfzig zu fünfzig, daß Ihr Mann Ihnen ziemlichen Blödsinn erzählt. Sie können ihm nicht unbedingt vertrauen, wenn er in Ihrer Sprache mit Ihnen redet.

Von einigen wenigen Ausnahmen abgesehen, können Sie davon ausgehen, daß die Kommentare eines Mannes zu Ihnen und Ihrer Beziehung kein wahrheitsgetreuer Ausdruck seiner Gefühle und Gedanken sind. Wenn es um Ihre Beziehung geht, dann sollten Sie seinen Worten keinen Glauben schenken, vor allem dann nicht, wenn Ihnen Verhaltensweisen aufgefallen sind, die dem Gesagten widersprechen oder die es zumindest nicht bestätigen.

Wie gesagt: Dies gilt nur, wenn ein Mann von einer Beziehung redet. Ich möchte Ihnen keinesfalls nahelegen, Sie sollten Männern überhaupt kein Wort mehr glauben. Ich will nicht, daß Sie Männern in Zukunft nicht mehr zuhören oder Ihrem Mann, wenn er sich mit Ihnen unterhalten will, keine Beachtung mehr schenken. Ich will Sie nur vor Enttäuschungen bewahren, indem ich Sie daran erinnere, daß ein Mann nicht unbedingt seine wahren Gedanken und Gefühle offenbart, wenn er mit der Frau, mit der er eine Beziehung hat, über diese Beziehung redet. Wenn es um Intimität, Nähe, Gefühle und andere subtile Aspekte Ihrer Beziehung geht, dann teilt Ihr Mann Ihnen alles darüber mit, indem er Ihre Nähe sucht oder sie meidet, mit Ihnen schläft oder nicht dazu in der Lage ist, Ihnen Blumen schenkt, den Müll hinausträgt, alberne Späße macht, wenn Sie versuchen, mit ihm über Gefühle zu reden, Türen zuschlägt oder mit den Füßen aufstampft. Mit Worten dagegen wird er Ihnen alles erzählen, was dazu dienen könnte, sein Ego zu stärken oder zu schützen. Wenn Sie sich das immer vor Augen halten, dann werden Sie die Dinge, die Männer sagen, nicht mehr so persönlich nehmen.

Wenn Sie all das persönlich nähmen, was Ihr Mann *sagt,* dann wären Sie nur noch damit beschäftigt, Ihre Wunden zu lecken. Sie wären viel zu verletzt, um Ihre Beziehung noch effektiv gestalten zu können. Also hören Sie auf damit. Regen Sie sich nicht mehr über seine Worte auf; benutzen Sie sie nicht mehr als Entschuldigung dafür, daß Sie sich von ihm distanzieren oder versuchen, ihn zu beherrschen. Finden Sie statt dessen heraus, *warum* Sie auf diese Weise reagieren. Schenken Sie seinen gefühllosen oder aggressiven Bemerkungen keine Beachtung mehr. Wenn es um eine langfristige, enge Beziehung geht, dann glauben Sie nur dem, was Sie sehen und fühlen und was Ihnen Ihre innere Stimme sagt – und nicht dem, was ein Mann Ihnen erzählt.

Lassen Sie Ihren Mann das tun, was er am besten kann

Fred wollte Rita wirklich glücklich machen. Er konnte sie zum Lachen bringen, sie aufheitern, wenn sie die Dinge zu ernst nahm, und sie verwöhnen – mit einer zärtlichen Umarmung, mit ihren Lieblingspralinen oder womit auch immer. Diskussionen, in denen es um Gefühl ging, konnte er nicht ertragen, aber er war in der Lage, alles, was kaputt war, zu reparieren. Er hätte liebend gern Ritas Wagen repariert, ihr Konto ausgeglichen oder ihr ein paar Besorgungen abgenommen, damit sie entlastet würde. Er konnte nicht still sitzen bleiben, wenn Rita ernsthaft über ihre Sorgen reden wollte, aber er hätte ihr gern den Rücken massiert, ihr ein festliches Essen gekocht oder ein bißchen herumgealbert, um ihr zu helfen, sich zu entspannen. Fred hatte ein ganzes Repertoire an Möglichkeiten, Rita aufzuheitern. Aber Rita ließ ihn nicht zum Zuge kommen. Sie verlangte Dinge von ihm, die er ihr nicht geben konnte, und weigerte sich, ihm für das, was er tat, Anerkennung zu zollen – ja, sie bestrafte ihn sogar dafür.

Um fünfundneunzig Prozent Ihrer Beziehungsprobleme zu lösen (und auch mit dem Rest fertigzuwerden), sollten Sie genau das Gegenteil von dem tun, was Rita getan hat. Fragen Sie Frauen Ihres Vertrauens, einen Therapeuten oder sich selbst, was Ihr Mann Ihnen, entsprechend seiner Veranlagung, wahrscheinlich nicht geben kann, und lassen Sie ihn das tun, was er am besten kann. Geben Sie ihm durch Ihre Liebe, Zuneigung, Ihren Respekt und Ihre Loyalität Bestätigung, und versuchen Sie nicht, ihn zu etwas zu bewegen, wozu er nicht fähig oder woran er nicht interessiert ist.

Im Geschäftsleben stellt eine gute Managerin Arbeiter ein, die für die Aufgabe, die sie zu erfüllen haben, qualifiziert sind. Dann, wenn sie festgestellt hat, daß sie ihre Arbeit gut erledigen, sorgt sie dafür, daß die Arbeiter fest angestellt und gut entlohnt werden. Mit einem Minimum an Einmischung und Ratschlägen gibt die Managerin den Arbeitern genügend Möglichkeiten, ihre Fähigkeiten unter Beweis zu stellen – und sie gibt ihnen dadurch erneute Bestätigung. Wenn sie ihre Abteilung auf diese Weise leitet, werden die Arbeiter nicht nur gut arbeiten (und dafür sorgen, daß die Managerin erfolgreich ist), sondern sie sind auch motiviert, ihre Leistung zu steigern, weil sie wissen, daß ihre Bemühungen anerkannt werden. Nun, dasselbe Prinzip gilt für eine langfristige, engagierte Beziehung mit einem Mann.

Beginnen Sie mit dem richtigen Rohstoff, indem Sie einen Mann auswählen, der von Natur aus dafür geschaffen ist, Ihnen die Dinge zu geben, die Sie brauchen, um sich in einer engen Beziehung erfolgreich und zufrieden zu fühlen. Dann lassen Sie ihn die Aufgaben erfüllen, die er wirklich meistern kann. Die Verantwortung für diese Aufgaben sollten Sie ihm ganz allein überlassen. Und sorgen Sie dafür, daß er die entsprechende Anerkennung und Bestätigung erntet, wenn er seine Aufgaben gut erfüllt.

Männer lieben Aufgaben. Aufgaben sind konkret und unkompliziert. Wer eine Aufgabe gut erfüllt, stärkt dadurch sein Ego. Der Mann kann zu seinem Ego (und jedem, der in Hörweite steht) sagen: «Sieh mich an. Das habe ich geleistet. Ich bin der Größte, weil ich diese Aufgabe gemeistert habe.» Deshalb basteln Männer so gerne. Deshalb können sie sich immer und immer wieder mit den gleichen Dingen beschäftigen. Ob es nun darum geht, den Müll hinauszutragen, Theaterkarten zu besorgen, mit Ihnen zu schlafen oder Sie zum Lachen zu bringen – wenn Sie positiv auf seine Leistung reagieren, wird ein Mann diese Leistung immer wieder erbringen. Und wenn Sie dafür sorgen, daß es generell lohnend ist, eine Beziehung mit Ihnen zu führen, wenn Sie nur eine dreiviertel Stunde täglich darauf verwenden, Ihrem Mann das zu geben, was er will, um ihm zu zeigen, daß Sie ihn lieben, akzeptieren und anerkennen, dann wird er seinerseits eine Menge Zeit darauf verwenden, sich neue kreative, aufregende Möglichkeiten einfallen zu lassen, um Ihnen zu gefallen.

Ja, aber ...

Wie oft haben Sie seit Beginn dieses Kapitels gedacht: «Aber das ist ungerecht! Warum soll ich allein alles hinnehmen, ausgleichen und akzeptieren?» Zehnmal? Zwanzigmal? Oder haben Sie inzwischen vielleicht doch den Eindruck gewonnen, daß das, was ich Ihnen nahelege, funktionieren könnte? Was ich Ihnen vorschlage, ist tatsächlich effektiver als Ihre Versuche, Ihren Mann dazu zu bewegen, Ihnen Dinge zu geben, die ihm naturgemäß widerstreben. Wenn er Sie nach Ihren Regeln glücklich machen soll, ungeachtet seines Charakters und seiner Persönlichkeit, dann werden Sie am Ende zwangsläufig frustriert, enttäuscht und erschöpft sein. Wenn Sie Ihrem Mann jedoch gestatten, so zu sein, wie er ist, und mit dem arbeiten, was er Ihnen zu bieten hat, dann wissen Sie, was Sie zu erwarten haben, und sind glücklich mit dem, was er Ihnen zu geben hat.

Wenn Ihnen Ihr Verstand jetzt vielleicht auch sagt, daß ich recht habe, so gehe ich doch jede Wette ein, daß bei der Vorstellung, meine Vorschläge in die Tat umzusetzen, eine innere Stimme Ihnen zuruft: *«Das will ich nicht!»* Im nächsten Kapitel werde ich Ihnen erklären, daß dies die Stimme Ihres Egos ist und daß diese Stimme, wenn Sie auf sie hören, Ihre Beziehung zerstören wird. Um eine Beziehung zu gestalten, müssen Sie Ihr eigenes Ego zurückstellen – und das Ihres Mannes auf Ihre Seite bringen.

9
Mehr über Beziehungsmanagement: Lassen Sie es nicht zu, daß Ihr Ego Ihre Beziehung zerstört

Helen

Helen, 44, Grafikerin, und Roger, 42, Zeitungsverleger, hatten seit knapp acht Monaten zusammengelebt, als Helen «ernste Zweifel» an ihrer Beziehung bekam. «Ich habe bereits eine schreckliche Ehe mit einem sturen, herrschsüchtigen Mann hinter mir und ich habe nicht vor, mir dasselbe noch einmal anzutun.» Aber nachdem eine «harmlose Terminfrage zu einem richtigen Krieg ausgeartet war», fürchtete sie, auf dem besten Wege dahin zu sein.

Die Hochzeit von Helens bester Freundin stand bevor, und Helen war davon ausgegangen, daß Roger sie zu der Feier begleiten würde. So war sie völlig verblüfft, als sie feststellte, daß er statt dessen geplant hatte, «mit seinen Freunden zu so einem blödsinnigen Jagdausflug» zu gehen. Als ihr klar wurde, daß Roger nicht die Absicht hatte, seine Pläne zu ändern, stürzte bei ihr eine Welt ein.

«Er konnte doch das ganze Jahr über auf die Jagd gehen», erzählte sie mir mit derselben Empörung, die sie damals empfunden hatte. «Eine Hochzeit ist schließlich ein einmaliger Anlaß.» Roger sah das anders. Seit zehn Jahren hatte er sich mit denselben Freunden stets am ersten Wochenende der Jagdsaison getroffen, und mit dieser Tradition wollte er keinesfalls brechen. «Wir haben wochenlang gestritten», berichtete Helen. «Aber er blieb stur. Er ließ sich nicht erweichen.» Sie drohte ihm, er könne gleich ganz fortbleiben, wenn er nicht mit ihr auf die Hochzeit gehen würde. Aber dieses

Ultimatum hatte die gegenteilige Wirkung: Er sprach kaum noch ein Wort mit ihr und fuhr schließlich zur Jagd, ohne sich zu verabschieden und ohne eine von diesen «netten, kleinen · Zeichnungen» hinter den Badezimmerspiegel zu stecken, die er sonst immer hinterlassen hatte, wenn er für ein paar Tage wegfuhr. Helen war völlig niedergeschmettert. «Ich war so enttäuscht, daß ich nicht einmal mehr wußte, ob ich weiterhin eine Beziehung mit ihm führen wollte», sagte sie. Das Wochenende (und auch die Hochzeit ihrer Freundin) verbrachte sie fast ausschließlich damit, sich zu ärgern und sich um ihre Beziehung zu Roger Sorgen zu machen.

«Sonst war er immer so vernünftig», erklärte Helen und meinte damit die Zeit vor ihrer Beziehung, als sie und Roger gemeinsam an einer Veröffentlichung gearbeitet hatten. «Wir waren ein tolles Team. Wir konnten über alles reden, auch über unsere Differenzen. Jeder ist auf den anderen eingegangen und hat das getan, was für unser Projekt das beste war.» Daran erinnerte sie sich ein Jahr später, als sie Roger, der inzwischen die Stelle gewechselt hatte, auf einem Wohltätigkeitsball wiedertraf. Helens Scheidung war abgewickelt, und sie fingen an, miteinander auszugehen. Obwohl ihr seine «sture Art» schon bald auffiel und sie, bevor sie zusammenzogen, schon unzählige Male heftig mit ihm gestritten hatte, war sie jedesmal «schockiert und wütend», wenn Roger sich schlichtweg weigerte, die Dinge auch einmal von ihrem Standpunkt aus zu betrachten oder sich auf einen «fairen Kompromiß» einzulassen. Dennoch hatten sie es bis dahin immer wieder geschafft, die Scherben zu kitten. Allerdings fragte Helen sich, wie lange sie es noch aushalten würde, wenn Roger weiterhin «dauernd recht haben wollte» und «stets das letzte Wort haben» mußte, genau wie ihr Exmann. Sie wünschte sich den alten Roger zurück, der bereit gewesen war, wenigstens gelegentlich einmal auf sie einzugehen.

«Wie bringe ich Roger dazu, mich wieder so zu behandeln, wie damals, als wir an einem gemeinsamen Projekt gearbeitet haben?» wollte Helen wissen. «Es muß doch etwas geben, das ihn dazu bringt, meine Meinung zu respektieren, zuzugeben, wenn er im Unrecht ist, und alles so fair und gerecht zu handhaben, wie er es tat, bevor wir ein Paar wurden.»

Aber inzwischen seien sie ja nun ein Paar, betonte ich. Sie hatten eine enge persönliche Beziehung zueinander. Und ich wiederholte eine meiner grundsätzlichen Beziehungsregeln: In einer langfristigen, engagierten, engen Beziehung sollte eine Frau nicht immer das letzte Wort behalten wollen und nicht ständig mit dem Mann wetteifern. Mit einem Mann zu leben und ihn zu lieben, das ist nicht das gleiche, wie mit ihm zu arbeiten. Es erfordert ein anderes Verhalten.

«Lieber kämpfe ich bis zum bitteren Ende, als klein beizugeben»

Mit verschränkten Armen und entschlossener Miene erklärte Helen: «Aber das glaube ich nicht!» Ich sah ihr an, daß sie es nicht glaubte. Ich ahnte, daß sie so lange versuchen würde, mich von ihrer Meinung zu überzeugen, bis ich ihr entweder recht geben oder die Diskussion beenden würde. Genauso hatte sie es mit Roger gemacht. Sie hatte wochenlang mit ihm gestritten, konsequent ihren Standpunkt vertreten und Roger sogar Konsequenzen angedroht, falls er ein einmaliges Ereignis wie eine Hochzeit nicht für wichtiger hielt als eine zehnjährige Tradition. Aber was hatte sie davon, daß sie keinen Millimeter von ihrem Standpunkt abwich und Roger zu zwingen versuchte, sich nach ihren Plänen zu richten? Überhaupt nichts. Sie selbst litt unter dem Streit am meisten, setzte ihre Beziehung aufs Spiel und schaffte es trotzdem nicht, Roger dazu zu bringen, sie zu der Hochzeit ihrer Freundin zu begleiten. Schließlich hatte sie keinen Spaß an der Feier, weil sie sich während der ganzen Zeit nur um ihre Beziehung sorgte.

Wie hätte sie es besser machen können? Nun, zuerst einmal hätte sie sich fragen können, was für ihre *Beziehung* am besten sei und ob es all die Scherereien und den Nervenkrieg lohnte, Roger als Begleiter auf der Hochzeit dabei zu haben. Wäre sie zu dem Schluß gekommen, daß es den Streit eigentlich nicht wert sei, dann hätte sie die Diskussion vielleicht gar nicht erst angefangen. Oder sie hätte in dem Augenblick, als sie bemerkte, wie wichtig ihm der Jagdausflug war und wie er wieder «auf stur schaltete», einfach aufhören können. Roger hatte sich bereits auf einen langwierigen Kampf eingestellt, und in einem derartigen Kampf hatte Helen noch nie gewonnen. Sie hätte sogar noch einen Schritt weitergehen können, indem sie ihren Stolz beiseite geschoben und Roger gesagt hätte, daß sie seinen Standpunkt verstehen und akzeptieren würde. Oder sie hätte Roger fragen können, ob er sich vorstellen könne, etwas früher von der Jagd zurückzukommen, um sie dann zu der Hochzeit zu begleiten. Während er über diese Alternative nachdachte, hätte sie die Beziehung zu ihm so angenehm wie möglich gestalten können.

Obwohl Roger womöglich überhaupt nicht daran dachte, auch nur eine Stunde seines Jagdausfluges zu opfern, hätte Helen ihn mit ein wenig Geschick und Diplomatie vielleicht doch zum Einlenken bewegen können. Und selbst wenn er zu keinem Kompromiß bereit gewesen wäre, hätte Helens Beziehung wenigstens nicht gelitten. Wenn Helen in diesem Fall auch nicht alles bekommen hätte, was sie wollte, so hätte sie doch zumindest nichts verloren. Aber sie sah das ganz anders.

«Diese Hochzeit war wichtig», protestierte sie. «Warum sollte ich, nur um den Frieden zu wahren, auf das, was ich will, verzichten? Von *ihm* würden Sie das nicht verlangen. Er kann ruhig stur und unvernünftig sein, aber *ich* soll sogar dann einlenken, wenn ich weiß, daß ich recht habe. Das ist nicht fair, und es ist mir egal, was Sie oder sonst irgend jemand mir darüber erzählen, wie ich einen Mann behandeln soll. Ich lasse mich von keinem Mann kleinmachen oder besiegen, nur damit sein Ego keinen Schaden leidet.» Helens

Ego – der Teil ihrer Persönlichkeit, der von ihr verlangte, einzigartig und überlegen zu sein – ließ das nicht zu. Helens Ego sagte ihr, daß sie im Recht sei und daß deshalb auch ein Vorgehen gerechtfertigt sei, das ihrer Beziehung schaden könne. Ihr Ego sagte ihr, daß es hier ums Prinzip ginge und daß es wichtig sei, sich durchzusetzen, auch wenn der Mann offensichtlich keinen Zentimeter nachgeben würde. Ihr Ego überzeugte sie sogar davon, daß es wichtiger sei, im Augenblick einen Sieg davonzutragen, als alles Erforderliche zu tun, damit sie das erreichte, was sie auf lange Sicht wirklich wollte: eine gute, dauerhafte Beziehung mit Roger.

Auch Sie haben ein Ego, das Ihnen schaden könnte. Es kämpft lieber um sein Recht, als um des langfristigen Erfolgs willen einzulenken. Es kümmert sich nicht darum, ob Ihre Beziehung gelingt. Es will sich beweisen. Es weiß nichts über die Kunst, eine Beziehung zu gestalten. Diesem Ego geht es vor allem um Wettkampf und Rivalität. Dafür ist es wie geschaffen. Es ist ein wertvolles, nützliches Werkzeug für den Wettbewerb mit anderen. Aber die Beziehung mit einem Mann ist keine Stierkampfarena, und wann immer Sie Ihre Beziehung von Ihrem Ego und Ihrem Konkurrenzdenken beherrschen lassen, werden Sie sich selbst damit schaden.

Das Ego der Frau

Ihr Ego ist der Teil Ihrer Persönlichkeit, der Punkte zählt, abrechnet und nach kurzfristigen Erfolgen sucht, ohne die langfristigen Folgen zu bedenken. Ihr Ego ist die hartnäckige, herrschsüchtige, manchmal kritische, häufig unvernünftige innere Stimme, die Ihnen sagt, wie Sie sein sollen, wie Sie sich verhalten sollen und was Ihr gutes Recht ist. Diese Stimme spricht in einem männlichen Tonfall zu Ihnen. Ihr Ego klingt genauso wie die Männer, die Sie nicht ausstehen können. Sie können davon ausgehen, daß Ihr Ego spricht, wenn Sie selbst sagen oder denken:

«Zum Teufel mit ihnen.»
«Warum sollte ich?»
«Und was habe ich davon?»
«Das ist nicht fair.»
«Ich werd's ihm schon zeigen.»
«Ich hab ein Recht auf meine eigene Meinung.»
«Ach, tatsächlich?!»
«Dann mach ich es eben selbst.»
«Das verstehst du nicht.»
«Was glaubst du eigentlich, mit wem du sprichst?»
«Wen willst du an der Nase herumführen?»
«Was ein Mann kann, das kann ich schon lange.»
«Was verlangst du da von mir?!»
«Wie kannst du es wagen...?»
«Ich habe auch meine Rechte.»
«Du hast vielleicht Nerven.»
«Niemand hat mir vorzuschreiben, wie ich mein Leben leben soll.»

Und natürlich «Ja, aber...». Genau: Ihr Ego ist der Teil Ihrer Persönlichkeit, der es Ihnen so schwermacht, meinen Ratschlägen zu trauen, an sie zu glauben und sie zu befolgen. Wenn meine Vorschläge nicht mit dem übereinstimmen, was Ihr Ego von Ihnen verlangt (sich durchzusetzen, sich wie eine Siegerin zu verhalten, vor keiner Auseinandersetzung zurückzuschrecken, keinesfalls jemand anderen die Oberhand gewinnen zu lassen, heute den Erfolg zu wollen, ohne an morgen zu denken), dann gibt dieses Ego Ihnen bestimmt den Rat: «Du mußt dir von diesem Mann nichts erzählen lassen. Der hat vielleicht Nerven, dir vorschreiben zu wollen, was du zu tun hast. Was weiß der denn schon? *Er* muß keine Beziehung mit einem Mann führen und hat mit Sicherheit keine

Ahnung, was es heutzutage bedeutet, eine Frau zu sein.» Auf diese Weise von Ihrem Ego aufgewiegelt, werden Sie mich ständig widerlegen wollen; Sie werden meine Worte verdrehen und Ausnahmen anführen, die allem widersprechen, was ich zu sagen habe. Sie tragen einen Kampf mit mir aus, den Sie gewinnen werden, indem Sie meine Theorien widerlegen oder sich weigern, sie zu akzeptieren. Denn Kampf und Wettbewerb – das ist es, worum es Ihrem Ego geht.

Die Konzentration auf das eigene Ego ist bei den Frauen eine relativ neue Entwicklung. Ihr Ego ist in gleichem Maße gewachsen wie Ihre Unabhängigkeit und Ihr Interesse am beruflichen Erfolg. Diese Entwicklung war in der Welt der Arbeit natürlich sehr wichtig und nützlich. Ohne ein starkes Ego gibt es kein Konkurrenzverhalten, und das brauchen Sie, um auf der Karriereleiter hinaufzusteigen. In einem Bereich, der vormals eine reine Männerdomäne war, war es sehr hilfreich, auf die Stimme Ihres Egos zu hören. Aber Sie haben diese Stimme allzu ernst genommen. Sie haben begonnen, auch in solchen Situationen auf Ihr Ego zu hören, in denen es angebrachter gewesen wäre, auf die Stimme der Frau zu hören, die Sie wirklich sind.

Die Stimme Ihres Egos gibt Ihnen das Gefühl, stark, unerschrocken und unverletzlich zu sein. Aber Ihre eigentlich weibliche Stärke, Ihre eigentlichen Kraftquellen in einer Beziehung, haben mit Ihrem Ego nichts zu tun. Und leider kommen Sie, wenn Sie sich von Ihrem Ego an der Nase herumführen lassen, an diese Kraftquellen nicht heran und können Ihre natürlichen Fähigkeiten und Anlagen für die Gestaltung einer Beziehung nicht nutzen. Sie können keine erfüllte Beziehung mit einem Mann führen, wenn Sie sich – wie die Männer – von Ihrem Ego Vorschriften machen lassen.

Das Ego des Mannes

Für einen Mann ist das Ego die treibende Kraft seines Lebens. Es bringt ihn dazu, morgens aufzustehen, aus dem Haus zu gehen und das zu tun, was er tun muß. Es verleiht ihm den Mut und den Willen zum Wettkampf. Da dieser Wettkampf seine oberste Priorität ist, braucht er die Motivation durch sein Ego. Wenn sein Ego ihn nicht antreibt und ihm sagt: «Du bist der Größte. Du schaffst es. Niemand kann dich aufhalten», dann ist ein Mann gänzlich verloren. Mit Hilfe seines Egos, das ihn davon überzeugt, daß er seine kühnsten Träume verwirklichen kann, ist ein Mann in der Lage, Erstaunliches zu vollbringen. Er kann sportliche Wettkämpfe gewinnen, Wolkenkratzer bauen, Maschinen erfinden und Stunde um Stunde, Tag für Tag damit zubringen, ein Mittel gegen eine gefürchtete Krankheit zu suchen und letztendlich auch zu finden. Dank seines Egos kann ein Mann auch unglaublich dumme Sachen anstellen, wie zum Beispiel Kriege zu beginnen, sich in einer Kneipe herumzuprügeln oder die Umwelt zu verschmutzen, weil er einen Konkurrenten in der Petrochemie ausschalten will. Er kann aufbauen oder zerstören, Wertvolles leisten oder gewalttätig werden – und das gilt auch für sein Verhalten in einer engen Beziehung mit einer Frau.

Männer können «Killer» oder Helden sein. Wenn Sie Ihre Beziehung so gestalten, daß es sich für Ihren Mann lohnt und daß sein Ego bestätigt wird, dann wird er Ihr Held sein. Er wird Erstaunliches für Sie tun. Aber wenn Sie, von den Einflüsterungen Ihres Egos getrieben, das Ego Ihres Mannes herausfordern oder bedrohen, dann werden Sie erleben, wie er sich gegen Sie wendet. Er will Sie nicht verletzen, aber er wird es tun, weil er gar keine andere Wahl hat, als zu kämpfen. Wenn Sie ihn herausfordern, sich mit Ihnen zu messen und Sie auf seinem Terrain zu schlagen, dann muß er diese Gelegenheit wahrnehmen. Täte er das nicht, verlöre er sein

Gesicht und käme sich wie ein Dummkopf vor. Und wenn er Ihre Herausforderung erst angenommen hat und sich mit Ihnen mißt, dann wird er keinen Gedanken mehr auf die langfristigen Folgen seiner Handlungsweise oder den Schaden, den er der Beziehung zufügen könnte, verschwenden. Wenn er das Gefühl bekommt, Sie könnten ihn schlagen, dann wird er sämtliche Bremsen zugleich ziehen. Er wird alle Mittel und Tricks anwenden, um zu siegen oder um wenigstens eine Niederlage zu verhindern.

Auch wenn Sie gelegentlich eine Runde gewinnen, werden Sie, wenn Sie ein Kopf-an-Kopf-Rennen mit dem Ego Ihres Mannes veranstalten wollen, am Ende eine schlimme Niederlage einstecken müssen. Sie selbst versuchen bei solchen Kämpfen lediglich, einen Punkt zu gewinnen oder etwas zu bekommen, von dem Sie glauben, daß es Ihnen in dem entsprechenden Augenblick zusteht. Für Ihren Mann geht es um etwas ganz anderes. Für ihn geht es darum, das, was ihn in Bewegung hält, zu verteidigen und zu schützen. Für ihn steht mehr auf dem Spiel, und sein Ego ist stärker als das Ihre. Wenn Sie mir nicht glauben wollen, dann denken Sie doch einmal an die vielen Gelegenheiten, als Sie mit einem Mann gestritten haben und er rachsüchtige, gemeine und ungerechte Bemerkungen machte, Themen anschnitt, die für Sie tabu waren, und Sie genau dort angriff, wo Sie am verletzlichsten sind. Oft hat er Wochen später, nachdem Sie die Sache längst für bereinigt hielten, das Thema erneut angeschnitten. Das ist die Art, wie Männer in einem Streit reagieren – und wenn sie es tun, dann sind Sie als Frau verletzt und schockiert. Ihr Ego fängt einen Streit an, aber wenn das Ego Ihres Mannes Ihr eigenes Ego niederwalzt, dann nehmen Sie es persönlich. Aber am Ende müssen Sie notgedrungen die Suppe auslöffeln, die Ihr Ego Ihnen eingebrockt hat. Wahrscheinlich wäre es besser, solche Situationen in Zukunft gar nicht erst entstehen zu lassen.

Zwei Egos addiert ergeben keine Beziehung

Wenn Sie Ihr Ego mit in Ihre Beziehung einbringen, dann schaffen Sie eine Wettkampfsituation, aus der nur einer der beiden Partner als «Sieger» hervorgehen kann. Wenn Sie, so wie Helen, recht behalten wollen, dann versuchen Sie Ihrem Mann zu beweisen, daß er unrecht hat. Wenn Sie es darauf anlegen, alles genau dann zu bekommen, wann Sie es wollen, dann nörgeln Sie unablässig, so, wie Rita es tat, oder Sie jammern und beklagen sich, so wie Diana, über Ihr Unglück und versuchen, Ihren Mann zu kontrollieren. Wenn Sie sich von Ihrem Ego beherrschen lassen, dann werden Sie notgedrungen darauf bestehen müssen, daß alles nach Ihrem Willen läuft – selbst wenn alles dagegen spricht, daß diese Methode funktioniert. Sie weigern sich, Ihrem Mann das zu geben, was er sich wünscht, oder Ihre Beziehung nach seinen Vorstellungen zu führen. «Wenn du das tust, dann wird er anmaßend und unverschämt werden und wird versuchen, dich zu beherrschen», flüstert Ihr Ego Ihnen zu. Sie versuchen nicht einmal herauszufinden, ob er tatsächlich so reagieren würde, denn das läßt Ihr Ego nicht zu.

Wenn Ihr Mann etwas sagt oder tut, was Ihnen mißfällt oder womit Sie nicht übereinstimmen – gleichgültig, wie bedeutungslos es auch sein mag –, dann wird Ihr Ego Ihnen nicht erlauben, die Sache einfach auf sich beruhen zu lassen. Ihr Ego sagt: «Du kannst dir das nicht gefallen lassen. Wenn du ihm den kleinen Finger reichst, dann nimmt er die ganze Hand. Er wird mit dir machen, was er will, also weist du ihn besser jetzt sofort in seine Schranken. Er muß für das, was er getan hat, bezahlen.» Sie befolgen die Anweisungen Ihres Egos. Und alles, was Sie auf Geheiß Ihres Egos tun, fordert das Ego Ihres Mannes heraus, bedroht es und verhindert, daß er die nötige Anerkennung und Bestätigung erhält. An diesem Punkt beginnen Ihre Beziehungsprobleme. Ein Mann, der sich in seinem Ego von Ihnen bedroht fühlt, kann Sie nicht

166

lieben, und meistens läuft eine derartige Bedrohung darauf hinaus, daß er versucht, Sie zu verletzen.

Männer sind Sklaven ihres Egos. Sie tun alles, was erforderlich ist, um ihr Ego zu bestätigen oder zu schützen. Ob Ihnen das nun gefällt oder nicht, ob Sie es glauben wollen oder nicht: so sind die Männer. Sie sind so geprägt. Obwohl sie sich nicht ausschließlich egoistisch, streitbar und selbstsüchtig verhalten, können sie ihr Ego doch nicht ignorieren oder es wirklich aus dem Weg schaffen.

Sie als Frau können das. In Ihrer Persönlichkeit gibt es noch andere Facetten, die Sie nutzen können, andere, verläßlichere, innere Stimmen, auf die Sie hören können. Sie verfügen über eine breite Palette von Fähigkeiten, und Sie haben es deshalb, was Beziehungen betrifft, nicht nötig, Ihr Ego zu bestätigen. Wenn Sie diese besonderen Fähigkeiten jedoch nicht nutzen wollen und statt dessen Ihr Ego und Ihr Konkurrenzdenken in die Beziehung einbringen, dann werden Sie unvermeidlich sehr viel Ärger bekommen.

Wenn in einer Beziehung zwei Egos um die Oberherrschaft kämpfen, dann ist das ungefähr so, als sperrten Sie zwei Kampfhunde in denselben Zwinger. Die Hunde würden so lange kämpfen, bis einer den anderen totgebissen hat. Zwei Egos in einer Beziehung verhindern das Entstehen einer innigen Bindung, weil Egos nichts anderes können, als zu kämpfen. Und wenn Sie es in einer ernsthaften Beziehung immer wieder darauf anlegen zu kämpfen, dann werden Sie immer wieder die Verliererin sein. Selbst wenn Sie gewinnen, werden Sie am Ende verlieren, weil Ihre Beziehung unweigerlich in Mitleidenschaft gezogen wird.

Hier ist also die schlechte Nachricht: In einer ernsthaften, engagierten Beziehung mit einem Mann ist absolut kein Platz für diese Art von Ego. Wenn Sie etwas für dieses Ego tun wollen, dann versuchen Sie, in anderen Bereichen Anerkennung und sofortige Bestätigung zu erhalten. In einer Beziehung sollte es schweigen. Um eine solche Beziehung aufzubauen und um 95 Prozent Ihrer Beziehungsprobleme zu lösen (und auch mit dem Rest fertigzuwerden), halten Sie dieses Ego aus Ihrer Beziehung heraus und nutzen Sie statt dessen Ihr beachtliches Talent und Ihre Fähigkeiten zur Gestaltung der Beziehung. So verhindern Sie, daß das Ego Ihres Mannes Sie oder Ihre Beziehung zerstört.

Ja, aber . . . Ja, aber . . . Ja, aber . . .

Eine Beziehung ohne ihr Ego zu führen – das ist eine der Vorstellungen, die die Frauen auf den Sterling-Frauen-Wochenenden nur sehr schwer akzeptieren können. Immer wieder fordern Sie mich heraus und versuchen, mit mir zu streiten. Meistens hören sie mir nicht genau zu und protestieren gegen etwas, von dem sie glauben, daß ich es gemeint hätte. Für den Fall, daß auch Sie vor Wut beinahe platzen oder am liebsten alles verwerfen wollen, was ich gesagt habe, möchte ich Ihnen noch einmal erklären, worum es mir geht.

Wenn ich sage, daß Sie Ihr Ego aus Ihrer Beziehung heraushalten sollen, dann meine ich *nicht*, daß Sie Ihrem Mann in jeder Hinsicht nachgeben, alle Ihre Überzeugungen aufgeben und von Ihrem Mann auf sich herumtrampeln und sich übervorteilen lassen sollen. Wenn Sie Ihr Ego aus dem Weg schaffen sollen, dann bedeutet das *nicht*, daß Sie für Ihren Mann eine Art Fußmatte sind, auf der er nach Belieben herumtrampeln kann. Es bedeutet *nicht*, daß Sie nie das bekommen, was Sie sich wirklich von Ihrer Beziehung erhoffen. Sie *sollen* das bekommen, was Sie wollen, aber das wird Ihnen nicht gelingen, wenn Sie sich von Ihrem Ego bestimmen und beherrschen lassen.

Selbst wenn Sie das Ego Ihres Mannes mit Erfolg unterdrücken, niedermachen und besiegen, haben Sie am Ende doch weniger, als Sie sich anfangs wünschten. Sie zähmen Ihren Mann. Sie schmälern seine Lebensfreude. Sie demüti-

gen ihn und zerstören sein Ego – auch wenn Sie sich ursprünglich einen Mann mit Ego gewünscht haben. Sie wollten einen
Mann fürs Leben, der erfolgreich, ehrgeizig, selbstbewußt,
stabil, zuverlässig und noch vieles mehr ist. Ein solcher Mann
braucht sein Ego. Es hat aus ihm den Mann gemacht, den Sie
lieben – warum wollen Sie es ihm also nehmen?

Ihr Ego ist *nicht* Ihre Identität!

Ihr Ego aus dem Weg zu schaffen, bedeutet *nicht*, daß Sie Ihre
Gefühle und Wertvorstellungen ignorieren müssen oder daß
Sie Ihre Integrität verlieren. Ihr Ego hat mit alledem nichts zu
tun. Ihre Gefühle und Ihre Wertvorstellungen sagen Ihnen
ganz andere Dinge als Ihr Ego. Sie verlangen nicht von Ihnen,
überlegen, etwas Besonderes, einzigartig, beachtet und
selbstsüchtig zu sein. Sie zwingen Sie auch nicht, mit einem
Mann zu wetteifern, um sich selbst zu beweisen. Lernen Sie,
diesen Unterschied wahrzunehmen, damit Sie nicht mehr auf
Ihr Ego hören müssen und aus anderen, stärkeren inneren
Quellen schöpfen können.

Eine Beziehung ohne diese Art von Ego zu führen bedeutet
auch nicht, daß Sie völlig selbstlos sein sollen. Dieses Ego ist
nicht Ihre Identität. Es ist nicht das, was Sie als Persönlichkeit
ausmacht. Es spricht mit einer männlichen Stimme zu Ihnen,
nicht mit einer weiblichen. Es sieht die Dinge aus einer anderen Perspektive als Ihr wahres Selbst. Es kennt Ihr wahres
Selbst nicht einmal. Es hält sich für etwas Besseres und setzt
alle möglichen Erwartungen in Sie, und wenn Sie diesen
Erwartungen nicht entsprechen können, dann schmälert das
Ihr Selbstvertrauen. Wenn Sie auf dieses Ego hören, dann
werden Sie all das zerstören, was für Sie von wirklichem Wert
ist.

Versuchen Sie zu erkennen, wann dieses Ego auf der Bildfläche erscheint. Erkennen Sie seine Sprache, wenn es sich –

statt Ihres wahren Selbst – zu Wort meldet. Eines der Anzeichen dafür, daß dieses spricht, ist es, wenn Sie Ihrem Mann erzählen, was er besser machen könnte, wenn Sie seine Liebe auf die Probe stellen, sich beklagen, daß er Sie nicht glücklich macht, oder die Dinge kritisieren, die er für Sie tut. Wenn Ihr Mann Sie nicht glücklich macht, ohne daß Sie ihn darum bitten oder ihm sagen müssen, wie er es anstellen soll, dann ist er entweder nicht der richtige Mann für Sie, oder Sie haben Ihre Beziehung in die falsche Richtung gelenkt.

Wann immer die Stimme Ihres Egos sich gewaltsam Gehör verschaffen will, halten Sie inne. Denken Sie an das, was Sie wirklich wollen, an das, was für Sie als Frau Bedeutung hat. Fragen Sie sich, was für den Erfolg und das Bestehen Ihrer Beziehung auf die Dauer das beste ist. Und dann verhalten Sie sich entsprechend. Das wird nicht immer leicht sein. Es wird nicht immer angenehm sein. Aber es funktioniert. Denn eine Beziehung ist eine Kunst, die bestimmte Opfer und gelegentlich auch den Verzicht auf sofortige Bestätigung erfordert.

Bringen Sie sein Ego auf Ihre Seite

Das männliche Ego ist wie ein Straßenköter, der jeden anfällt, der in sein Territorium eindringt und ihn in irgendeiner Form zu bedrohen scheint. Aber dieser Straßenköter wird die Hand, die ihn füttert, nicht beißen, und er wird die Person, die seine Bedürfnisse befriedigt, nach Kräften zu schützen versuchen. Mit diesem Bild vor Augen werden Sie das Ego Ihres Mannes besser einschätzen können. Denken Sie daran, daß es ein zerstörerischer Feind sein kann, respektieren Sie es, und vermeiden Sie die Konfrontation mit ihm, damit es sich nicht veranlaßt sieht, Sie zu bekämpfen oder Ihre Beziehung zu zerstören. Halten Sie den Kampfgeist Ihres Mannes am Leben, aber sorgen Sie dafür, daß er *für* Sie und Ihre

Beziehung kämpft – und nicht *dagegen*. Finden Sie heraus, was Ihr Mann will, und geben Sie es ihm – *wann* er es will, und so, *wie* er es will.

Wenn Sie bereits eine längere Beziehung führen, dann wissen Sie, was Ihr Mann will. Ich weiß, daß Sie es wissen, denn es ist das, was Sie ihm vorsätzlich *nicht* geben. Es sind die Bestätigungen, die Sie ihm verweigern. Es sind die Dinge, über die Sie streiten. Er will am Sonntag bis mittags im Bademantel herumlaufen, aber Sie verlangen von ihm, daß er sich anzieht, oder Sie laden Gäste zum Frühstück ein, so daß er sich anziehen muß. Er mag es nicht, wenn Sie sich beklagen. Jedesmal, wenn Sie jammern, schweigt und schmollt er hartnäckig. Und was tun Sie dann? Sie beklagen sich über sein Schweigen und seine schlechte Laune. Er haßt es, wenn Sie ihn auf Parties bloßstellen. Dann sagen Sie sogar: «Er haßt es, wenn ich das tue» – und tun es trotzdem. Oder Sie wissen, daß Ihr Mann nach der Arbeit mindestens eine Stunde Zeit braucht, um sich zu erholen, aber Sie fallen, sobald er zur Tür hereingekommen ist, mit all Ihren Problemen über ihn her. Dann sind Sie verletzt und fühlen sich zurückgestoßen, weil er anscheinend kein großes Interesse zeigt und Ihnen keine Unterstützung anbietet, obwohl er Ihnen in Wirklichkeit sehr wohl zugehört hätte, wenn Sie ihm nur eine einzige Stunde der Erholung zugestanden hätten.

Es wird Ihnen nicht weh tun, wenn Sie Ihrem Mann das geben, was er will. Seine fundamentalen Bedürfnisse sind sehr einfach, und wenn Sie sich den richtigen Mann ausgesucht haben, dann müssen Sie Ihre Wertvorstellungen nicht verleugnen oder Ihre eigenen, wahren Bedürfnisse opfern, um die seinen zu befriedigen.

Was funktioniert: Acht Ego-lose Wege, um Ihre Beziehung zu managen

1. *Eine langfristige, engagierte, enge Beziehung verträgt keinen Wettbewerb.* Geben Sie jedes Konkurrenzdenken auf. Andernfalls spielen Sie mit dem Feuer – und Sie werden sich verbrennen. Ein Mann kann in seiner Beziehung keinen Wettbewerb und keine Konflikte gebrauchen. Davon hat er in allen anderen Lebensbereichen mehr als genug. Wenn Sie ihn dennoch herausfordern, dann wird er diese Herausforderung annehmen und alles tun, um als Sieger daraus hervorzugehen. Am besten ist es, Sie fangen gar nicht erst damit an – ihn auf Dinge aufmerksam zu machen, von denen Sie mehr verstehen als er, ihn daran zu erinnern, was er nicht kann, oder damit anzugeben, wie wunderbar Sie beruflich vorankommen, während seine Karriere gerade auf dem absoluten Tiefpunkt ist. Schlucken Sie den Satz «Das habe ich dir doch gleich gesagt» hinunter, und hören Sie auf, ihm zu beweisen, daß er im Unrecht ist. Und wenn er einen Streit anfängt, dann helfen Sie ihm, seine aggressive Stimmung zu überwinden.

2. *Sorgen Sie dafür, daß er aus jeder Meinungsverschiedenheit als Sieger hervorgeht.* Wenn Sie mit Ihrem Mann *streiten*, dann haben Sie die Situation in irgendeiner Weise aus dem Ruder laufen lassen. Dann haben Sie sein Ego gereizt oder angegriffen; und warum wollen Sie das Problem noch vergrößern und den Konflikt eskalieren lassen, indem Sie ihn übertrumpfen? Schenken Sie Ihrem Ego kein Gehör – in Wirklichkeit kostet es Sie überhaupt nichts, wenn Sie Ihren Mann gewinnen lassen. Es könnte aber Ihre Beziehung retten. Statt den Kampf bis zur völligen Erschöpfung auszufechten, sollten Sie auf den augenblicklichen Sieg lieber verzichten, damit Sie den Krieg gewinnen. Hören Sie auf zu kämpfen. Sagen Sie Ihrem Mann, daß er in gewisser

Weise recht hat, daß Sie seine Sichtweise in mancherlei Hinsicht akzeptieren können, vielleicht sogar, daß er im Recht ist. Dann überdenken Sie die Situation noch einmal, um festzustellen, ob der Anlaß der Auseinandersetzung tatsächlich von solcher Bedeutung für Sie war. Falls ja, finden Sie eine andere Möglichkeit, um sich durchzusetzen, ohne das Ego Ihres Mannes herauszufordern oder es zu bedrohen. Wenn das Thema nicht von wesentlicher Bedeutung ist, dann lassen Sie es fallen. Es ist sehr effektiv, einen Streit zu verlieren. Es bringt Ihnen möglicherweise keine Punkte ein, aber es funktioniert.

3. *Nehmen Sie zum Ego Ihres Mannes Kontakt auf.* Finden Sie heraus, was diesem Ego guttut und wovon es sich bedroht fühlt. Kümmern Sie sich liebevoll darum. Wann immer sich die Gelegenheit dazu bietet, geben Sie ihm Streicheleinheiten. Vermeiden Sie es, das Ego Ihres Mannes zu provozieren. Wenn Sie nur fünfzehn und höchstens fünfundvierzig Minuten am Tag darauf verwenden, auf das Ego Ihres Mannes einzugehen, dann wird er Sie glücklich machen und Ihre Beziehung wird erfolgreich sein.

4. *Helfen Sie Ihrem Mann erst dann, wenn er Sie darum bittet*, und legen Sie auch dann keinen Übereifer an den Tag. Wenn Sie sich zu schnell einschalten, um etwas für ihn zu tun, oder zuviel für ihn tun (vor allem dann, wenn es sich um Dinge handelt, zu denen er sehr gut auch selbst in der Lage ist), dann vermitteln Sie ihm schnell den Eindruck, Sie trauten ihm nicht zu, es selbst zu tun. Auf diese Weise verschaffen Sie sich selbst zwar das angenehme Gefühl, hilfreich zu sein und Ihren Mann zu beherrschen, aber er kommt sich unfähig und nutzlos vor. Statt sein Ego zu stärken, schwächen Sie es. Wenn Sie merken, daß Ihr eigenes Ego befriedigt ist, wenn Sie beispielsweise denken: «Ist das nicht nett von mir? Ich stelle meine eigenen Be-

dürfnisse zurück, um ihm zu helfen», dann wissen Sie, daß Sie zuviel oder aus den falschen Beweggründen helfen.

5. *Hören Sie auf, Punkte zu zählen*. Das ist Energieverschwendung. Wenn Sie sich wirklich für Ihre Beziehung engagieren, dann haben Sie es nicht nötig, alles aufzulisten, was Sie für Ihren Mann tun und was er für Sie tut, und dann die Gesamtsummen zu vergleichen, damit Sie auch auf keinen Fall mehr geben als Sie bekommen. Ihre Beziehung ist kein Wettkampf. Wenn Sie Ihren Aufgaben nachkommen und Ihr Mann die seinen erledigt, dann werden Sie die Beziehung haben, von der Sie schon immer träumten.

6. *Stellen Sie einem Mann niemals ein Ultimatum*. Er wird sich mit Sicherheit dafür rächen.

7. *Ermutigen Sie Ihren Mann, sich ohne Sie mit anderen Männern zu treffen*. Gönnen Sie ihm seine Clubs, seine Skatabende, seine Sportausflüge oder was für Aktivitäten auch immer, denen er gern mit anderen Männern nachgeht. Zwar stört es viele moderne Frauen, wenn Ihre Männer etwas allein unternehmen, aber den Männern selbst tut das sehr gut. Wenn Männer ihren «männlichen Aktivitäten» nachgehen können, dann hilft ihnen das, sich zu entspannen und neue Energien zu tanken – und dadurch wird auch Ihre eigene Aufgabe auf Dauer erleichtert.

8. *Denken Sie daran, warum Sie sich in diesen Mann verliebt und ihn als Ihren Lebensgefährten ausgewählt haben*. Schließlich hat er Sie nicht dazu gezwungen, eine Beziehung mit ihm einzugehen. Sie haben ihn ausgesucht, und Sie müssen sich in Erinnerung rufen, *warum* Sie das getan haben. Entdecken Sie die Dinge neu, die Sie damals, als Sie ihn auswählten, in ihm gesehen haben. Wenn Sie mit

dem richtigen Mann zusammen sind – und viele von Ihnen sind es, trotz aller Probleme, die Sie augenblicklich in Ihrer Beziehung haben, tatsächlich! –, können Sie Ihre Beziehung wieder auf den richtigen Weg bringen, indem Sie sich daran erinnern, warum Sie sich damals in diesen Mann verliebten, und indem Sie den Dingen, die Sie an ihm liebten, mehr Bedeutung zumessen als denen, die Sie an ihm stören.

Der Weg zum Erfolg beginnt beim Auswahlprozeß

Alles, was ich Ihnen bisher vorgeschlagen habe, funktioniert. Es führt zu einer erfolgreichen, dauerhaften Beziehung mit einem Mann – allerdings nicht mit jedem beliebigen Mann. Die meisten meiner Ratschläge werden Ihnen überhaupt nichts nützen, wenn Sie sich den falschen Mann auswählen. Bevor Sie sich auf eine ernsthafte, engagierte Beziehung einlassen, müssen Sie sich zuerst fragen:
«Wer ist dieser Mann?»
«Was braucht er, was will er, was erwartet er von einer Frau und von einer Beziehung?»
«Ist es mir, in Anbetracht des Charakters dieses Mannes und in Anbetracht seiner persönlichen Ansichten, möglich, eine dauerhafte, engagierte Beziehung zu seinen Bedingungen einzugehen, ohne meine eigenen Grundsätze zu verraten und ohne meine Bedürfnisse und Wünsche aufzugeben?»

Im folgenden Kapitel werde ich Ihnen die wirksamste Methode zeigen, um auf diese Fragen eine Antwort zu bekommen, und Ihnen verraten, worauf Sie bei einem potentiellen Lebensgefährten achten müssen.

10
Wie man einen Partner
fürs Leben auswählt

Doris

Als ich Doris, 27, Physiotherapeutin, kennenlernte, war sie mit Ben, 30, der im Gastronomie- und Großhandelsunternehmen seiner Eltern arbeitete, seit fast einem Jahr zusammen. Ihre erste Begegnung hatte in dem Fitneßcenter stattgefunden, in dem sie beide regelmäßig trainierten. «Ich strampelte mich gerade in meinem ausgebeulten Jogginganzug auf dem Fitneßfahrrad ab, als dieser umwerfende Mann sich an das Gerät neben mir setzte und eine Unterhaltung mit mir begann.» Doris war begeistert, als sie feststellte, daß dieser Mann noch einiges mehr zu bieten hatte als sein fabelhaftes Äußeres. «Ich glaube, er war der geistreichste, charmanteste und wortgewandteste Mann, dem ich jemals begegnet bin.»

Nach einigen weiteren, mehr oder weniger zufälligen Begegnungen im Sportstudio begannen sie, sich regelmäßig zu treffen. Ben umwarb Doris mit zärtlichen und romantischen Gesten, und Doris verliebte sich in ihn. Alles an ihm faszinierte sie. «Er ist intellektuell und steht gleichzeitig mit beiden Beinen auf dem Boden der Tatsachen; er kann sehr ernsthaft sein, nimmt sich selbst aber nicht allzu ernst. Er gibt mir das Gefühl, die aufregendste und begehrenswerteste Frau der Welt zu sein. Es kommt mir wie ein Wunder vor.» Aber Doris, die schon einige «fast» dauerhafte Beziehungen hinter sich hatte, war dennoch vorsichtig. «Ich wollte zwar in Ben den Mann sehen, mit dem ich den Rest meines Lebens verbringe. Aber ich ließ mich von meiner Verliebtheit nicht völlig blenden.»

Als Doris und Ben sich näherkamen und immer mehr Zeit miteinander verbrachten, bemühte sie sich wohlweislich, «die Augen offenzuhalten und die Realität nicht aus den Augen zu verlieren». Aus ihrer relativ realistischen Perspektive sah Doris «ganz, ganz viele» Dinge, die sie an Ben liebte, aber auch ein paar «kleine Probleme». Eines davon war die Art, wie man in seiner Familie mit Frauen umging.

«Bevor Ben mich zum ersten Mal seiner Familie vorstellte, warnte er mich, daß sie sehr konservativ und altmodisch sei. Und offensichtlich hatte er damit die Wahrheit gesagt. Die Frauen waren freundlich und redselig, wenn sie unter sich waren, aber sobald die Männer auf der Bildfläche erschienen, taten sie kaum noch den Mund auf. Als ich mich bei Tisch in die Unterhaltung einschalten wollte, ignorierten mich die Männer und warfen Ben einen Blick zu, der zu besagen schien, daß er mich nicht ausreichend unter Kontrolle habe. Von da an versetzte Ben mir jedesmal unter dem Tisch einen Tritt, wenn ich den Mund aufmachen wollte.» Natürlich war Doris von diesen Verhältnissen nicht gerade begeistert, aber sie sagte sich, daß diese Einstellung in Bens Familie wahrscheinlich üblich sei und daß einfach noch niemand in Erwägung gezogen habe, etwas daran zu ändern. Es würde sie schließlich nicht umbringen, sich dann und wann für ein paar Stunden einfach zurückzuhalten, einfach einmal ein «Nichts» zu sein, sagte sie sich. Aber dann mußte sie feststellen, daß auch Ben sie manchmal wie ein «Nichts» behandelte.

«Wenn er auf der Straße jemanden trifft, den ich nicht kenne, dann stellt er mich nicht vor. Er führt eine angeregte Unterhaltung, während ich danebenstehe.» Doris behauptete, es bliebe ihr keine andere Wahl, als «danebenzustehen», weil Ben ihre Versuche, auf sich aufmerksam zu machen, ignorierte und ärgerlich wurde, wenn sie weiterging. «Es macht mir nicht wirklich etwas aus. Ich schätze, daß ein wenig von der Macho-Einstellung seiner Familie auf ihn abgefärbt hat, aber ich versuche, das nicht allzu ernst zu nehmen.»

Wenn sie gemeinsam einen Schaufensterbummel machten oder ein Museum besuchten und Ben weitergehen wollte, räusperte er sich oder tippte Doris auf die Schulter, damit sie ihm unverzüglich folgte. Wenn sie mit dem Auto unterwegs waren, er am Steuer saß und sie sich verfuhren, durfte Doris keinen Ton sagen, bis Ben den richtigen Weg gefunden hatte – natürlich ohne jemanden zu fragen oder einen Blick auf die Karte zu werfen. «Wenn jedoch ich am Steuer sitze, und wir nicht mehr wissen, wo wir sind, dann hält er natürlich nicht den Mund.» Aber sie ließ sich auch von diesen «kleinen Macken» nicht verrückt machen. Auch was Bemerkungen über andere Männer anging, so harmlos sie auch sein mochten, hatte sie ihre Lektion gelernt.

«Einmal habe ich den Fehler begangen zu erwähnen, daß einer der Ärzte, mit denen ich zusammenarbeitete, ein richtiger Schürzenjäger ist. Ben läßt das bis heute keine Ruhe. Wenn ich ihm erzähle, daß ich einen angenehmen Arbeitstag hatte, fragt er sofort: ‹Hat dieser Arzt wieder mit dir geflirtet? War dein Tag deshalb so gut?› Das ist nun wirklich an den Haaren herbeigezogen, aber ich führe es auf seine Unsicherheit zurück und versuche, es nicht allzu ernst zu nehmen.»

Je länger Doris jedoch ihre Beziehung mit Ben beschrieb, um so mehr «kleine» Probleme deckte sie auf. Wenn sie sie isoliert betrachtete, dann konnte sie über Bens Macken und Angewohnheiten lachen, aber sie stellte fest, daß alle Probleme zusammengenommen doch zeigten, daß sich Abgründe zwischen ihnen auftaten. Ben erwartete, genau wie die anderen männlichen Mitglieder seiner Familie, daß die Frau sich dem Mann unterwarf, sich in gemischter Gesellschaft zurückhaltend verhielt, die vermeintliche Überlegenheit des Mannes in bestimmten Situationen anerkannte und jede Art von Macho-Verhalten akzeptierte. Er würde das von jeder Frau erwarten, mit der er eine Beziehung führte, aber Doris war auf solche Erwartungen nicht eingestellt. Das hieß nicht, daß sie damit nicht leben konnte. Allerdings war es jetzt an der Zeit, sich zu überlegen, ob sie Bens Persönlichkeit und seine Einstellungen auf Dauer akzeptieren könnte oder nicht.

Doris mußte sich jetzt gründlich prüfen, ob sie damit leben konnte, wenn Ben sie weiterhin als etwas betrachtete und behandelte, das weniger wert war als ein Mann. Würde sie auf Dauer mit seiner Einstellung zurechtkommen und seinen Erwartungen entsprechen können? Würde sie in einem Haushalt, in dem sie sich Ben unterwerfen mußte, Kinder aufziehen wollen? Sie mußte sich selbst gegenüber jetzt wirklich vollkommen ehrlich sein, denn davon hing die Zukunft ihrer Beziehung ab. Wenn sie es nicht zulassen konnte, daß Ben so war, wie er war, dann würde sie auf Dauer keine gute Beziehung mit ihm führen können. Es war besser für Doris, sich mit den Tatsachen *jetzt* auseinanderzusetzen, als in zwei, fünf oder zehn Jahren.

Eine gute Managerin sucht sich Leute, mit denen sie zusammenarbeiten kann

Ob es sich nun um die Geschäftswelt handelt oder um eine Beziehung – für eine Managerin ist es entschieden einfacher, erfolgreich zu sein, wenn sie für bestimmte Arbeiten die richtigen Leute einstellt. Deshalb werden im Arbeitsleben die möglichen Kandidaten für einen verantwortungsvollen Posten auch so gründlich und sorgfältig geprüft. Auf diese Weise werden zukünftige Schwierigkeiten vermieden, denn eine Managerin, die Erfolg haben will, stellt Leute ein, die fähig und willig sind, die entsprechenden Aufgaben zu bewältigen. Nun, wenn Sie in dieser Weise vorgehen, können auch Sie es vermeiden, Ihr Leben lang zu kämpfen, sich anzustrengen und schließlich bei dem Versuch, Ihren Mann zu ändern, zu scheitern. Sorgen Sie dafür, daß Ihre Beziehung von Anfang

an die besten Aussichten auf Erfolg hat – indem Sie den
richtigen Mann aussuchen.

Beginnen Sie mit einer klaren Vorstellung von der Bezie-
hung, die Sie sich wünschen. Entwickeln Sie eine detaillierte
Vision, die alle Elemente enthält, die ich im zweiten Kapitel
bereits beschrieben habe. Eine dauerhafte, engagierte Bezie-
hung mit einem Mann ist Ihr künstlerisches Ausdrucksmittel,
Ihr Meisterwerk. Dafür benötigen Sie zunächst einen Ent-
wurf, damit Sie wissen, worauf Sie bei der Auswahl eines
Lebensgefährten achten müssen. Ohne diesen Entwurf gehen
Sie ein großes Risiko ein. Wenn Sie auf der Suche nach einem
Mann nach der Devise «sofort kaufen, später bezahlen» vor-
gehen, laufen Sie Gefahr, für den Rest Ihres Lebens Ihre
Beziehung dauernd reparieren zu müssen.

Ich möchte, daß Sie besonnen vorgehen – indem Sie Ihre
Vision einer dauerhaften Beziehung im Kopf behalten und
den Aufgabenbereich und die Qualitäten, die Ihr Lebensgefährte haben sollte, genau definieren. *Dann* erst halten Sie
Ausschau nach dem entsprechenden Mann. Suchen Sie einen
Mann, der schon jetzt all das hat, womit er Sie zufriedenstellen kann, dessen Charakter, Anlagen, Erwartungen und Gewohnheiten mit Ihren Bedürfnissen, Wertvorstellungen und
Ihrer Vision einer Beziehung übereinstimmen.

Seien Sie wählerisch. Sie können sich nicht mit weniger
zufriedengeben, als Sie brauchen. Wenn Ihnen etwas außerordentlich wichtig ist (sei es Ihre Karriere, Ihr politisches
Engagement oder Marathonläufe), dann sollten Sie das nicht
aufgeben müssen. Der Mann, mit dem Sie sich ernsthaft
einlassen, muß darauf nicht genauso versessen sein wie Sie.
Er muß nicht einmal Interesse dafür aufbringen. Aber Sie
müssen in jedem Fall herausfinden, ob er Sie daran hindern
oder es Ihnen schwermachen würde, Ihrer Leidenschaft zu
frönen. Wäre das der Fall, dann wäre es gewiß keine kluge
Entscheidung, sich mit diesem Mann ernsthaft einzulassen.

Seien Sie realistisch. Schätzen Sie sich selbst und das, was

Sie einem Mann bieten können, richtig ein. Sie müssen der Tatsache ins Gesicht sehen, daß Sie keinen Rolls-Royce fahren können, wenn Ihr Geld nur für einen Ford reicht. Wenn Sie fünfunddreißig sind und zwei Kinder haben, dann können Sie nicht mit einer zwanzigjährigen Millionenerbin konkurrieren. Wenn Sie auf dem Land leben, sind Ihre Chancen, einen Filmstar oder den Prince of Wales kennenzulernen, relativ gering. Das heißt nicht, daß Sie nicht vielleicht doch einem umwerfenden Mann begegnen können, der genau der Richtige für Sie ist und Ihnen alles geben kann, was Sie für Ihre Beziehung brauchen. Sie müssen Ihre Möglichkeiten nur realistisch einschätzen und entsprechend Ihre Maßstäbe ansetzen.

Seien Sie anspruchsvoll, aber nicht zu sehr. Es gibt in der Welt jede Menge großartiger Männer, die das richtige Material für Ihr künstlerisches Meisterwerk hergeben könnten, wenn Sie das nur zulassen würden. Aber es gibt keine perfekten Männer. Sie dürfen Ihre Maßstäbe nicht so hoch ansetzen, daß kein Mann auf Erden ihnen entsprechen kann. In diesem Fall müssen Sie sich fragen, ob Sie vielleicht Angst vor Nähe haben. Sie gehen möglichen Risiken aus dem Weg, vermeiden es, Opfer zu bringen oder sich selbst in dieser Beziehung zu engagieren. Sie machen es sich leicht, indem Sie sagen: «Es gibt einfach keine anständigen Männer mehr.» Obwohl viele Qualitätsmerkmale, die Ihren Lebensgefährten auszeichnen sollten, wenig oder gar nichts mit der Fähigkeit, eine erfolgreiche, dauerhafte Beziehung zu führen, zu tun haben, behaupten Sie, daß der Mann, der Ihrer Vision entsprechen würde, nicht existiert. Ich behaupte, daß es ihn doch gibt. Er läuft irgendwo da draußen herum. Sie haben nur Angst, ihm zu begegnen. Oder Sie suchen ihn nicht am richtigen Ort.

Der Mann, der Ihr Lebensgefährte werden könnte, wird nicht eines Tages vor Ihrer Haustür stehen. Er wird auch wahrscheinlich nicht plötzlich in Ihrem Büro auftauchen. Um den Mann zu finden, den Sie wollen, müssen Sie hinausgehen und ihn suchen. Sie müssen Männer kennenlernen. Sie müssen mit Männern ausgehen. Vielleicht müssen Sie mit vielen Männern ausgehen, bevor Sie einen finden, der als Kandidat für *ihre* Beziehung in Frage kommt. Das ist genauso, als wenn Sie mögliche Bewerber für einen Job zunächst am Telefon befragen und sie dann zu einem persönlichen Gespräch einladen. Bei manchen Bewerbern wissen Sie sofort, daß sie für den Posten nicht geeignet sind, und Sie verschwenden weder deren noch ihre eigene Zeit, um sie genauer unter die Lupe zu nehmen. Wenn Sie die Zeit haben und es Ihnen Spaß macht, dann können Sie sich natürlich gelegentlich mit Männern treffen, von denen Sie wissen, daß sie nicht das richtige Material für ihre Beziehung sind. Aber wahrscheinlich sind Sie eine vielbeschäftigte Frau, die mit einem Mann, von dem sie nach ein, zwei oder fünf Begegnungen weiß, daß er nicht der Richtige für sie ist, keine Zeit verlieren möchte. Lassen Sie ihn laufen und suchen Sie weiter.

Nehmen Sie die Auswahl Ihres Lebensgefährten ernst. Das heißt nicht, daß die Suche Ihnen keinen Spaß machen soll oder daß der Prozeß des Kennenlernens nicht eine vergnügliche Sache sein kann. Sie müssen sich nur stets vor Augen halten, daß eine bedeutsame Entscheidung ansteht, eine der wichtigsten Entscheidungen Ihres Lebens. Sie dürfen das Ganze nicht als Spiel ansehen, es dem Zufall überlassen, welche Männer Sie treffen, und dabei hoffen, daß Ihnen eines Tages schon der Richtige über den Weg laufen wird. Sie müssen zielstrebig und diszipliniert vorgehen. Wenn Sie einen Mann finden, der das richtige Material für Ihre Beziehung zu sein scheint, finden Sie heraus, wer er ist, was er ist, was er will und was er von einer Frau und einer Beziehung erwartet. Bringen Sie soviel wie möglich über seinen Charakter, seine Anlagen, seine Verhaltensweisen, Ansichten und Erwartungen in Erfahrung; finden Sie heraus, ob Sie diesen Mann so akzeptieren können, wie er ist, ihn so lieben können,

wie er ist, und ihm das geben können, was er will – und zwar
ohne Ihre eigenen Grundsätze verleugnen zu müssen, und
ohne den Gedanken im Hinterkopf, daß Sie ihn später immer
noch ändern können. Finden Sie alles Wichtige heraus, bevor
Sie sich ernsthaft mit ihm einlassen. So bauen Sie ein starkes,
solides Fundament für Erfolg, Effektivität und Zufriedenheit
in Ihrer Beziehung.

Wie die Beziehung zu einem Mann wirklich klappt

Bevor Sie sich ernsthaft mit einem Mann einlassen,
prüfen Sie, ob seine Bedingungen und Erwartungen
nicht dem widersprechen, was Sie selbst in einer
Beziehung für wesentlich halten.

Kandidaten für den Posten eines Lebensgefährten auf dem Prüfstand

Wenn es um Beziehungen geht, dann ist das «Vorstellungsgespräch» keine Unterhaltung in der Art, wie Sie sie mit Lee
Iacocca führen würden. Iacocca würde Ihnen sagen, was er
von Ihnen erwartet, und Sie würden ihn bitten, Ihnen alles zu
erläutern, was noch unklar ist. Sie können sich nicht mit
einem Mann an einen Tisch setzen und sagen: «Okay, da wir
anscheinend ganz gut zusammenpassen und es so aussieht, als
könnte aus dieser Beziehung etwas werden, laß uns jetzt
einmal über unsere Erwartungen reden. Wie lauten deine
Bedingungen für eine Beziehung?» Ein Mann wird Ihnen
nicht in Worten mitteilen, was er von einer Beziehung erwartet. Er offenbart seine innersten Gedanken und Gefühle nicht
auf verbalem Wege, und wenn es um Ihre Beziehung geht,

dann können Sie sich auf das, was ein Mann sagt, nicht verlassen. Sie müssen, so wie Doris es getan hat, sein Verhalten beobachten und deuten.

Zwar war Doris das damals nicht klar, aber sie führte mit Ben seit dem Augenblick ihrer ersten Begegnung ein «Vorstellungsgespräch». Sie beobachtete die Verhaltensmuster in seiner Familie und folgerte daraus, daß einige der in der Familie herrschenden Ansichten und Gewohnheiten auch auf Ben abgefärbt haben mußten. Sie beobachtete Ben und achtete genau darauf, wie er sie in verschiedenen Situationen behandelte. Im Geiste notierte sie seine Reaktionen auf ihr Verhalten und markierte das, was ihn zu ärgern schien oder sogar wütend machte, mit Rotstift. Da sie die Augen offenhielt, auf dem Boden der Tatsachen blieb und ihre Schlüsse aus Bens Verhalten zog, war Doris in der Lage, alles wahrzunehmen, was er ihr durch sein Verhalten mehrfach und eindringlich mitteilte. Sie beobachtete ihn sorgfältig, bis sie zu dem Schluß kam, daß bestimmte Verhaltensweisen für ihn typisch waren. Schließlich konnte sie die Einzelbeobachtungen zu einem wahrheitsgetreuen Bild zusammensetzen. Folgen Sie Doris' Beispiel, damit auch Sie wissen, woran Sie sind.

Nehmen Sie sich genügend Zeit, um herauszufinden, ob ein bestimmter Mann Ihrer Vorstellung von einer Beziehung entspricht, ohne daß Sie Änderungen an ihm vornehmen müßten. Und während Sie ihn beobachten und ihn kennenlernen, fragen Sie sich, ob Sie mit diesem Mann gemäß seinen Bedingungen und Erwartungen eine erfolgreiche Beziehung führen könnten. Wenn Sie die Bedingungen dieses Mannes nicht akzeptieren und seinen Erwartungen nicht entsprechen können, ohne dabei Ihre eigenen Grundsätze zu verleugnen, dann gehen Sie mit diesem Mann keine ernsthafte Beziehung ein. Es macht keinen Sinn, eine Beziehung mit einem Mann aufbauen zu wollen, der Dinge von Ihnen erwartet, die Sie ihm nicht geben können, und der Ihnen nicht das geben kann, was Sie wollen. Irgendwann werden Sie mit den Gewohnheiten, Ansichten und Erwartungen, die Sie nicht akzeptieren können, konfrontiert werden, und dann werden Sie beginnen, Ihrem Mann vorzuwerfen, daß er so ist, wie er ist. Sie werden versuchen, ihn nach Ihren Vorstellungen zurechtzubiegen, und werden schließlich in das gleiche Schlamassel hineingeraten wie Rita und Fred, Diana und Rick oder einige der anderen Paare, die ich Ihnen vorgestellt habe.

Wenn Sie jedoch einen Mann finden, dessen Ansichten, Erwartungen und Gewohnheiten Sie akzeptieren können, weil sie mit dem, was Sie selbst wollen und brauchen, vereinbar sind, dann haben Sie einen möglichen Kandidaten für den «Posten» des Lebensgefährten gefunden. Mit diesem Mann könnten Sie eine erfolgreiche Beziehung führen. Auf einer intellektuellen, rationalen Ebene wissen Sie, daß Sie mit diesem Mann zurechtkommen können, daß Sie ihn so akzeptieren können, wie er ist, und daß Sie Ihre Beziehung nach seinen Bedingungen und Erwartungen gestalten können.

Aber ist er tatsächlich *der* Mann für Sie? Einige von Ihnen werden sich diese Frage intuitiv richtig beantworten können. Auf der Ebene, die Ihnen eine intuitive Sicherheit vermittelt, werden Sie erkennen, daß gewisse, schwer definierbare Aspekte der einmaligen Persönlichkeit eines bestimmten Mannes zu Ihrer eigenen Persönlichkeit passen wie die Teile eines Puzzles. Sie werden eine Verbindung spüren, die stärker ist als alle Zweifel oder Ängste, und erkennen, daß der Mann, den Sie mögen, respektieren und zu lieben begonnen haben, auch der Mann ist, mit dem Sie den Rest Ihres Lebens verbringen wollen.

Wie Sie den Mann fürs Leben *nicht* auswählen sollten

Entscheiden Sie sich nicht für einen Mann, weil er Sie braucht. Ein Mann, der Sie braucht, gibt Ihnen das Gefühl von Macht und Kontrolle. Sie können für ihn sorgen und sich unentbehrlich machen, wie Carla es mit ihrem zerstreuten Exmann Robert tat. Sie brauchen keine Angst zu haben, ihn zu verlieren, denn er kann ohne Sie nicht leben. Aber ein Mann, der kein wirkliches Selbstvertrauen besitzt, taugt nicht zur Ehe. Sie werden ihn am Ende ablehnen und Ihre Rolle als eine starke Belastung empfinden. Eines Tages werden Sie – wie Carla – beschließen, jetzt müsse sich endlich einmal jemand um *Sie* kümmern. Aber Ihr abhängiger Mann wird dazu nicht in der Lage sein – und Sie werden ihn dafür hassen.

Entscheiden Sie sich nicht nur deshalb für einen Mann, weil er Ihnen im Augenblick Ihre Bedürfnisse erfüllt. Ihre Wünsche ändern sich, und dann ist dieser Mann Ihnen möglicherweise nicht mehr von Nutzen. Sie werden sich weiterentwickeln und dann Ihren Mann dafür verantwortlich machen, daß er Bedürfnisse, die Sie bei der Heirat noch nicht hatten, nicht befriedigen kann.

Entscheiden Sie sich nicht für einen Mann, der Sie ergänzt, der Sie mit all dem versorgt, was Ihnen Ihrer Meinung nach fehlt. Wenn Sie sich ernsthaft mit einem dominanten Mann einlassen, weil Sie selbst häufig schwach sind, oder mit einem intelligenten Mann, weil Sie sich selbst für ungebildet halten, oder mit einem lebenslustigen Draufgänger, weil Sie glauben, daß Sie langweilig und gehemmt sind, dann wird Ihre Wahl durch Ihre Minderwertigkeitskomplexe diktiert. In neun von zehn Fällen bringen Sie sich damit in Situationen, durch die Ihr Selbstwertgefühl noch mehr Schaden erleidet. Dieser Mann wird Sie so behandeln, wie Sie es Ihrer Meinung nach verdient haben, und da Sie ohnehin unter mangelnder Selbstachtung leiden, wird Ihnen das nicht gerade guttun. Ihre

Aussichten, sich in Ihrer Beziehung zufrieden zu fühlen, sind unter diesen Umständen minimal.

Entscheiden Sie sich nicht für einen Mann, weil er Ihnen kurzfristige Bestätigung und momentane Anerkennung bieten kann. Ein hoher sozialer Status, Prestige, sexuelle Anziehungskraft, gutes Aussehen, Begegnungsmöglichkeiten mit reichen und berühmten Leuten oder der Zugang zu allem, was man mit Geld kaufen kann – all diese Dinge sind natürlich etwas sehr Angenehmes, aber kein Grund, sich auf eine dauerhafte Beziehung mit einem Mann einzulassen. Vielleicht sieht die Sache auf Dauer ganz anders aus. Vielleicht verliert er schon morgen seinen hochdotierten Posten, oder er setzt sein Vermögen bei einem undurchsichtigen Immobiliengeschäft aufs Spiel. Der atemberaubend gutaussehende Mann hat in fünf oder zehn Jahren vielleicht schon keine Haare mehr auf dem Kopf oder bekommt einen Bauch. Werden Sie ihn dann noch lieben, akzeptieren und alles Erforderliche für eine erfolgreiche Beziehung tun wollen? Wenn Ihre Entscheidung, sich ernsthaft mit ihm einzulassen, auf Oberflächlichkeiten beruhte oder allein auf einer spontanen Gefühlsaufwallung, dann wird das nicht der Fall sein. Gefühle sind in einem ständigen Wechsel, deshalb können Sie sich, wenn Sie eine der wichtigsten Entscheidungen Ihres Lebens treffen, nicht ausschließlich auf Ihre Gefühle verlassen.

Entscheiden Sie sich nicht für einen Mann, weil er *Sie* mag. Manche Frauen machen sich gar keine Gedanken darüber, ob sie einen Mann mögen oder akzeptieren. Sie sind viel zu beschäftigt mit der Frage, ob er sie mag oder nicht. Ihre Selbstachtung ist so gering und ihre verzweifelte Anstrengung, einen Mann zu finden, so groß, daß sie jeden Mann, der Interesse an ihnen zeigt, als möglichen Lebensgefährten in Betracht ziehen. «Wenn er mich akzeptiert, dann nehme ich ihn», denken sie, und dann klammern sie sich an diesen Mann, der mit dem Objekt ihrer romantischen Phantasien eigentlich nicht das geringste zu tun hat. Sie machen sich ununterbrochen Sorgen, ob der Mann, der sie einmal akzeptiert hat, vielleicht seine Meinung ändern und sie ablehnen könnte.

Entscheiden Sie sich nicht für einen Mann, bevor Sie zu einer langfristigen Beziehung wirklich bereit sind, bevor diese Beziehung nicht genau das ist, was Sie wollen. Wenn Sie eine Beziehung *brauchen*, dann neigen Sie dazu, Dinge, die Ihnen nicht gefallen, herunterzuspielen oder vorschnell hinzunehmen. Sie neigen dann dazu, sich mit einem Kompromiß zufriedenzugeben, der Ihren Ansprüchen eigentlich nicht genügt. Und Sie erwarten von Ihrem Mann und der Beziehung, daß sie Ihnen zu Selbstbewußtsein und Glück verhelfen. Sie können nur wirklich auswählen, wenn Sie bereits die richtige Einstellung haben, und das bedeutet, daß Sie sich selbst akzeptieren und die Sicherheit haben müssen, auch ohne eine Beziehung gut leben zu können.

Wenn Sie Ihren Lebensgefährten aufgrund eines der beschriebenen Kriterien auswählen, dann garantiere ich Ihnen, daß das, was Sie veranlaßt hat, sich für diesen Mann zu entscheiden, genau das sein wird, was Sie, wenn alles schiefläuft, an ihm kritisieren. Sie werden, wenn Sie Ihre Beziehung aus den falschen Gründen eingegangen sind, viel Zeit darauf verwenden müssen, Ihren Irrtum zu korrigieren und zu kompensieren. Wahrscheinlich werden Sie auf diese Weise nie dazu kommen, die Beziehung einfach zu genießen und sich wohl zu fühlen.

Wie wählt man also einen Partner fürs Leben aus?

Wenn Sie einen Mann nach eingehender Prüfung für «tauglich» befunden haben, dann müssen Sie sich als nächstes fragen, ob er auch als Vater für Ihre Kinder in Frage kommt. Hat er Qualitäten, die Sie an Ihre Kinder weitergeben wollen, oder gibt es Dinge an ihm, die Sie als Erbgut keinesfalls akzeptieren könnten? Stellen Sie sich diese Frage auch dann, wenn Sie keine Kinder haben wollen, denn dadurch sind Sie gezwungen, eine Position einzunehmen, die nicht von Ihren augenblicklichen Bedürfnissen bestimmt ist. Sie müssen bei der Auswahl Ihres Lebensgefährten eine langfristige Vision vor Augen haben, denn Sie suchen keinen bloßen Liebhaber. Um die richtige Wahl zu treffen, müssen Sie an die Zukunft denken – an die Zukunft Ihrer Familie und Ihres weiteren Umfeldes, an alles, was für Sie von Bedeutung ist und was Frauen schon immer bedacht haben, bevor Sie sich auf etwas so Entscheidendes wie eine lebenslange Beziehung mit einem Mann eingelassen haben.

Im Hinblick auf die Zukunft müssen Sie sich fragen: «Besitzt dieser Mann Eigenschaften, die er meinen Kindern vererben soll oder an denen sie sich orientieren sollen?» und: «Ist dieser Mann frei von Charakterzügen oder Angewohnheiten, vor denen ich meine Kinder beschützen müßte?» Wenn Sie sich diese Fragen stellen, dann werden Ihnen all die hart arbeitenden, sensiblen und vertrauenswürdigen Männer, die nicht wie ein Adonis aussehen und keine Millionen auf der Bank haben, in einem anderen Licht erscheinen. Alkoholiker und Ausbeuter, gestrandete Existenzen und Querulanten werden in Ihrem Leben keine Rolle mehr spielen. Sie werden sich mit solchen Männern nicht mehr abgeben. Wenn Sie einen Mann nüchtern einschätzen und sich die eben genannten Fragen positiv beantworten können, dann wissen Sie, daß Sie auf dem richtigen Weg sind.

Ein weiteres, narrensicheres Kriterium zur Auswahl eines Lebensgefährten besteht darin, ob Sie ihm genügend vertrauen, um sich von ihm beherrschen zu lassen. Bitte beachten Sie, daß hier die Betonung auf dem Wort Vertrauen liegt. Ich sage nicht, daß Sie sich von einem Mann *beherrschen* lassen sollen. Ich will Ihnen etwas anderes vermitteln: Wenn Sie einem Mann so sehr vertrauen, daß es auch in Ordnung wäre, wenn er Sie zu beherrschen *versuchte*, dann wissen Sie trotz möglicher Zweifel, daß Sie den richtigen Mann gefunden haben. Dominanz wäre nicht länger mehr eine Quelle für Konflikte oder ein Grund zur Vermeidung von Nähe.

Die Angst, beherrscht zu werden, ist für Frauen das größte Hindernis auf dem Wege zu echter Nähe. Aus diesem Grund gelingt es ihnen nicht, sich ihrem Mann wirklich zu öffnen und in ihrer Beziehung ganz sie selbst zu sein. Aus diesem Grund fällt es ihnen auch so schwer, ihn ganz er selbst sein zu lassen. Sie sind nicht bereit, alles Erforderliche für ihre Beziehung zu tun, und rechtfertigen sich, indem sie sagen: «Ich kann mein Leben doch nicht vollständig in die Hände eines Mannes legen und mich diesem Mann auf Gedeih oder Verderb ausliefern. Ich kann ihm nicht immer alles geben, was er will, oder ihn diesen Streit gewinnen lassen oder ihn mit dieser dummen Bemerkung durchkommen lassen. Wenn ich das täte, dann würde er die Oberhand gewinnen. Er würde mich beherrschen.» Wenn Sie einem Mann genügend Vertrauen entgegenbringen, um sich von ihm beherrschen zu lassen, dann gibt es keinen Grund mehr für solche Befürchtungen. Sie sollten deshalb keine ernsthafte Beziehung eingehen, bevor dieses Vertrauen nicht wirklich vorhanden ist. Wie gesagt, ich behaupte nicht, daß Sie sich von Ihrem Mann beherrschen lassen sollen oder daß er es versuchen würde. Aber wenn Sie ihm nicht genügend vertrauen, dann ist er der falsche Mann für Sie.

Sie können alles akzeptieren, was Sie akzeptieren wollen

Die Auswahl eines Lebensgefährten ist eine der wichtigsten Entscheidungen, die Sie in Ihrem Leben zu treffen haben. Aber es geht nicht nur darum, daß Sie einen Mann auswählen. Sie bauen das Fundament für Ihre gesamte Beziehung. Also nehmen Sie diese Entscheidung bitte ernst, und richten

Sie sich dabei nach Ihren eigenen Erkenntnissen und *nicht* nach der Meinung anderer, der neuesten Mode oder irgendwelchen Groschenromanen oder Leinwandromanzen. Vertrauen Sie der inneren Stimme Ihres weiblichen Selbst. Hören Sie darauf, was diese Stimme Ihnen über Sie selbst und über das, was Sie wirklich brauchen, erzählt, denn es hängt allein von Ihnen ab, was Sie akzeptieren wollen.

Wenn Sie mit einem Mann wie Fred, dem Spaßmacher, leben könnten, dann ist das in Ordnung. Wenn Sie nichts dagegen hätten, mit einem Mann wie Rick zusammenzusein, mit jemandem also, der nur für seine Arbeit lebt und seine Familie als zweitrangig betrachtet – auch gut. Wenn Sie zufrieden wären, den Rest Ihres Lebens mit jemandem zu verbringen, der so zerstreut ist wie Carlas Exmann Robert, oder wenn Sie mit einem Mann glücklich würden, der auf gar keinen Fall eigene Kinder haben möchte, wie Carlas späterer Freund Bill, dann lassen Sie sich das von niemandem ausreden. Woher sollten andere Menschen wissen, was Sie akzeptieren können? Nur Sie selbst kennen sich gut genug, um beurteilen zu können, was für Sie richtig ist.

Sie können *alles* akzeptieren, was Sie akzeptieren *wollen*. Sie können aber nicht einen Mann für den Augenblick akzeptieren und erwarten, daß Sie ihn später ändern können. Während der Kennenlernphase neigt man dazu, im Geiste zwei Listen zu erstellen: Auf der einen werden die «wundervollen» Dinge notiert, auf der anderen die «nicht so wundervollen». Wenn Ihre Beziehung anfängt, schwierig zu werden, kramen Sie Ihre «nicht so wundervoll»-Liste hervor und fügen noch einige Punkte hinzu. Sie fangen an, bestimmte Aspekte der Persönlichkeit Ihres Mannes zu bekämpfen – auch solche, die Ihnen von Anfang an bekannt waren und an denen Sie eigentlich nichts ändern wollten. Auf diese Weise zerstören Sie eine potentiell erfolgreiche Beziehung.

Hören Sie damit auf! Sie würden sich schließlich auch nicht Iacoccas Bedingungen anhören und dann denken: «Okay, jetzt weiß ich, was Mr. Iacocca von mir erwartet; ich weiß, wie er sich das Geschäft vorstellt, denn ich habe ihn beim Arbeiten beobachtet; ich habe erlebt, wie es Leuten ergeht, die sich nicht an seine Bedingungen halten. Ich weiß auch, daß ich unter solchen Bedingungen nicht arbeiten kann, aber ich will den Job, das Geld und alle anderen Vergünstigungen. Ich werde die Stelle annehmen, und wenn der Vertrag erst einmal unterzeichnet ist und ich mich auf meinem Posten breitgemacht habe, werde ich nur noch das tun, was ich für richtig halte.»

Es gäbe nur einen einzigen Grund für eine solche Reaktion: wenn Sie beweisen wollten, daß niemand – auch ein Iacocca nicht – Ihnen vorschreiben kann, was Sie zu tun haben. Aber so werden Sie nicht gewinnen. Sie werden Iacocca nicht davon überzeugen können, daß Ihr Weg der richtige ist. Statt dessen werden Sie Ihren Job verlieren, weil Sie sich nicht an die Ihnen bekannten Bedingungen gehalten haben.

Wenn Sie in einer dauerhaften, engagierten Beziehung genauso handeln, dann werden Sie ebenfalls verlieren. An jeder Wegkreuzung, die Sie zu der Beziehung Ihrer Vision führen könnte, haben Sie die Wahl, Ihren Mann entweder so zu akzeptieren, wie er ist, oder ihn abzulehnen, weil er nicht so ist, wie Sie es sich vorstellen. Sie können sich jederzeit, in jeder beliebigen Situation Ihrer Beziehung ins Gedächtnis rufen, warum Sie sich in diesen Mann verliebt haben, oder sich darauf konzentrieren, was Ihnen an ihm nicht paßt. Sie können auf Ihre Entscheidung, ihn zu Ihrem Lebensgefährten zu machen, vertrauen, oder Sie können sie anzweifeln, Sie können das tun, was erforderlich ist, oder Sie können das tun, was Ihnen im Augenblick ein gutes Gefühl von Macht und Kontrolle vermittelt. Wie ich Ihnen im folgenden Kapitel erläutern werde, treffen Sie die richtige Entscheidung, wenn Sie sich wirklich für Ihre Beziehung engagieren und diesem Engagement gerecht werden, indem Sie stets das tun, was auf lange Sicht das beste ist.

11
Von der lockeren Beziehung zur festen Bindung: Wie Sie Ihre Beziehung gut und dauerhaft gestalten

Margrit

Sie erinnern sich an Margrit, die Michael kennenlernte, als sie noch unter ihrer letzten gescheiterten Beziehung litt, mitten in einer schweren Familienkrise steckte und fürchten mußte, ihren Job zu verlieren. «Außerdem trank ich damals sehr viel», gestand sie mir. «Als ich Michael kennenlernte, war ich so am Boden, daß ich ohne Übertreibung sagen kann, er hat mir das Leben gerettet. Dafür werde ich ihn immer lieben, aber ihn zu heiraten war möglicherweise trotzdem ein Fehler.»

Drei Monate vor ihrer Hochzeit, als sie sich von Michael bereits bedrängt und in ihrer Freiheit eingeschränkt fühlte, hatte sie eine Affäre mit einem jungen Mann, den sie als das Gegenstück zu Michael, nämlich als aufregend, amüsant und locker beschrieb. Michael dagegen war für sie der Inbegriff von Sensibilität, Zuverlässigkeit und Berechenbarkeit. «Ich mußte mich noch einmal richtig austoben. Das war ich mir einfach schuldig. Wenn ich diese Erfahrung nicht gemacht hätte, dann hätte ich mich immer gefragt, wie es wohl gewesen wäre. Ich hätte das Gefühl gehabt, etwas versäumt zu haben.» Aber dann meinte sie, ihre Abenteuerlust sei nun befriedigt, beendete die kurze Affäre und beschäftigte sich wieder mit ihren Heiratsplänen.

Ein knappes Jahr später hatte sie erneut das Gefühl, «zu ersticken und überhaupt nicht erfüllt zu sein. Ich wußte, daß es im Leben mehr geben mußte, als diese stupide Alltagsroutine. Michael schien zufrieden damit, jeden Tag zur Arbeit zu gehen, im Haus herumzuwerkeln, sich immer mit denselben Freunden zu treffen und sich immer über die gleichen Allerweltsthemen zu unterhalten. Aber mir genügte das nicht. Ich langweilte mich zu Tode.» Diesmal entschloß sich Margrit, ihre spirituelle Seite zu erkunden, und verbrachte einen zehnwöchigen Sommerurlaub – ohne Michael – in einem Ashram. «Ich habe es nicht bereut. Es hat mir sehr viel gegeben. Es hat mich empfänglicher und selbstbewußter gemacht. Ich glaube wirklich, daß ein besserer Mensch aus mir geworden ist.» Außerdem sei sie, so behauptete sie, von dem Zeitpunkt an fest entschlossen gewesen, alles zu tun, was für eine funktionierende Ehe erforderlich war.

Leider war Margrit ein Jahr später wieder ganz anderer Meinung. Michael versuche fortwährend, über ihr Leben zu bestimmen, beklagte sie sich, und sie fühle sich durch ihn in ihrer Entwicklung eingeschränkt. Obwohl sie anfangs behauptet hatte, sie sei zum Sterling-Frauen-Wochenende gekommen, weil sie ihre Ehe retten wolle, hörte sich die Sache später ganz anders an: «Ich habe da einen Mann kennengelernt, einen unglaublich empfindsamen, kreativen Menschen, der enormes Verständnis für die Künstlerin in mir hat. Er holt bei mir die intuitive, expressive Seite hervor, zu der ich bisher noch nie Zugang gefunden hatte. Wir haben noch nicht miteinander geschlafen. Er will es, und ich will es auch, aber ich bin zur Zeit hin und her gerissen. Einerseits liebe ich Michael und habe mir geschworen, ihm treu zu bleiben. Andererseits hat mir in unserer Ehe schon immer etwas gefehlt.»

Es gab tatsächlich etwas, was in Margrits Ehe fehlte – wirkliches Engagement. Sie war in dieser Ehe so etwas wie ein Gast: Sie kam und ging, wie es ihr paßte. Sie blieb so lange, wie es ihr angenehm war, und machte sich dann auf die Suche nach Aufregung, Spiritualität, Kreativität oder irgend etwas anderem, was ihr persönliche Erfüllung versprach. Margrit setzte alles daran, jederzeit das zu tun, wonach ihr zumute war. Sie setzte allerdings nicht alles daran, ihre Weiterentwicklung wirklich zu fördern. Sie hätte gar keine ernsthafte Beziehung mit Michael oder irgend jemand anderem eingehen dürfen, denn eine dauerhafte, echte Beziehung mit einem Mann ist eine viel zu riskante und zerbrechliche Angelegenheit, um sich darauf einzulassen, bevor man sich wirklich binden will.

Engagement – das ist es, worum es in einer festen Beziehung geht. Bezogen auf die Beziehung mit einem Mann bedeutet es, Ihrer eigenen Entscheidung, die Sie trafen, als Sie Ihren Lebensgefährten auswählten, zu vertrauen und mit ganzem Herzen daran zu glauben, daß Sie das Richtige taten. Sie sollten Ihre Wahl später nie in Frage stellen. Wenn Sie sich wirklich für Ihre Beziehung engagieren, dann suchen Sie nicht mehr nach Fluchtmöglichkeiten, nach Gründen, Ihre Meinung zu ändern, und nach Entschuldigungen, um nicht das tun zu müssen, was für Ihre Beziehung auf lange Sicht das beste ist. Wenn Sie feststellen, daß Ihre Beziehung in Gefahr ist, dann erinnern Sie sich an Ihr grundlegendes Engagement und tun das, was wirkungsvoll ist. Schließen Sie die Möglichkeit einer Trennung aus und suchen Sie nach anderen Alternativen – nach Wegen, Ihre Beziehung so zu gestalten, daß Sie so zufrieden und erfolgreich sind, wie Sie es wollen.

Selbstverständlich ist das leichter gesagt als getan. Zwar sind nicht alle Frauen so unstet und egozentrisch wie Margrit, aber ihre Geschichte ist beileibe kein Einzelfall. Heutzutage und in unserer Gesellschaft haben Frauen mehr Möglichkeiten als in früheren Generationen und in anderen, konservativeren Kulturen, und sie wollen sich diese Möglichkeiten offenhalten. Sie wollen nicht alles auf eine Karte setzen oder auf eine Gelegenheit zu persönlicher Erfüllung, die sich später einmal bieten könnte, verzichten. Einige haben Angst, ihre Selbständigkeit und Unabhängigkeit zu verlieren. Andere leiden unter geringem Selbstwertgefühl und schaffen es nicht, konkrete Entscheidungen zu treffen, deshalb stellen sie alle getroffenen Entscheidungen ständig in Frage. Die meisten wollen sich nicht auf eine verpflichtende Beziehung einlassen, weil sie möglicherweise scheitern könnte. Sie setzen sogar voraus, daß jede Beziehung irgendwann scheitern wird, und deshalb halten sie sich stets ein Hintertürchen offen, durch das sie, wenn nicht mehr alles nach Plan läuft, das Weite suchen können.

Das waren einige Gründe dafür, warum echtes Engagement für viele Frauen von heute zu einem Problem geworden ist und warum die meisten modernen Frauen keine wirklich engagierten Beziehungen mehr führen. Statt dessen handeln sie eine Art Vertrag mit einer Klausel für sexuelle Exklusivrechte aus. Sie kündigen diesen Vertrag, wenn sich Probleme ergeben, wenn die Beziehung ihnen kein gutes Gefühl mehr vermittelt oder wenn es ihnen zu anstrengend oder zu lästig wird, sich dafür einzusetzen.

«Aber es liegt doch nicht an uns. Es liegt an ihnen!»

Bei jedem Sterling-Frauen-Wochenende meldet sich an dieser Stelle unweigerlich eine der Teilnehmerinnen zu Wort und sagt mir mit harten Worten die Meinung: «Die Männer sind doch diejenigen, die sich nicht engagieren wollen. Sie wollen sich alle Möglichkeiten offenhalten. Wir sind sehr wohl dazu bereit, engagierte Beziehungen einzugehen, aber die Männer führen sich bei dem Thema ‹feste Beziehung› auf, als verlangten wir von ihnen, daß sie sich von einem Turm hinunterstürzen.»

In den Selbsthilfe- und Psychologieabteilungen der Buchhandlungen finden Sie unzählige Bücher über Männer, die sich zurückziehen, sobald es um eine feste Bindung geht. Und ebenso gibt es unzählige Bücher über die Angst der Männer vor zu großer Nähe. Lassen Sie mich Ihnen ein kleines Geheimnis verraten: Die Mehrheit der Männer ist zu einem echten Engagement bereit, und Sie selbst haben wahrscheinlich mehr Angst vor Nähe als die Männer.

Nähe ist für Sie viel gefährlicher als für Männer. Sie sind empfindlicher. Wenn Sie verletzt werden, dann trifft es Sie härter. Weil Sie an dem Erfolg oder Mißerfolg Ihrer Beziehungen gemessen werden, steht für Sie mehr auf dem Spiel als für einen Mann. Und weil Ihr bereits labiles Selbstwertgefühl sehr leicht noch mehr Schaden nehmen kann, haben Sie mehr als ein Mann zu verlieren, wenn Sie jemanden nahe an sich herankommen lassen. Deshalb wehren Sie sich bewußt oder unbewußt, vorsätzlich oder unwillkürlich gegen echte Nähe. Solange es eben geht, vermeiden Sie es, sich Ihrer Beziehung ganz zu verpflichten. Und viele von Ihnen suchen sich einfach einen zurückhaltenden, distanzierten Partner und vermeiden es dadurch, sich Ihrer eigenen Angst vor Nähe zu stellen oder sich einzugestehen, daß Sie keine Vorstellung davon haben, was Engagement für Sie bedeuten würde.

Sie behaupten, Sie wollten für Ihren Mann dasein, ihn lieben, ihn unterstützen, sich wirklich engagieren und mit ihm durch dick und dünn gehen. Aber Sie verhalten sich nicht entsprechend. Sie winden sich und lassen sich für Ihre Liebe und Loyalität einen hohen Preis bezahlen. Sie stellen Bedingungen, viele Bedingungen, sich ständig ändernde Bedingungen, die die Männer erfüllen müssen, bevor sie sich Ihre Unterstützung und Zuneigung verdient haben. Wo die Männer auch hinschauen, immer gibt es eine neue Hürde, die sie überspringen, einen neuen Test, den sie bestehen müssen, um Ihnen zu beweisen, daß sie Sie wirklich lieben.

Zwar werden die Frauen von den Männern auch auf die Probe gestellt, aber dies geschieht doch sehr viel seltener. Und wenn eine Frau den Test erst einmal bestanden hat, dann wird sie in der Regel nicht noch ein zweites Mal geprüft. Die meisten Frauen dagegen stellen ihre Männer pausenlos auf den Prüfstand. Sie erfinden täglich neue Tests und stellen ständig Fangfragen. Bei jeder unsensiblen Bemerkung, bei jedem Mißverständnis, bei jeder Gelegenheit, bei der sie – ob nun vorsätzlich oder zufällig – nicht das bekommen, was sie wollen, haben sie einen Grund, einen Konflikt heraufzubeschwören, ihre ursprüngliche Entscheidung anzuzweifeln, sich zu fragen, ob die Fortdauer der Beziehung überhaupt noch einen Sinn hat, und eine Entschuldigung dafür zu finden, daß sie kein wirkliches Engagement für die Beziehung aufgebracht haben.

Sich wirklich engagieren

Probleme werden nur gelöst, wenn ein entsprechendes Engagement vorhanden ist. Wenn Sie sich *nicht* für Ihre Beziehung engagieren, dann kramen Sie bei passender Gelegenheit die alte Negativliste hervor und fangen an, Ihren Mann für Ihr Unglück verantwortlich zu machen. Sie versuchen, die Beziehung zu kontrollieren, in den Griff zu bekommen, anstatt sie zu gestalten. Sie versuchen, Ihren Mann zu zwingen, Ihnen das zu geben, was Sie wollen. Sie schaffen immer neue Probleme und Konflikte, die Erfolg, Erfüllung und Zufriedenheit in immer weitere Ferne rücken lassen.

Wenn Sie sich Ihrer Beziehung nicht wirklich verpflichtet haben, dann werden Sie sich immer wieder die gleichen Fragen stellen: Habe ich richtig gehandelt? Ist dies tatsächlich die richtige Beziehung für mich? Ist dieses Problem ein Zeichen dafür, daß noch viel größere Schwierigkeiten auf mich zukommen werden? Liebt er mich wirklich? Liebe ich ihn wirklich? War es dumm von mir, ihm zu vertrauen? Gibt es da draußen vielleicht etwas oder jemanden, bei dem ich glücklicher wäre? Je länger Sie nach Antworten auf solche grüblerischen Fragen suchen, desto verwirrter werden Sie sich fühlen, desto mehr Zweifel werden Ihnen kommen. Und je mehr Sie zweifeln, desto gravierender werden Ihre Probleme.

Wenn Sie sich für Ihre Beziehung jedoch wirklich engagiert haben, dann müssen Sie sich nur noch die eine Frage stellen: «Wie kann ich das tun, was für meine Beziehung am besten ist?» Anstatt jemanden zu suchen, dem Sie die Schuld in die Schuhe schieben können, und anstatt nach einem Ausweg oder einer Entschuldigung zu suchen, um sich von Ihrem Mann zu trennen, setzen Sie Ihre Beziehung an die erste Stelle. Der Erfolg und der Bestand Ihrer Beziehung sind Ihnen wichtiger als ein rachsüchtiger Triumph oder das Gefühl, eine moderne, emanzipierte Frau zu sein. Es geht Ihnen nicht mehr in erster Linie darum, Ihr Gesicht zu wahren oder Ihr Ego zu befriedigen.

Natürlich gibt es Probleme, die nicht zu lösen sind, wie sehr Sie sich auch engagieren mögen. Manche Situationen sind einfach so gefährlich oder so zermürbend, daß man sie unbedingt ändern muß. Manche Beziehungen sind bereits hoffnungslos mißbraucht und beschädigt worden. Aber solche Fälle bilden doch eher die Ausnahme. Es ist viel wahrscheinlicher, daß Sie, wenn Sie wirklich liebevoll und engagiert sind, es schaffen, Ihre Beziehung in die richtigen Bahnen zu lenken. Sie bleiben Ihrem eigenen Engagement treu und tun das, von dem Sie tief in Ihrem Herzen wissen, daß es für Ihre Beziehung das Beste ist.

Natürlich werden Sie das erforderliche Engagement nicht von heute auf morgen aufbringen können. Es ist vielmehr das Ergebnis eines persönlichen Prozesses. Im Laufe dieses Prozesses lernen Sie, sich selbst und Ihrem Mann zu vertrauen.

Echte Nähe läßt sich nicht erzwingen

Vertrauen ist das Fundament, auf dem Sie Ihre Beziehung
aufbauen. Sie müssen lernen, einem Mann zu vertrauen – und
dafür müssen Sie sich Zeit nehmen. Wenn Sie ein festes
Fundament an Vertrauen geschaffen haben, dann wird es
Ihnen gelingen, die nächsten Stufen auf dem Wege zur Intimität zu erklimmen:

NÄHE: entsteht durch häufiges Beisammensein, Vertraut-
heit und den Austausch von Gedanken und Gefühlen. Allerdings ist dieses Gefühl der Nähe von äußeren Faktoren abhängig. Sie ist stärker spürbar, wenn zwei Menschen zusammen als wenn sie oft getrennt sind.

LIEBE: ist ein tiefes Gefühl der Zärtlichkeit, Zusammenge-
hörigkeit und Hingabe, das über das Körperliche hinausgeht.
Sie empfinden es auch, wenn die Person, die Sie lieben, nicht
anwesend ist. Liebe ist nur dann möglich, wenn Sie sich der
Vertrauenswürdigkeit des anderen völlig sicher sind.

EINFÜHLUNGSVERMÖGEN: ist die Fähigkeit, die Gefühle eines anderen Menschen auch ohne Worte zu verstehen
und wahrzunehmen.

INTIMITÄT: ist das schwer definierbare Gefühl einer tiefen spirituellen Verbindung. Wenn zwischen zwei Menschen ein Gefühl von Intimität besteht, dann scheuen sie sich nicht, sehr persönliche Gedanken und Gefühle auszutauschen und sich dem Partner wirklich zu zeigen.

Es braucht seine Zeit, bis wirkliche Nähe, Liebe und Intimität hergestellt sind. Wenn Sie versuchen, diesen Prozeß zu erzwingen oder zu beschleunigen, dann müssen Sie dafür später teuer bezahlen. Echtes Engagement in Ihrer Beziehung bedeutet, daß Sie es wagen müssen, sich dem anderen in vollem Vertrauen zu überantworten. Jedoch sollte dieses Wagnis keinesfalls voreilig eingegangen werden. In einen Mann verliebt zu sein, ist durchaus noch kein Grund, ihn zu heiraten. Leidenschaftliche, romantische Liebe, durch die Sie sich an einen Mann gefesselt fühlen, ist eine Form zeitweiliger geistiger Verwirrung. Sie sind viel zu konfus, um noch klar denken zu können. Wenn Sie sich in einem Zustand heftiger Verliebtheit fest binden, so ist das genauso, als wenn Sie in sturzbetrunkener Verfassung Ihr gesamtes Vermögen in ein riskantes Geschäft investieren.

Obwohl es natürlich Ehen gibt, die unter diesen Voraussetzungen geschlossen werden und dennoch lange halten können, sind sie sehr viel schwieriger zu gestalten, weil Sie nicht wissen, auf was Sie sich eingelassen haben und was Sie tun müssen, um erfolgreich zu sein. Das müssen Sie dann erst im Laufe der Zeit lernen. Es ist viel sicherer und lohnender, bestimmte wichtige Dinge in Erfahrung zu bringen, wenn noch nicht soviel auf dem Spiel steht. Der Aufbau einer engen Beziehung benötigt sehr viel Zeit und Geduld.

Lockere Bindungen

Eine Beziehung, so wie ich sie definiere, bedeutet, sich mit Leib und Seele tatsächlich zu engagieren und alles zu tun, um auf Dauer eine enge Bindung zu einem Mann herzustellen. Wie ich in diesem Buch bereits betont habe, gelten meine Ratschläge nur für Beziehungen, die wirklich eng und engagiert sind. Sie nützen Ihnen nichts oder schaden Ihnen sogar, wenn es Ihnen nur um eine lockere Bindung geht.

Eine lockere Bindung bedeutet, daß Sie mit einem Mann, den Sie nicht besonders gut kennen, gelegentlich ein wenig Zeit verbringen und angenehme Dinge mit ihm unternehmen. Das ist sehr unterhaltsam und hilft, den anderen allmählich kennenzulernen. Sie haben dabei Gelegenheit, herauszufinden, wie Ihr Lebensgefährte *nicht* sein sollte. Betrachten Sie eine solche lockere Bindung als Chance, Ihre Erfahrungen zu intensivieren, und haben Sie dem Mann gegenüber, mit dem Sie sich gelegentlich treffen, am besten keine Erwartungen.

Bei einer lockeren Bindung können und sollten Sie einem Mann nicht das geben, was er will und wann er es will. Dafür kennen Sie ihn einfach nicht gut genug. Sie haben noch nicht genügend Zeit mit ihm verbracht, und Sie hatten noch keinen ausreichend intensiven Kontakt mit ihm, um ihm wirklich vertrauen zu können. Sie werden wahrscheinlich verletzt werden. Außerdem sollte eine lockere Bindung noch keine sexuelle Beziehung beinhalten, es sei denn, das ist es, worum es Ihnen im wesentlichen geht. Wenn Sie sich aber auf eine solche sexuelle Beziehung einlassen, dann spielen Sie möglicherweise mit dem Feuer. Sie setzen nicht nur Ihre körperliche, sondern auch Ihre seelische Gesundheit aufs Spiel. Sexuelle Ängste und sexuelle Verunsicherung bei Frauen sind in vielen Fällen darauf zurückzuführen, daß sie mit Männern geschlafen haben, die sie nicht gut genug kannten, um ihnen vertrauen zu können. Sehr häufig glauben die Frauen, Sex sei die Vorstufe zur Intimität, und fühlen sich dann betrogen, wenn diese Rechnung nicht aufgeht. Sie fühlen sich benutzt und erniedrigt, so, als seien sie ein austauschbares Objekt und nicht ein Individuum mit eigenen Bedürfnissen und Gefühlen. Sie fragen sich, ob sie vielleicht im Bett versagt haben, und der Argwohn und die Minderwertigkeitskomplexe, die aus solchen Erfahrungen herrühren, begleiten sie oft noch jahrelang. Nachdem sie mit einem Mann geschlafen haben, zu dem sie eigentlich nur eine lockere Bindung hatten, entwikkeln viele Frauen sehr zärtliche und liebevolle Gefühle. Auch wenn sie vorher vielleicht nicht viel von dem Mann oder der Beziehung erwartet haben, verhalten sie sich möglicherweise jetzt ganz anders: So, als käme dieser Mann als Lebensgefährte in Frage.

Eine «ernste lockere Bindung»

Eine «lockere Bindung» wird zu einer «ernsten lockeren Bindung», wenn Sie feststellen, daß ein Mann tatsächlich Ihrer romantischen Vorstellung von einer Beziehung entspricht, und sich entschließen, ihn näher kennenzulernen. Sie beginnen, ihn sich gründlicher anzuschauen, seine Bedingungen, Erwartungen und Gewohnheiten herauszufinden und sich zu fragen, ob diese weitgehend unveränderlichen Aspekte seiner Persönlichkeit mit dem zu vereinbaren sind, was Sie von einer langfristigen Beziehung erwarten. Sie beginnen auch, ihm zu zeigen, daß es für ihn sehr lohnend sein könnte, mit Ihnen eine dauerhafte, engagierte Beziehung einzugehen.

Auf welche Weise können Sie das tun? Indem Sie ihm etwas anbieten, was er nirgendwo sonst bekommen kann. Sie bauen ihn auf, wenn er einen Rückschlag erlitten hat, ermutigen ihn, seine Träume zu verwirklichen, oder Sie sind ein dankbares Publikum für seine abgedroschenen Witze. Sie lauschen gebannt seinen ausführlichen Beschreibungen eines siegreichen Tennismatches oder den Schilderungen seiner großartigen geschäftlichen Erfolge. Sie bauen ihn auf, wenn er unter Selbstzweifeln leidet , und zeigen ihm Ihre Loyalität, Akzeptanz und Bewunderung. Sie freuen sich über das, was er für Sie tut, oder geben ihm irgend etwas anderes, was er braucht, aber nicht kaufen, nicht durch Wettbewerb erlangen und auch nicht an jeder Straßenecke finden kann. So wird es Ihnen gelingen, einen Mann, der Ihnen gefällt, an sich zu binden. Der einzige Grund, warum ein Mann das fremdartige, «feindliche» Terrain einer langfristigen, engagierten Beziehung betritt, besteht darin, daß Sie ihm etwas anbieten, was er allein und auf seinem eigenen Territorium nicht bekommen kann.

Sex gehört nicht unbedingt dazu. Natürlich steht es Ihnen frei, mit einem Mann zu schlafen, dem Sie auf der Ebene der «ernsten lockeren Bindung» vertrauen, aber wenn Sie glauben, Sie könnten ihn damit einfangen oder verhindern, daß Sie ihn verlieren, dann machen Sie sich etwas vor. Sex ist kein ausreichender Anreiz für einen Mann, um fremdes Terrain zu betreten oder dort zu verweilen; wenn Sie also Sex als Mittel zum Zweck einsetzen, gehen Sie das Risiko ein, verletzt und enttäuscht zu werden. Wie gesagt, das heißt nicht, daß Sie auf Sex verzichten sollen, aber Sie sollten keinesfalls mit einem Mann schlafen, um ihn an sich zu binden. Eine gute Beziehung hat – wenn Sie es richtig anstellen – einem Mann mehr zu bieten als nur Sex. Selbst Männer, die am liebsten sofort mit Ihnen ins Bett gehen möchten, werden ein «Nein» akzeptieren, wenn Sie sie anderweitig belohnen.

Wenn Sie mit einem Mann eine «ernste lockere Bindung» eingehen, dann ist es wichtig, nicht vorschnell zuviel zu erwarten und auch nicht zuviel zu geben. Sie brauchen Zeit, um Vertrauen aufzubauen und zu lernen, wie Sie das Ego dieses Mannes stärken und was Sie von ihm zu erwarten haben, wenn sein Ego bedroht wird. Mit anderen Worten: Sie müssen das Ego dieses Mannes kennenlernen – und das wird

Ihnen nicht gelingen, wenn Sie ihm sofort alles geben, was er verlangt. Zeigen Sie ihm in der Phase des allmählichen Kennenlernens, was Sie ihm zu bieten haben, und finden Sie heraus, was Sie über ihn wissen müssen. Am Ende werden Sie wissen, ob er der Mann ist, mit dem Sie den Rest Ihres Lebens verbringen wollen – oder auch nicht.

«Ernste Bindungen»

Eine «ernste lockere Bindung» wird zu einer «ernsten Bindung», wenn Sie bereit sind, den Sprung zu wagen. Bis zu diesem Punkt haben Sie und Ihr Auserwählter – selbst wenn er alle Kriterien erfüllt, um als Ihr Lebensgefährte in Frage zu kommen – noch keine wirkliche Beziehung geführt. Sie fühlten sich zueinander hingezogen und haben sich auch wieder voneinander entfernt. Sie hatten wundervolle Erlebnisse und das Gefühl, mit diesem Mann für den Rest Ihres Lebens glücklich sein zu können. Dann wiederum gab es ein paar sehr unangenehme Begegnungen, und Sie wären froh gewesen, ihn nie wiedersehen zu müssen. «Eine ernste Bindung» beginnt, wenn diese Berg-und-Tal-Fahrt ein Ende hat. Sie haben jetzt eine intime Beziehung, und es gilt nur noch, die letzten Hindernisse auf dem Weg zu einem aufrichtigen Engagement zu beseitigen.

Heirat

Seit einigen Jahren sehen viele Männer und Frauen die Ehe nur noch als eine reine Formsache an. «Ich weiß, daß ich mich für meine Beziehung voll und ganz engagiere», behaupten sie. «Das muß ich nicht mit einem Stück Papier beweisen.» Aber eine Ehe ist mehr als ein Stück Papier. Es ist die öffentliche Demonstration Ihrer Bindung. Sie bestätigen vor Menschen, die Ihnen etwas bedeuten (Freunden, Verwandten und der Gesellschaft), sich zeitlebens an Ihr Versprechen zu halten. Wenn Sie sich wirklich in einer Beziehung engagieren, dann sind Sie bereit, sich in dieser Weise öffentlich zu verpflichten. Sie wollen, daß die Welt weiß, daß Sie eine gelungene Beziehung führen, daß Sie Ihre Beziehung ernst nehmen. Sie sind bereit, einen verbindlichen Vertrag zu schließen, der eine mögliche Trennung erheblich erschwert. Sie wissen, daß Sie die richtige Wahl getroffen haben, daß Sie dieser Entscheidung vertrauen und Ihre Meinung nicht mehr ändern werden. Wenn Sie nicht sicher sind, dann sollten Sie nicht heiraten.

Heiraten Sie erst, wenn Sie sich absolut sicher sind. «Wenn es schiefgeht, kann ich mich ja wieder scheiden lassen» – diese Einstellung sollte für Sie tabu sein. Das volle Vertrauen in Ihren Mann und Ihre Beziehung erreichen Sie, wenn Sie den Auswahlprozeß, den ich im letzten Kapitel beschrieben habe, bewußt durchlebt haben, wenn Sie gelernt haben, zu vertrauen, und wenn Nähe, Liebe, Einfühlungsvermögen und Intimität sich natürlich und allmählich entwickelt haben.

Die nächsten Schritte sind:

1. Sowohl Sie selbst als auch Ihr zukünftiger Mann sollten eine Liste anfertigen, auf der steht, was Sie voneinander, von Ihrer Beziehung und Ihrer Ehe erwarten.
2. Lesen Sie die Liste Ihres Mannes (ebenso wie er die Ihre lesen sollte). Ohne sie zu verändern oder Einschränkungen zu machen, fragen Sie sich, ob Sie wirklich dazu bereit sind, seine Bedürfnisse und Erwartungen zu erfüllen. Wenn nicht, dann heiraten Sie diesen Mann nicht. Aber wenn Sie seine Bedingungen akzeptieren können und er bereit und in der Lage ist, Ihre Wünsche zu erfüllen, dann können Sie sicher sein, daß Sie sich den richtigen Mann ausgesucht haben.

3. Tauschen Sie die Listen wieder, und legen Sie sie zu Ihren Heiratsurkunden. Nehmen Sie sie ernst. Verlassen Sie sich darauf. Nehmen Sie sie als Richtlinie für die Entwicklung Ihrer Ehe. Denken Sie, wann immer Ihnen Zweifel kommen, an die eingegangene Verpflichtung, und Sie werden ohne weiteres in der Lage sein, die hundertprozentige Verantwortung für den Erfolg dieser Ehe zu übernehmen, und genau wissen, was Sie tun müssen, um sie effektiv zu gestalten.

Wenn Sie den Ratschlägen, die ich Ihnen in den letzten vier Kapiteln gegeben habe, Folge leisten, werden Sie 95 Prozent der üblichen Beziehungsprobleme lösen – und zwar *bevor* sie sich zu ernsthaften Krisen entwickeln können. Sie werden außerdem die richtige Einstellung und das entsprechende Handwerkszeug besitzen, um mit schwerwiegenderen Problemen fertigzuwerden. Im folgenden Kapitel werde ich auf einen der äußerst wichtigen Konfliktbereiche eingehen: die Sexualität.

12
Sex in einer ernsten, dauerhaften, engagierten Beziehung

Ruth

Der einfachste Weg, eine potentiell erfolgreiche, dauerhafte, engagierte Beziehung zu beschädigen oder sogar zu zerstören, führt über die Sexualität. Das beste Beispiel dafür ist Ruth, 31, Einkäuferin einer Warenhauskette, die mit Peter, 40, Immobilienmakler, seit sieben Jahren verheiratet ist. «Unser Liebesleben war noch nie der Rede wert», berichtete sie. «Aber es wird immer schlimmer. Wir streiten uns häufiger über Sex, als miteinander zu schlafen. Eigentlich kommt es nur noch selten dazu, aber wenn Peter doch einmal mit mir schläft, dann kann ich es nicht wirklich genießen. Ich weiß, daß Peter das weiß, und ich weiß, daß es ihm etwas ausmacht, aber er ist nicht bereit, etwas dagegen zu tun.» Ruth hatte seit Jahren vergeblich versucht, aus Peter «einen besseren Liebhaber» zu machen.

«Obwohl er fast zehn Jahre älter ist als ich, habe ich weitaus mehr sexuelle Erfahrungen und kann auch entschieden besser mit meiner Sexualität umgehen als er», erklärte Ruth und beschrieb, wie «wild und abenteuerlich» ihr Leben gewesen war, als sie zwanzig war. Peter dagegen hatte seine Schülerliebe geheiratet, sie niemals betrogen und somit jahrelang nur mit dieser einen Frau geschlafen. «Als seine Frau ihn verlassen hatte, fühlte sich Peter manchmal so deprimiert, daß er fast ein ganzes Jahr lang überhaupt nicht ausging.» Laut Ruth hatte er danach, als er allmählich anfing, sich mit Frauen zu treffen, «hauptsächlich unerfreuliche Erfahrungen» gemacht.

Peter erzählte ihr, daß die Frauen, mit denen er vor ihr zu tun gehabt hatte, sexuell so viel von ihm erwartet hätten, daß er sich mit ihnen nie richtig wohl gefühlt habe.

Ruth wollte, daß Peter sich mit ihr wohl fühlte. «Ich wußte genau, daß er der richtige Mann für mich war. Also war ich bereit, alles langsam und gelassen anzugehen. Als wir zum ersten Mal miteinander schliefen, waren wir schon sechs Monate lang zusammengewesen.» Trotzdem war dieses erste Mal «nicht gerade atemberaubend. Peter war wirklich süß und zärtlich, und ich fühlte mich ihm näher als je zuvor, aber es wäre gelogen, zu behaupten, seine Unsicherheit und Unerfahrenheit hätten sich überhaupt nicht bemerkbar gemacht.» Geduldig wartete Ruth darauf, daß Peter ein wenig «lockerer und entspannter» wurde, um ihm dann «vorsichtig nahezubringen», was ihr gefiel. Normalerweise tat Peter dann auch die Dinge, die sie sich wünschte, und ihr Liebesleben wurde besser. «Es war immer noch nicht umwerfend. Aber ich dachte, das würde schon noch kommen.» Sie kam nie auf die Idee, sich darüber Gedanken zu machen, wie sie Peter und ihre Beziehung einschätzen würde, wenn ihre sexuelle Beziehung sich tatsächlich nicht verbesserte.

Als sie verheiratet waren, fiel es Ruth noch leichter, Peter ihre sexuellen Wünsche zu vermitteln oder sogar gelegentlich ganz die Regie zu übernehmen. Alles, was sie in Frauenzeitschriften zu diesem Thema las, ermutigte sie dazu. «Die Experten sagten immer wieder, daß auch Frauen manchmal die treibende Kraft sein sollten, daß den Männern das gefalle und daß Männer nicht immer diejenigen sein wollten, die alles bestimmten.» Ruth war für diesen Rat außerordentlich dankbar. «Mir hat der Sex schon immer mehr Spaß gebracht, wenn ich die Initiative ergreifen und auch bestimmen konnte, wie es ablaufen sollte. Peter dagegen war nie besonders experimentierfreudig.» Tatsächlich wurde er immer inaktiver. Nach einigen Ehejahren schien er überhaupt keinen großen Gefallen mehr an der Sexualität zu finden.

Um seiner Begeisterung wieder auf die Sprünge zu helfen, ließ Ruth sich einiges einfallen, damit ihr Liebesleben «sich nicht völlig in Luft auflöste». Nur leider bewirkten ihre Bemühungen – die die ganze Palette von Erotikvideos bis zum Ausprobieren der Tips, die sie in Sexratgebern fand, umfaßten – mehr Streß als Vergnügen. Und dieser Streß beeinträchtigte auch andere Bereiche ihrer Beziehung. «Es ist so schlimm geworden, daß ich kaum noch etwas sagen kann, ohne daß Peter aggressiv wird oder mir vorwirft, ihn herumkommandieren und über sein Leben bestimmen zu wollen. Ohne jeden Grund beginnt er einen Streit. Aus heiterem Himmel greift er mich an und wirft mir lächerliche Kleinigkeiten vor, die ich vor Stunden oder Tagen gesagt oder getan habe.»

Peter fing mit diesen Plänkeleien meistens kurz vor dem Zubettgehen an. Dadurch gelang es ihm, Ruths Interesse an Sex erheblich zu dämpfen. «Vielleicht ist das ja tatsächlich seine Absicht. Ich weiß es nicht. Ich weiß nur, daß unsere Probleme im Bett allmählich unsere Liebe zerstören. Wir driften auseinander. Eigentlich will ich für immer mit Peter zusammenbleiben, aber ich bin mir nicht sicher, ob ich mich für den Rest meines Lebens mit einem so langweiligen Liebesleben abfinden kann.»

«Schlechter» Sex ist ein großes Problem – aber vielleicht liegt das eigentliche Problem ganz woanders

Ruths Misere ist kein Einzelfall. Ich habe Hunderte von Frauen klagen gehört, ihre Männer seien im Bett zu schnell oder zu langsam, zu vorsichtig oder zu grob, sie wollten zu selten, zu oft oder zu früh am Morgen. Ich habe mir angehört, mit welchen Mitteln sie versuchten, ihre eigene Interesselosigkeit oder Resignation zu überwinden, oder wie sie sich bemühten, der Gehemmtheit, der übermäßig ausgeprägten Libido, der Impotenz, der Unbeholfenheit, dem Egoismus oder der mangelnden Phantasie der Männer entgegenzuwirken. Ich habe ihre verwirrten und schmerzerfüllten Gesichter gesehen, als sie zugeben mußten, daß ihre sexuellen Probleme so viele Konflikte und Spannungen zwischen ihnen und ihren Männern verursachten, daß ihre Beziehungen zu scheitern drohten. Untersuchungen haben immer wieder gezeigt, daß Sex – vielleicht mit Ausnahme von finanziellen Problemen – der meistgenannte Grund für Unzufriedenheit und Streit in engen Beziehungen ist.

Deshalb möchte ich Ihnen in diesem Kapitel helfen, Ihre Probleme im Bett weitgehend zu lösen – *wenn* Sex wirklich das Problem ist. Aber ich muß betonen, daß das normalerweise *nicht* der Fall ist.

Für zahllose Paare ist das Schlafzimmer heute eine Arena, in der sie die tieferen, persönlicheren und weniger konkreten Probleme ihrer Beziehung austragen. Sie machen den schlechten Sex für ihre mißglückte Beziehung verantwortlich, wobei sie im Grunde an diese Beziehung gar nicht wirklich geglaubt und sich nicht für sie engagiert haben. Ihre sexuellen Probleme sind in Wirklichkeit ein Symptom viel gravierenderer Schwierigkeiten, die mit Vertrauen, Intimität, Verletzlichkeit, Selbstachtung oder Kontrollversuchen zu tun haben.

Wenn Ihre Beziehung nicht auf dem starken Fundament des Vertrauens aufgebaut ist, dann wird aus Sex fast immer ein weiteres Mittel, um die Beziehung zu mißbrauchen, zu vernachlässigen oder zu kontrollieren – und wenn das bei Ihnen der Fall ist, dann werden Sie die Ratschläge, die ich Ihnen geben werde, möglicherweise ebenfalls mißbrauchen. Das aber wird das Problem nur noch verschlimmern. Also denken Sie bitte beim Lesen dieses Kapitels daran, daß ich keine Lösungen für Probleme des Vertrauens oder der Angst vor Nähe anbiete. Die Informationen, die Sie in diesem Kapitel erhalten, werden Probleme aufdecken, die Ihnen vielleicht bisher noch nicht bewußt waren, und in Kombination mit den anderen Vorschlägen in diesem Buch werden Sie diese Probleme aller Wahrscheinlichkeit nach lösen können. Die Ratschläge, die Sie auf den folgenden Seiten finden, gelten jedoch lediglich für sexuelle Probleme.

Wie gesagt: Männer und Frauen sind verschieden

Genau wie in anderen Bereichen einer Beziehung sind Männer und Frauen auch dort, wo es um Sex geht, so verschieden wie Tag und Nacht. Daß Männer und Frauen Sex unterschiedlich bewerten und erleben, hören Sie sicherlich nicht zum ersten Mal. Wenn Sie sich eine befriedigende sexuelle Beziehung wünschen, sollten Sie diese Unterschiede nicht nur akzeptieren, sondern sie vor allem dann bedenken, wenn in Ihrer Partnerschaft ein sexuelles Problem auftaucht.

Frauen verbinden Sex mit Romantik, Liebe, Zuneigung, Zärtlichkeit und Treue. Sie gehen aus sehr unterschiedlichen Gründen mit einem Mann ins Bett: Um ihm nahe zu sein, um zärtlich umarmt, getröstet oder seiner Liebe versichert zu werden, um ihr körperliches und seelisches Wohlbefinden zu steigern, um zu beweisen, daß ihre Beziehung funktioniert, oder um sich zu bestätigen, daß sie noch immer verführerisch sind.

Wenn Sie als Frau jedoch nicht genügend Romantik, Zärtlichkeit, Umarmungen, Bestätigungen, Gefühlsnahrung oder ähnliches erhalten, dann werden Sie letztlich enttäuscht und unzufrieden sein. Und um diese Dinge, die nichts mit Sex zu tun haben, zu bekommen, versuchen Frauen oft, das Verhalten Ihres Mannes zu ändern. Sie vergessen dabei, daß sie Sex aus ihrer persönlichen, weiblichen Sicht betrachten. Das ist ihr gutes Recht. Nur muß man eines bedenken: Wenn Sie meinen, daß Ihnen beim Sex etwas fehlt, dann muß das nicht bedeuten, daß Ihr Mann etwas falsch macht.

Für viele Männer ist Sex einfach nur Sex. Wenn solche Männer mit einer Frau schlafen, hat dies nicht nur mit *körperlicher* Befriedigung zu tun. Die meisten Frauen glauben, Männer würden wegen des Lustgewinns mit ihnen schlafen – aber das ist nur die halbe Wahrheit. Wenn Männer mit Frauen schlafen, so geschieht das auch, um ihr Ego zu stärken – um sich großartig und überlegen zu fühlen, um zufrieden mit sich zu sein, weil sie etwas Tolles geleistet haben und dafür Anerkennung finden möchten. Weil es für ihr Ego wichtig ist, als gute Liebhaber zu gelten.

Ein Mann, dessen Leistung nicht gewürdigt wird, verliert das Interesse daran, etwas zu leisten

Wenn Männer mit einer Frau schlafen, wollen sie ihre Sache gut machen. Sie wollen gute Liebhaber sein, weil sie Ihnen zeigen wollen, daß sie gut sind – und weil sie sich dafür Anerkennung erhoffen. Gut im Bett zu sein, das ist für viele heutige Männer eine der wenigen Gelegenheiten, sich noch einmal so großartig zu fühlen, wie sie sich vor Urzeiten als Jäger und Krieger gefühlt haben. Aber leider sind viele Frauen nicht dazu bereit, ihrem Mann dieses Gefühl zu vermitteln.

Wenn Frauen beim Sex etwas fehlt, das ihr Mann normalerweise gar nicht mit Sex in Verbindung bringen würde, dann fangen Frauen oft an, an seinem Verhalten und an seiner «Technik» herumzunörgeln oder ihn auf Dinge hinzuweisen, für die er von Natur aus keinen Sinn hat. Da Sex für Männer eine andere Bedeutung hat als für Sie, wird ein Mann möglicherweise gar nicht verstehen, was Sie eigentlich wollen. Er hat nur den Eindruck, daß Sie auf die eine oder andere Weise versuchen, ihm ins «Handwerk zu pfuschen» und seine Art zu kritisieren. So machen Sie es ihm unmöglich, sein Ego zu stärken. Statt sein Ego zu belohnen, beklagen Sie sich über seine Technik, drücken ihm ein Ratgeberbuch in die Hand oder erklären ihm, wie er ein besserer Liebhaber wird. Dann wundern Sie sich, daß Ihre sexuelle Beziehung zu einem Konfliktherd wird, daß er kein großes Interesse mehr daran zeigt, mit Ihnen zu schlafen, und daß Ihr Liebesleben immer schlechter statt besser wird.

Wenn Ihr Mann mit Ihnen schläft, ist er fast so etwas wie ein Schauspieler, der seine Rolle liebt. Wenn ein Bühnendarsteller während der Vorführung sein Bestes gibt, hart arbeitet und schwitzt und am Ende dann doch keinen Applaus vom Publikum erhält, wird er wahrscheinlich ziemlich unzufrieden sein. Und wenn der Applaus Abend für Abend ausbleibt, oder schlimmer noch, wenn er nur noch vor äußerst kritischen Zuschauern spielt, die ihm nach der Vorstellung sagen, was er alles falsch gemacht hat und wie er sich verbessern kann, dann verliert er mit der Zeit den Spaß an seinen Auftritten.

In einer guten Beziehung sollten Sie einem Mann nicht vorschreiben, wie er Sie lieben soll. Sie sollten ihm nur mit Vorsicht neue Praktiken vorschlagen. Jedesmal, wenn Sie versuchen, zu bestimmen oder zu entscheiden, auf welche Art Sie und Ihr Mann sich lieben sollten, bedrohen Sie sein Ego oder berauben es zumindest einer Bestätigungsmöglichkeit. Unter diesen Umständen wird er Ihnen das Gewünschte nicht geben. So ähnlich, wie Peter, der jeden Abend vor dem Zubettgehen einen Streit mit Ruth begann, wird auch Ihr Mann einen Weg finden, Sie für Ihre mangelnde Wertschätzung, Ihre Kritik und Ihren Versuch, die Regie zu übernehmen, bezahlen zu lassen.

Guter Sex in einer intimen, engagierten Beziehung

Ruth hatte erzählt, daß Sex mit Peter nie «atemberaubend» gewesen sei. Wenn sie sich liebten, war es nie so «wild und abenteuerlich» gewesen, wie sie es von ihren früheren Erlebnissen her kannte, und Peter hatte sie nie so «angemacht» wie andere, selbstbewußtere und erfindungsreichere Liebhaber. Aber hieß das, daß Peter ein schlechter Liebhaber war? War Sex mit ihm unangenehm oder gänzlich unbefriedigend?

«Nein, natürlich nicht», lautete Ruths Antwort. «Sex mit ihm war immer nett, auf eine ruhige und sanfte Art.»

Hatte ihr jemals etwas, was Peter beim Liebesspiel getan hatte, wirklich mißfallen oder hatte sie irgend etwas abgestoßen? «Nein», antwortete Ruth. Warum wollte sie dann sein Verhalten ändern? Weil ihr Liebesleben nicht so spaßig, dynamisch, aufregend und voller Überraschungen war, wie sie es sich vorgestellt hatte?

Ruths Erwartungen waren nicht notwendigerweise unvernünftig oder übersteigert. Aber in Anbetracht von Peters sexuellen Wünschen und Fähigkeiten (die Ruth, bevor sie heirateten, sehr wohl gekannt hatte) war es unrealistisch, zu erwarten, daß sie aus ihm den verwegenen, erfindungsreichen Liebhaber machen könnte, den sie sich vorstellte. So wie Rita versucht hatte, Fred dazu zu bewegen, sie ernst zu nehmen, obwohl er Schwierigkeiten hatte, überhaupt irgend etwas ernst zu nehmen, versuchte Ruth, ihre sexuellen Vorstellungen durchzusetzen, ohne darauf zu achten, wie Peters Wünsche und Erwartungen aussahen. So hatten weder Rita noch Ruth mit ihren Bemühungen Erfolg.

Am Anfang ihrer Beziehung mit Peter hatte Ruth die Wahl gehabt, sein sexuelles Verhalten zu akzeptieren oder nicht. Sie hatte sich entschieden, ihn zu heiraten – trotz seiner «ruhigen, sanften Art». Sein Verhalten konnte möglicherweise ein wenig verbessert, aber nicht drastisch geändert werden. Sie hätte sich natürlich auch entscheiden können, ihn *nicht* zu heiraten, da sie ein «gewagtes und aufregendes» Liebesleben allzu sehr vermißte. Statt dessen ging Ruth mit dem Vorsatz in die Ehe, die Qualitäten ihres Mannes als Liebhaber gründlich zu verbessern. Aber dieses Unternehmen war zum Scheitern verurteilt; was in allen anderen Bereichen einer Beziehung nicht klappt, kann natürlich auch in sexueller Hinsicht nicht funktionieren.

Bevor Sie sich für eine Partnerschaft engagieren, müssen Sie sich überlegen, welche sexuellen Bedürfnisse Sie haben und wie wichtig der sexuelle Aspekt Ihrer Beziehung für Sie ist. Definieren Sie genau, was Sie unter gutem Sex verstehen, welche Kriterien von wesentlicher Bedeutung sind und auf was Sie verzichten könnten, ohne sich enttäuscht und frustriert zu fühlen. Bevor Sie sich ernsthaft mit einem Mann einlassen, müssen Sie sich über Ihre sexuellen Bedürfnisse im klaren sein.

Es spielt keine Rolle, wie viele Sexratgeber Sie lesen oder wie viele Experten Sie konsultieren – nur Sie selbst wissen, was Sie in sexueller Hinsicht wünschen und brauchen. Also lassen Sie sich Ihr sexuelles Verhalten nicht von anderen vorschreiben. Vergleichen Sie Ihr Liebesleben nicht mit den neuesten Statistiken, die Ihnen vorrechnen, wie oft das «normale» Paar in der Woche miteinander schläft, oder wie viele Orgasmen die «normale» Frau beim Beischlaf hat. Und begehen Sie nicht den gleichen Fehler wie Ruth, die glaubte, guter Sex in einer langfristigen, engagierten Beziehung wäre genauso umwerfend und aufregend wie guter Sex in einer unverbindlichen Beziehung.

Guter Sex in einer lockeren Gelegenheits-Beziehung macht Freude und ist aufregend. Genau das ist es, was Leute, die gelegentlich miteinander ins Bett gehen, sich wünschen – wobei der Spaß und die Aufregung Ausdruck von purer Lust und nicht von Liebe oder Intimität sind. Die Sexualpartner in einer lockeren Beziehung fühlen sich körperlich häufig sehr stark zueinander hingezogen, aber es besteht zwischen ihnen kaum eine gefühlsmäßige Bindung. In einer mehr oder weniger zufälligen Liebesnacht haben beide Partner meist Lust, alles mögliche Neue auszuprobieren. Sie können von einem zufälligen Sexpartner alles verlangen, wonach Ihnen der Sinn steht. Das stört ihn nicht. Wenn Sie zu fordernd werden, läßt er Sie fallen und sucht sich eine neue, weniger anspruchsvolle Partnerin. Umgekehrt brauchen Sie in einer lockeren Beziehung auf Dauer nichts zu tun, was Ihnen nicht gefällt. Ihre augenblicklichen Wünsche und Bedürfnisse sind das einzige, was zählt, und wenn sie nicht mehr erfüllt werden, gibt es auch keinen Grund, länger mit dem betreffenden Mann ins Bett zu gehen.

In einer engagierten, dauerhaften Beziehung jedoch hat sehr wenig von dem, was ich gerade beschrieben habe, Bedeutung. Natürlich sollte Sex auch in einer solchen Beziehung Freude machen und aufregend sein, aber im Rahmen einer engen Bindung liegt sein wahrer Wert darin, Ihnen ein Gefühl von Erfüllung, Zufriedenheit und Anerkennung zu geben. Guter Sex mit Ihrem Lebensgefährten basiert nicht mehr ausschließlich auf körperlicher Anziehungskraft. Ganz andere Faktoren spielen dabei eine Rolle, denn Ihr Körper und die gegenseitige Anziehung werden sich im Laufe des Lebens natürlich verändern. Weil Sie Ihrem Mann nahe und gefühlsmäßig stark mit ihm verbunden sind, geht es beim Sex mit ihm um sehr viel mehr. Sie haben mehr zu gewinnen, wenn Ihr Liebesleben befriedigend ist, und mehr zu verlieren, wenn es das nicht ist. Es geht um mehr als die Befriedigung Ihrer augenblicklichen Wünsche und Bedürfnisse. Wenn Sie im Bett Forderungen stellen, Anweisungen erteilen oder «das Heft in die Hand nehmen», ohne die Bedürfnisse Ihres Mannes (oder seines Egos) zu berücksichtigen, kann sich das langfristig genauso verheerend auf Ihre Beziehung auswirken, als wenn Sie versuchen, Ihren Mann zu zwingen, mehr Zeit mit Ihnen zu verbringen, in Ihrer Sprache mit Ihnen zu reden oder bestimmte Dinge ernstzunehmen, obwohl das nicht seiner eigentlichen Natur entspricht.

Die Grundprinzipien, die in einer dauerhaften, engagierten Beziehung mit einem Mann gelten, sind auch auf den Sex anwendbar. Sie können das, was Sie im Augenblick haben wollen, nicht immer haben. Soll das heißen, daß Sie im Bett nie das bekommen werden, was Sie sich wünschen, und daß Sie die sexuellen Wünsche Ihres Mannes auch dann erfüllen müssen, wenn Sie das eigentlich nicht möchten? Nein, absolut nicht.

Wenn es Ihnen gefällt, wie er es macht, dann macht er es richtig

Sex beeinflußt alles und wird von allem beeinflußt, was in anderen Bereichen Ihrer Beziehung geschieht. Deshalb empfehle ich Ihnen nachdrücklich, so lange wie möglich zu warten, bevor Sie zum ersten Mal mit dem Mann schlafen, von dem Sie glauben, daß er als Ihr Lebensgefährte ernstlich in Frage kommt. Ihre Beziehung wird danach nicht mehr dieselbe sein. Wenn Sie diesem Mann im Augenblick noch kein volles Vertrauen entgegenbringen, dann erhöhen Sie das Risiko, von ihm verletzt zu werden. Darüber hinaus besteht die Gefahr, daß Sie aus den falschen Gründen mit ihm ins Bett gehen: Um ihn daran zu hindern, Sie zu verlassen, oder um sich zu beweisen, daß er Sie attraktiv findet, um ihn dazu zu bewegen, etwas für Sie zu tun, oder weil Sie fürchten, er könnte das Interesse an Ihnen verlieren, wenn Sie sich weigern. Das wäre ein gefährliches Spiel. Denn es ist gut möglich, daß Sie im Verlauf Ihrer Beziehung weiterhin aus eben diesen Gründen mit ihm schlafen oder daß Sie sich ihm aus diesen Gründen verweigern, und darunter wird nicht nur Ihr Liebesleben, sondern die ganze Beziehung leiden.

Es gibt dennoch einen guten Grund, mit einem Mann vor der Ehe zu schlafen: Um herauszufinden, ob er Ihnen auch in dieser Hinsicht gefällt. Wenn Ihnen die sexuelle Begegnung nicht gefällt – wenn Sie nichts dabei empfinden, wenn er Sie mißbraucht oder Dinge von Ihnen verlangt, die Sie abstoßen –, dann sollten Sie die Beziehung beenden. Es würde in

Zukunft nur noch schlimmer werden. Sexuelle Intimität würde ein Anlaß für Streß und Konflikte, die Ihre Beziehung irgendwann zerstören würden.

Wenn Sie jedoch mit Ihrem Mann vor Ihrer Hochzeit nicht schlafen wollen, dann müssen Sie sich bei der Auswahl Ihres Lebensgefährten auf Ihre Intuition verlassen. Nehmen Sie sich ausreichend Zeit, um ihn kennen und seine Qualitäten schätzen zu lernen. Und seien Sie sich darüber im klaren, daß Sie dann, wenn Sie sich auf diese Beziehung einlassen, auch mit der sexuellen Beziehung leben müssen. Zum Glück ist es normalerweise so, daß die allgemeine Lebenseinstellung eines Mannes auch vieles über seine Einstellung zum Sex verrät, und diese Einstellung wiederum läßt ahnen, wie er sich im Bett verhalten wird. Um herauszufinden, was Sie wissen sollten, brauchen Sie also nicht unbedingt vor der Ehe mit einem Mann zu schlafen.

Wie Sie Ihre sexuellen Probleme lösen – vorausgesetzt, Sex ist wirklich das Problem

In einer dauerhaften, engagierten Beziehung sind alle sexuellen Probleme, die nicht auf Krankheitsgründe zurückzuführen und nicht Symptome für Ärger in anderen Bereichen der Beziehung sind, in zwei Kategorien zu teilen: Auseinandersetzungen darüber, *wie* Sex stattzufinden hat, und Konflikte, *wann* Sex stattfinden soll. Beide Probleme können Sie durch eine simple Arbeitsteilung lösen. Sie entscheiden über das *wann*. Er entscheidet über das *wie*.

Diese Behauptung wird wahrscheinlich wieder Ihre sämtlichen Alarmsirenen aufheulen lassen, aber wenn Sie die Vorstellung eine Zeitlang auf sich wirken lassen, dann werden Sie feststellen, daß sie durchaus sinnvoll ist. Erstens haben Sie keine Möglichkeit, das sexuelle Verhalten Ihres Mannes zu steuern, ohne sein Ego zu provozieren. Wenn Sie selbst über das Wie entscheiden wollen, ernten Sie nichts als Ärger. Männer meinen zu wissen, wie es geht, sie wollen zeigen, wie gut sie es wissen. Wenn Sie Ihrem Mann dafür Lob und Anerkennung zollen, dann wird er alles daransetzen, Sie zufriedenzustellen.

Zweitens geht es für Sie als Frau bei der Befriedigung Ihrer Bedürfnisse meistens ohnehin um das Wann. Sie haben dann Interesse an Sex, wenn Sie romantische oder liebevolle Gefühle spüren. Sie sind bereit, mit Ihrem Mann zu schlafen, wenn Sie liebevoll in den Arm genommen oder getröstet werden wollen. Wenn Sie nicht wirklich bereit sind – wenn Sie sich unter Druck gesetzt fühlen, abgelenkt oder erschöpft sind oder sich unattraktiv finden –, werden Sie, auch wenn Ihr Mann noch so gut ist, keinen Spaß am Sex haben. Sie finden einfach keinen Gefallen daran, wenn Sie nicht körperlich, geistig, seelisch und gefühlsmäßig dazu bereit sind – deshalb ist es Ihre Aufgabe, den richtigen Zeitpunkt zu wählen.

Um diese Aufgabe erfüllen zu können, sollten Sie Ihrem Mann auf nonverbalem Wege signalisieren, wann Sie Sex mit ihm haben möchten. Sie könnten beispielsweise auf dem Weg von der Haustür zum Schlafzimmer ein paar Kleidungsstücke fallen lassen, Sie könnten eine Platte mit romantischer Musik auflegen, Ihren Mann verführerisch berühren, sich sinnlich und sexy bewegen – und so weiter. Setzen Sie diese Signale ein, und Ihr Mann wird den Hinweis richtig verstehen und darauf reagieren. Falls er das nicht tut, wissen Sie, daß es ein Problem gibt, das nicht sexueller Natur ist.

Eine Frau, die in Wirklichkeit nur daran interessiert ist, ihre eigenen Vorstellungen durchzusetzen, einen Mann zu beherrschen und ihn für etwaige frühere Vergehen zu bestrafen, wird ihre Signale wahrscheinlich gerade dann aussenden, wenn ihr Mann an seinem kaputten Radio herumbastelt, wenn er unbedingt die Arbeit fertigstellen will, die er aus dem Büro mit nach Hause gebracht hat, wenn er offensichtlich erschöpft ist oder unmißverständlich deutlich gemacht hat, daß er seine Ruhe haben will. Unter solchen Bedingungen wird er auf ihre Signale wahrscheinlich *nicht* reagieren. Und obwohl die Frau weiß, daß sie den falschen Zeitpunkt gewählt hat, wird sie verärgert oder verletzt sein und sich berechtigt fühlen, einen Streit zu beginnen.

Von dem Augenblick an, da Ihr Mann Ihre Signale empfangen hat und positiv darauf reagiert, ist er der Steuermann. Er entscheidet darüber, wie er Sie liebt. Sie versuchen nicht, sein Verhalten zu bestimmen. Sie kritisieren und korrigieren ihn nicht, machen keine «kleinen Verbesserungsvorschläge» und bewerten auch nicht seine vollbrachte Leistung, indem Sie ihm erzählen, wieviel besser es gewesen wäre, wenn er dies, das oder jenes getan hätte. Sie können ihn natürlich *während* des Liebesspiels beeinflussen – indem Sie ihm zeigen, daß es sich für ihn lohnt, das zu tun, was Sie gern haben.

Lernen Sie zu stöhnen. Wenn Sie stöhnen, wird er seine eigenen Wünsche hintan stellen. Stöhnen und andere nonverbale Zeichen als Ausdruck von Lust haben auf einen Mann die gleiche Wirkung wie Applaus auf einen Schauspieler. Wenn er beabsichtigt oder unbeabsichtigt etwas tut, was Ihnen gefällt, oder nahe an das herankommt, was Ihnen gefällt, dann stöhnen Sie. Er weiß dann, daß Sie zu schätzen wissen, was er getan hat, und er wird es erneut und häufiger tun – weil er weiß, daß er dann *noch* mehr Applaus bekommen wird.

Sex ist ein Tanz des Gebens und Nehmens, der erst dann wirklich befreiend und befriedigend sein kann, wenn Sie entschieden haben, wer die Führung übernimmt und wer folgt. Wenn Sie dieses Prinzip akzeptiert haben, dann gibt es für die Schönheit, die Grazie, die Spontaneität und die Kreativität Ihres Tanzes keine Grenzen. *Vor* dem Sex führen Sie; *beim* Sex führt er. Und Ihre Aufgabe besteht darin, seiner Führung zu folgen, seine Leistung zu genießen und ihm zu zeigen, wie gut er es macht.

Wenn es Ihnen nicht gefällt, was er macht, dann waren Sie noch nicht wirklich bereit. Sie haben Ihre Signale ausgesendet, weil Sie sich dazu verpflichtet fühlten, weil Sie fürchteten, Ihr Mann könne sich mit Ihnen langweilen oder Sie ablehnen, wenn Sie nicht bald mit ihm schliefen, oder weil Sie beweisen wollten, daß dieses System nicht funktioniert – daß Sex auch dann noch miserabel ist, wenn *Sie* entscheiden, wann er stattfindet. Sie sollten jetzt zunächst einmal herausfinden, warum Sie sich so verhalten haben und welches ungelöste Problem Sie dazu veranlaßt hat.

Wenn Sie den Ratschlägen in diesem Kapitel folgen und Ihre sexuelle Beziehung sich dennoch nicht verbessert, dann wissen Sie, daß Ihr eigentliches Problem nicht sexueller Natur ist. Es liegt vielmehr im Bereich von Vertrauen, Liebe, Intimität und Kontrolle. In diesem Bereich müssen also auch die Lösungen für Ihre Probleme gesucht werden. Wie Sie im nächsten Kapitel erfahren werden, ist es für den Erfolg und den Bestand Ihrer Beziehung absolut notwendig, daß Sie sie bewußt pflegen und sich dafür einsetzen.

13
Eine echte Scheidung
gibt es nicht!

Valerie

Nach sechzehn Jahren Ehe hatten sich Valerie, 38, Krankenschwester, und ihr Mann Rudi, 39, Bauingenieur, scheiden
lassen. «Es klappte einfach nicht mehr mit uns», stellte Valerie sachlich fest. Sie war davon überzeugt, daß ihre Beziehung
«eines langsamen Todes» gestorben war, seitdem sie damit
aufgehört hatte, die «hilflose kleine Valerie zu sein, die immer tat, wie ihr geheißen wurde und keinen eigenen Willen
hatte».

Laut Valerie hatte die Ehe so ausgesehen: «Während der
ersten zehn Jahre nach unserer Hochzeit betete ich Rudi an.
Allem, was er sagte, stimmte ich zu. Alles, was er wollte, gab
ich ihm. In meinen Augen war er ein Mann ohne Fehl und
Tadel.» Rückblickend beschrieb Valerie sich als «eine Art
Fußmatte». Allerdings mußte sie zugeben, daß Rudi sie nie
als eine solche behandelt hatte. Nie hatte er ihre Bewunderung und Anpassungsbereitschaft ausgenutzt. «Er war sehr
gut zu mir, und, um ehrlich zu sein, ich war damals sehr
glücklich. Es gefiel mir, für ihn, unsere Kinder und unser
Heim zu sorgen, und ich war auch liebend gern die kuchen-
backende, fürsorgliche Mutter, die alle Kinder aus der Nach-
barschaft nach der Schule mit Saft und Keksen versorgte.»
Aber irgendwann fing Valerie an, dieses Leben in Frage zu
stellen.

«Ich war sowohl finanziell als auch gefühlsmäßig völlig von
Rudi abhängig, und das erschien mir nicht mehr richtig. Es

kam mir unvernünftig vor, ihn auf ein Podest zu stellen und ihn alle Entscheidungen allein treffen zu lassen. Was wäre gewesen, wenn ihm etwas zugestoßen wäre? Was hätte ich dann getan? Wäre ich ohne ihn überhaupt zurechtgekommen?» Weil sie wissen wollte, ob sie ohne ihn zurechtkommen würde, nahm sie – mit seiner Unterstützung und Ermutigung – an einem Wiedereinstiegskurs für Krankenpflege teil und kehrte halbtags in ihren alten Beruf zurück.

Ihre Probleme begannen kurze Zeit später. «Ich wurde selbstbewußter, zuversichtlicher und traute mir immer mehr zu, auch mit Dingen fertigzuwerden, die Rudi mir sonst stets abgenommen hatte.» Eines dieser «Dinge» war Geld. «Da ich nun auch etwas zu unserem Familienunterhalt beitrug, erschien es mir richtig, bei den Ausgaben ein Wörtchen mitzureden. Aber Rudi und ich wurden uns in dieser Hinsicht nie einig.» Rudi wollte Valeries Einkommen für Notfälle und für die Zukunft auf die hohe Kante legen, während Valerie meinte, sie und ihre Kinder könnten sich jetzt einmal einige Wünsche erfüllen, für die Rudis Gehalt allein nie gereicht hatte. «Wir haben uns über dieses Thema in den letzten fünf Jahren Hunderte von Malen gestritten. Und dieser Konflikt führte auch zu unzähligen anderen Streitigkeiten. Ich war einfach nicht mehr die passive, abhängige und unterwürfige Valerie, und damit konnte Rudi nicht umgehen. Ich brauchte ihn nicht mehr für alle möglichen Entscheidungen, und das konnte er nicht akzeptieren. Ich wollte und mußte Dinge tun, die ihm nicht immer recht waren; das gefiel ihm nicht.» Er schien nicht bereit zu sein, die «neue» Valerie zu akzeptieren und sich auf sie einzustellen. Dadurch entwickelte sich die einst friedliche, ehrliche Beziehung zu einem Schlachtfeld.

«Wir befanden uns in einem permanenten Kriegszustand. Aber statt die Themen in lautstarken Streitereien richtig auszufechten, machten wir uns das Leben gegenseitig auf indirekte, hinterhältige Weise schwer. Ich wurde sarkastisch. Er machte mich vor unseren Kindern oder Freunden schlecht.

Ich tat etwas, von dem ich wußte, daß er es haßte. Er schmollte. So ging es oft tagelang.» Und mit Ausnahme von gelegentlichen Waffenstillständen blieb diese Situation jahrelang unverändert.

Wenn Valerie diese zermürbende Stimmung nicht mehr ertragen konnte, sagte sie zu Rudi: «Sieh mal, so geht das doch nicht weiter. Ich bin unglücklich und du bist unglücklich. Vielleicht können wir einander nicht mehr glücklich machen. Vielleicht passen wir wirklich nicht mehr zueinander.» Und jedesmal stimmte Rudi ihr zu. «Vielleicht hast du recht. Vielleicht ist es wirklich vorbei mit uns», murmelte er. Aber immer gab es noch genügend Gründe für ihn, nicht zu gehen, und Valerie bestand auch nie darauf, daß er ging. Schließlich war der Tag gekommen, an dem Rudi auf Valeries altbekannte Feststellung, sie sei unglücklich, mit den Worten «Okay, ich ziehe aus» reagierte.

Eine Woche später hatte er eine eigene Wohnung gefunden, und der Familienanwalt bereitete die Scheidung vor. «Es lief alles sehr sachlich und vernünftig ab», sagte Valerie. «Rudi ist schließlich ein sehr vernünftiger Mann.»

Ich konnte mir die Bemerkung nicht verkneifen, daß das Wort «vernünftig» für sie genauso negativ besetzt zu sein schien wie etwa «aussätzig». «Das ist ja das Problem. Rudi ist einfach zu sachlich, zu logisch und zu vernünftig. Er ist weder leidenschaftlich noch spontan. Er denkt immer gradlinig und praktisch, und das war es auch, was mir so gefiel, als ich ihn heiratete. Aber ich habe genug davon, immer nur das zu tun, was er für vernünftig hält. Er würde nie irgend etwas ausprobieren, wofür es nicht mindestens zehn vernünftige Gründe gibt, und ich war es leid, ihm ständig logische und unwiderlegbare Argumente für alles, was ich tun wollte, liefern zu müssen. Ich hielt diese eiserne Routine einfach nicht mehr aus: Abendessen um Punkt halb sieben, an bestimmten Wochentagen stets das gleiche Essen, am Mittwoch und Samstag Sex, am Sonntag immer Brunch im selben Restaurant. Nach Rudi konnte man die Uhr stellen. Nie passierte etwas Unvorhersehbares. Er wäre glücklich gewesen, wenn es bis an sein Lebensende so weitergegangen wäre. Aber mir reichte das nicht. Ich verkümmerte immer mehr. Ich brauchte Abwechslung, ein wenig Aufregung, irgend etwas, das unser gemeinsames Leben ein bißchen spannender und lustiger machen würde.»

Valerie wollte mehr sein als nur eine Ergänzung ihres Ehemannes. «Ich wollte auf eigenen Füßen stehen, ein Mensch mit eigenen Rechten sein.» Dazu bekam sie die Gelegenheit, als Rudi ausgezogen war. «Nun mußte ich wirklich stark sein. Schon allein wegen der Kinder. Sie waren wegen der Scheidung traurig und durcheinander, also konnte ich mich nicht einfach gehenlassen. Ich nahm mich zusammen und bewältigte alle Probleme und kleinen Krisen, die auf uns zukamen. Ich stellte fest, daß ich sehr wohl stark, entscheidungsfähig und unabhängig sein konnte.»

Aber mußte sie wirklich eine Ehe von sechzehn Jahren beenden, um das zu erfahren? War es sinnvoll, eine ganze Beziehung wegzuwerfen, weil sie von der Alltagsroutine gelangweilt war, weil sie sich beweisen wollte, daß sie in der Lage war, Entscheidungen zu treffen?

«Ja, damals glaubte ich das», entgegnete Valerie. Aber nach acht Monaten des Alleinseins war sie sich nicht mehr so sicher. «Ich erzähle allen, daß zwischen Rudi und mir unüberbrückbare Schwierigkeiten bestanden. Aber in letzter Zeit denke ich immer wieder, daß wir eigentlich gar nicht richtig versucht haben, diese Schwierigkeiten zu beseitigen. Wir haben einfach aufgegeben.»

230

Ist Aufgeben eine Lösung?

«Ich müßte lügen, wenn ich behaupten wollte, ich sei jetzt glücklicher als vor unserer Scheidung», fuhr Valerie fort. «Es ist hart, für alles allein verantwortlich zu sein. Ich fühle mich auch sehr einsam. Ein anderer Mann war nie ein Thema für mich, aber wenn die Scheidung abgeschlossen ist, werde ich wohl doch nach jemandem Ausschau halten müssen. Die Vorstellung behagt mir allerdings überhaupt nicht.»

Rudi scheine allein auch nicht glücklich zu sein, berichtete Valerie. «Er ruft häufig an, und wenn er die Kinder nach einem Besuch wieder zurückbringt, findet er immer einen Anlaß, um noch eine Weile zu bleiben und sich mit mir zu unterhalten. Oder er entdeckt irgend etwas, das er reparieren kann, und kommt am Samstag dann mit seinem Werkzeugkasten vorbei. Ich bin mir ziemlich sicher, daß er bereit wäre, es noch einmal zu versuchen, aber ich weiß nicht, ob ich es ihm vorschlagen soll. Die Kinder wären begeistert. Aber wäre ich glücklich dabei? Würde Rudi erwarten, daß wieder alles so würde, wie es war, als ich noch nicht so selbstsicher und eigenständig war? Das möchte ich auf keinen Fall. Allerdings will ich auch keinen anderen Mann, und ich will auch nicht den Rest meines Lebens allein verbringen. Ich bin ganz durcheinander. Es ist eine schwierige Entscheidung, und das alles macht mir zur Zeit sehr zu schaffen.»

Gut, sagte ich. Es freute mich, das zu hören. Eine sechzehn Jahre alte Ehe mit Kindern zu beenden, sollte in der Tat etwas sein, das ihr zu schaffen machte. Sie sollte die Angelegenheit von allen Seiten betrachten, nach ihren Motiven fragen und herausfinden, was alles schiefgelaufen war und warum. Sie sollte an die langfristigen Folgen einer rechtswirksamen Scheidung denken und auch über Alternativen zu dieser endgültigen Trennung nachdenken. Eine Scheidung ist der allerletzte Ausweg. Wenn Valerie diesen Weg tatsächlich gehen will, dann muß sie sicher sein, daß sie es aus den richtigen

Gründen tut, und nicht, weil sie glaubt, sie würde glücklich oder ihr Unglück hätte ein Ende, wenn sie aus ihrer Ehe ausgebrochen ist. Das wird nämlich nicht der Fall sein.

Glück, inneren Frieden, die Kraft, auf eigenen Füßen zu stehen und unzählige andere Dinge, von denen Ihr Mann Sie vermeintlich abhalten will, können Sie finden, ohne eine Ehe aufzulösen, die fünf, zehn oder fünfzehn Jahre lang gehalten hat. Wenn Sie glücklich sein wollen, dann machen Sie sich selbst glücklich. Suchen Sie in sich selbst nach Frieden. Gehen Sie hinaus, und leben Sie Ihre Wünsche nach Selbständigkeit und Dominanz dort aus, wo es weder Ihnen noch anderen schadet. Lernen Sie, stark, unabhängig *und* verheiratet zu sein. Abgesehen von wenigen Einzelfällen, werden Sie Ihr Glück eher finden, wenn Sie zu Ihrer Ehe stehen, als wenn Sie ausbrechen, um mit einem anderen Mann noch einmal von vorn anzufangen.

Eine wirkliche Scheidung gibt es nicht

Eine Scheidung ist ein juristisches Manöver, das Sie aus einer unangenehmen Situation befreit. Sie dient dazu, den Streß und die Unbequemlichkeiten auszuschalten, die entstehen, wenn eine Beziehung nicht so funktioniert, wie Sie es sich erhofft haben. Eine Scheidung befreit Sie und Ihren Mann von Ihren Pflichten; sie macht Ihren Ehevertrag null und nichtig. Rechtlich gesehen haben Sie keine Verbindung mehr. Dennoch wird dieses juristische Manöver Ihre Ehe nicht völlig vom Erdboden verschwinden lassen. Es kann das starke emotionale und geistige Band nicht zerreißen, das Sie einmal zur Eheschließung veranlaßt hat. Dieses starke Band wird in den meisten Fällen noch lange, nachdem die Scheidungspapiere längst unterzeichnet sind, weiterbestehen.

Wenn Sie sich scheiden lassen, korrigieren Sie den Fehler, den Sie bei der Auswahl Ihres Lebensgefährten begangen haben. Aber Sie werden ihn nicht wirklich los. Sein Geist, die Erinnerung an ihn, vieles, was in Ihrer Ehe nicht zu Ende geführt wurde, taucht bei den unpassendsten Gelegenheiten wieder auf, um jede neue Beziehung, die Sie eingehen, zu stören, zu unterbrechen und zu beeinflussen. Manchmal haben Sie das Gefühl, als wiederholten sich Szenen aus Ihrer ersten Ehe Wort für Wort in der zweiten. Oder Sie fürchten so sehr, denselben Fehler noch einmal zu machen und wieder enttäuscht zu werden, daß Sie es nicht fertigbringen, dem neuen Mann in Ihrem Leben wirklich zu vertrauen. Sie sind, wenn Sie mit ihm zusammen sind, stets auf der Hut. Sie vergleichen ihn mit Ihrem Exmann. In bestimmten Situationen reagieren Sie übertrieben. Sie halten etwas zurück, und zwar meistens genau das, was Sie für den Erfolg Ihrer neuen Beziehung unbedingt brauchen.

Ihr neuer Partner hat einen unsichtbaren Gegner, gegen den er sich durchsetzen muß – einen angeheirateten Ehemann sozusagen –, und wenn Sie sich ernsthaft mit einem geschiedenen Mann einlassen, dann erben auch Sie eine angeheiratete Ehefrau, die regelmäßig unerwartete und unwillkommene «Besuche» abstattet. Wenn Sie gerade in der Küche sind oder sich im Badezimmer schminken oder wenn Sie mit ihrem Exmann im Bett sind, taucht sie auf und verspottet Sie, indem sie Sie daran erinnert, was sie alles besser gemacht hat als Sie. Sie lauert hinter jeder Ecke, bewacht alle Ihre Schritte und sorgt dafür, daß Sie nie vergessen, daß auch Sie einmal als die Exfrau Ihres Mannes enden könnten. Dieser «Exehegatte» und das emotionale und geistige Band, das Sie mit ihm noch verbindet, macht zweite Ehen so riskant und läßt sie viel eher in Scheidung enden, als es bei Erst-Ehen der Fall ist.

Durch eine Scheidung entstehen meist viele Probleme, vor allem dann, wenn Kinder da sind. Besonders für Kleinkinder ist eine Scheidung neben dem Tod eines Elternteils ein gewaltiges Trauma. Sie verstehen nicht, was eine Scheidung ist. Sie geben sich selbst die Schuld daran. Sie haben das Gefühl, den einen Elternteil zu betrügen, weil sie den anderen lieben, aber sie können auch nicht aufhören, den einen zu lieben, ohne sich immer mehr in Schuldgefühle zu verstricken. Auch wenn die Trennung auf freundschaftlicher Basis stattfindet, werden Kinder von Loyalitätskonflikten geplagt. Sorgerechtsstreitigkeiten und ein erbitterter Scheidungskampf werden für sie zu einer wahren Folter. Ein Scheidungskind wird, wenn es mit einem Problem konfrontiert ist, sehr bald das Handtuch werfen. In vielen Fällen geben diese Kinder lieber auf, als daß sie eine Sache durchstehen. Und wie Sie sich wahrscheinlich vorstellen können, haben diese Kinder später wenig Vertrauen in ihre Fähigkeit, eine beständige, intime Beziehung zu führen.

Ja, aber ...

Erzähle ich Ihnen das alles etwa, weil ich die Meinung vertrete, Sie sollten Ihren Kindern zuliebe sogar an einer lieblosen, unbeständigen und destruktiven Ehe festhalten? Will ich Ihnen weismachen, daß Sie sich unter gar keinen Umständen scheiden lassen sollen? Natürlich nicht. Jede Situation ist anders. Manche der «Krankheiten», von denen Ehen befallen werden, können geheilt werden, andere nicht. Manche sterbende Ehe kann wiederbelebt werden. Bei anderen ist nichts mehr zu retten. Scheidung kann eine lebensnotwendige, sogar lebensrettende Möglichkeit sein, wenn der Verbleib in einer Ehe Ihre Gesundheit oder Ihr Wohlergehen gefährdet, wenn Ihr Ehemann Sie mißbraucht oder immer wieder hintergeht, wenn er so sehr vom Alkohol, anderen Drogen oder dem Spiel abhängig ist, daß er seinen familiären Pflichten nicht mehr nachkommen kann. Ich schlage Ihnen nicht vor, Ihre Gesundheit oder Ihr Leben aufs Spiel zu setzen, um Ihre Ehe zu retten. Ich möchte jedoch, daß Sie Scheidung keinesfalls als einen einfachen Ausweg ansehen, sondern als das letzte verbleibende Mittel. Und wenn Sie sich wirklich für das Gelingen Ihrer Beziehung einsetzen, werden Sie dieses Mittel wahrscheinlich nie anwenden müssen.

Wie Sie Ihre Beziehung pflegen und aufrechterhalten

Im Laufe der Jahre lernte ich erstaunlich viele Frauen kennen, die berichteten, das Ende ihrer Beziehung habe sie wie ein Blitz aus heiterem Himmel getroffen. Völlig unerwartet und «ohne jede Vorwarnung» wurden sie nach fünf, zehn oder sogar fünfundzwanzig Ehejahren von ihren Ehemännern darüber informiert, daß diese eine andere Frau gefunden hätten und sie nicht mehr liebten oder einfach nicht mehr verheiratet sein wollten. «Ich war wie vom Donner gerührt», sagen diese Frauen dann. «Ich hatte keine Ahnung, daß er unglücklich war», schwören sie. Diese Behauptungen überraschen mich immer wieder. Wie kann eine Frau so viele Jahre mit einem Mann zusammenleben und dennoch nicht wissen, wann er unglücklich ist? Doch wohl nur dann, wenn sie sich kaum oder überhaupt nicht um ihre Beziehung kümmert.

Eine gute Beziehung ist etwas Lebendiges. Sie hat Substanz und Kraft. Sie wächst und entwickelt sich mit der Zeit. Sie ist wie ein Kind. Wenn Sie Ihre Beziehung gestalten, dann ist das so, als würden Sie ein Kind großziehen. Sie müssen für dieses Kind sorgen, Übel von ihm fernhalten und es sanft auf den richtigen Weg bringen. Sie müssen sich um eine Beziehung kümmern wie um ein Kind, mit einem Blick auf die Zukunft, aber auch mit wacher Aufmerksamkeit für alles, was in der Gegenwart geschieht. Sie müssen daran denken, was für Ihre Beziehung auf lange Sicht das beste ist, und daran, was Sie jetzt tun können, damit die Beziehung auch in zehn oder zwanzig Jahren noch lebendig ist.

In guten wie in schlechten Zeiten, bei Krankheit und Gesundheit – die Zukunft Ihrer Beziehung liegt in Ihrer Hand. Normalerweise wollen Männer ihre beständigen, engagierten Beziehungen nicht aufgeben. Sie wollen sich um ihren guten Handel nicht betrügen lassen, und sie wollen sich auch nicht verändern. Sie haben sich an Sie gewöhnt und fühlen sich wohl mit Ihnen. Sie haben einiges in diese Beziehung investiert, und sie wünschen sich, daß sich die Investition rentiert. Sie wollen ihr Kapital nicht wieder herausziehen und es in einer neuen Beziehung anlegen. Wenn sie die Wahl hätten, würden sie nicht noch einmal von vorn anfangen.

Wenn Ihre Beziehung einmal aus den Fugen zu geraten droht und Sie sich dieser Tatsachen bewußt sind, dann ist es Ihre Entscheidung, ob Sie ihr den endgültigen Todesstoß versetzen oder ob Sie sie wieder zu neuem Leben erwecken. Solange diese Beziehung nicht unrettbar verloren ist und Ihr Mann Sie nicht unwiderruflich verlassen hat, liegt deren Zukunft allein in Ihrer Hand. Sie können sie vernichten oder retten. Aber Sie können keinesfalls erwarten, daß Ihr Mann Ihre Beziehung für Sie rettet.

Es ist müßig zu denken: «Wenn ihm etwas an unserer Beziehung liegt, dann soll er auch etwas dafür tun. Jetzt muß er dafür sorgen, daß es wieder klappt.» Sie können nicht sagen: «Ich habe genug getan. Jetzt ist er dran; ich werde nicht mehr die ganze Verantwortung allein übernehmen.» Wenn Sie so denken, dann können Sie Ihre Beziehung gleich begraben. Suchen Sie sich lieber einen guten Scheidungsanwalt. Bemühen Sie sich um eine gerechte Einigung, denn Ihre Ehe ist nicht mehr zu retten. Wenn Ihre Ehe nicht funktioniert, dann können Sie deren Rettung nicht jemandem überlassen, der nichts davon versteht. Ihr Mann kann Ihre Beziehung nicht retten. Er weiß nicht, wie das geht. Es ist nicht seine Aufgabe. Er ist dafür nicht geschaffen. *Sie* sind dafür geschaffen. Alles, was er täte, würde nur noch mehr Probleme schaffen.

Sie müssen die Ärmel hochkrempeln und sich an die Arbeit

machen. Gestalten Sie Ihre Beziehung. Pflegen Sie sie wieder gesund. Führen Sie sie wieder auf den richtigen Weg. Wenn Sie dazu nicht bereit sind, wenn Sie sich die Mühe nicht machen wollen, dann erwarten Sie nicht, daß Ihre Beziehung besser werden wird. Sie wird sterben, und dann werden Sie sagen: «Ich habe es versucht. Ich habe es so lange ausgehalten, wie es ging.» Es in Ihrer Beziehung auszuhalten ist aber nicht das gleiche, wie sie wieder aufzubauen, zu reparieren oder zu gestalten. Es ist lediglich besser, als allein zu sein, und einfacher, als mit jemand anderem einen Neuanfang zu wagen. Aber während Sie darauf warten, daß Ihre Beziehung endgültig stirbt oder daß entweder Sie selbst zur Trennung bereit sind oder daß Ihr Mann sich dazu entschließt, schlagen Sie lediglich die Zeit tot.

Denken Sie daran, daß Sie hundert Prozent der Verantwortung für den Erfolg Ihrer Beziehung tragen und daß 95 Prozent Ihrer Beziehungsprobleme darauf zurückzuführen sind, wie Sie mit Ihrer Beziehung umgehen. Sie werden häufig feststellen müssen, daß Sie diese Beziehung eigentlich gar nicht gestaltet haben. Sie haben den Dingen ihren Lauf gelassen; Sie haben nur dann eingegriffen, wenn sich eine Krise ankündigte. Sie haben die automatische Steuerung des Frachters eingeschaltet, bis Sie schließlich in einen Sturm gerieten und hektisch nach dem Steuer griffen, um ein Kentern zu verhindern. Wenn Sie Ihre Beziehung auf diese Art zu führen gedenken, wenn Sie Ihre Verantwortlichkeit auf Notfälle beschränken und Fleischwunden verarzten, ohne sich um innere Verletzungen zu kümmern oder sich um den allgemeinen Gesundheitszustand Ihrer Beziehung zu sorgen, dann wird sie nicht lange gesund bleiben. Es werden immer mehr Notfälle eintreten, mit denen Sie letztlich nicht mehr fertigwerden.

Denken Sie daran, daß das Management von Beziehungen eine Art Wissenschaft ist. Um in einer dauerhaften, engagierten Beziehung mit einem Mann erfolgreich zu sein, müssen Sie sich intensiv damit befassen und alles Erforderliche für das Gelingen tun – auch wenn Ihnen einmal nicht danach zumute ist. Und zweifellos wird Ihnen häufig ganz und gar nicht danach zumute sein. Sie werden nicht immer Lust dazu haben, Ihre Beziehung zu gestalten und sich darum zu kümmern. Wenn Sie einen schlechten Tag haben, von einer Freundin hören, welche wundervollen Dinge ihr Mann für sie tut, oder etwas über Ehen lesen, die zehnmal aufregender als die Ihre zu sein scheinen, dann beginnen Sie, Ihre relativ gute Beziehung auf die Probe zu stellen, weil irgendeine Information von draußen Sie glauben läßt, daß alles viel besser sein könnte. Oder Ihre Stimmung schlägt plötzlich um; Sie werden kribbelig, ärgerlich oder unzufrieden und beschwören dadurch Ihre eigenen Beziehungsprobleme herbei. Tun Sie das nicht! Um eine gesunde Beziehung zu gestalten, müssen Sie das tun, was funktioniert und was getan werden muß – und nicht das, wonach Ihnen gerade der Sinn steht.

Um erfolgreich zu sein, brauchen Sie eine Vision und einen Plan. Sehen Sie nach vorn, betrachten Sie gelassen das ganze Bild und vermeiden Sie es, Ihre Beziehung ausschließlich nach Ihren momentanen Bedürfnissen und Gefühlen zu beurteilen. Wenn Sie das tun, verzetteln Sie sich. Ihre Gefühle – die eher eine Reaktion auf das sind, was gerade um Sie herum geschieht – ändern sich ständig, so wie sich Ihre Bedürfnisse in bestimmten Phasen Ihres Lebens ändern. Wenn Sie sich ausschließlich nach Ihren Gefühlen richten, werden Sie Ihren Kurs bei jedem kleinen Windstoß ändern. Auf diese Weise werden Sie Ihr Ziel nie erreichen.

Vertrauen Sie Ihrem Gefühl, und finden Sie heraus, was es Ihnen über Sie selbst und über Ihre Situation verrät. Aber lassen Sie sich von Ihren Gefühlen nicht die Gestaltung Ihrer Beziehung vorschreiben. Die einzigen Gefühle, die Ihnen bei der Gestaltung Ihrer Beziehung helfen können, sind die, die Sie empfunden haben, als Sie Ihren Partner ausgewählt haben und später mit ihm vor dem Traualtar standen. Wenn etwas schiefläuft, dann rufen Sie sich ins Gedächtnis, warum Sie diesen Mann geheiratet haben, und vertrauen Sie auf die Gefühle, die Sie hatten, als Sie sich dieser Beziehung verpflichtet haben.

Seien Sie sich bewußt, daß Sie wahrscheinlich von Ihrem Mann erwarten werden, daß er sich ändert, während er von Ihnen erwartet, daß Sie dieselbe bleiben. Solche Erwartungen haben schon zum Scheitern vieler potentiell erfolgreicher Beziehungen geführt.

An erster Stelle steht in jedem Fall das Vertrauen. Sie erhalten eine langfristige, engagierte Beziehung aufrecht und lebendig, indem Sie Ihren Mann so akzeptieren, wie er ist, und darauf verzichten, ihn oder die Richtung, die Ihre Beziehung nimmt, bestimmen zu wollen. Wenn Sie wollen, daß Ihre Beziehung auf Dauer gelingt, dürfen Sie sie nicht steuern oder in eine bestimmte Richtung drängen, damit Ihre Bedürfnisse und Erwartungen erfüllt werden. Sie müssen an Ihre Beziehung glauben und sich von dem festen Vertrauen an die Ehrlichkeit, Aufrichtigkeit, Zuverlässigkeit und Gerechtigkeit Ihres Mannes, Ihrer Beziehung und Ihrer eigenen Instinkte leiten lassen.

• Ersetzen Sie Ihr Vertrauen nicht durch ein Buchführungssystem – indem Sie abwägen, was Sie für Ihren Mann tun und was er für Sie tut, dann im Geiste seine Vergehen auflisten und ihn an den Pranger stellen.

• Halten Sie nicht ständig nach Anzeichen dafür Ausschau, daß Ihr Mann Sie verletzen oder ablehnen könnte, um sich dann, wenn Sie möglicherweise tatsächlich verletzt werden, von ihm zurückzuziehen oder zu einem Präventivschlag auszuholen.

• Zweifeln Sie nicht ständig an der Richtigkeit Ihrer Wahl, und stellen Sie Ihre Entscheidung nicht ständig in Frage.

● Lassen Sie es nicht zu, daß einmalige Vorkommnisse oder unerwartete und unerfreuliche Handlungen Ihres Mannes Skepsis an Ihrer Beziehung als Ganzes aufkommen lassen; lassen Sie sich dadurch nicht von deren positiven Aspekten ablenken.

Wenn Sie dennoch in der oben genannten Weise denken und handeln, dann haben Sie ein Vertrauensproblem, das in Ihrer Beziehung einige Schwierigkeiten verursachen wird. Vielleicht vertrauen Sie sich selbst nicht genügend, akzeptieren sich nicht oder glauben nicht an Ihre Fähigkeit, positive, gesunde Entscheidungen zu treffen. Ihre Selbstzweifel bewirken, daß Sie alles, was Ihr Mann sagt oder tut, als Kritik, Ablehnung, Persönlichkeitsmord oder eine Bedrohung Ihrer Selbstachtung interpretieren. Um Ihre Beziehung zu retten, müssen Sie sich möglicherweise auf Ihr eigenes Selbst besinnen und die Frau entdecken, die Sie wirklich sind.

Solange Sie das nicht tun, sind Sie leicht zu verängstigen und zu verletzen, und immer, wenn Sie sich verängstigt oder verletzt fühlen, laufen Sie davon, um sich zu verstecken. Oder Sie versuchen, sich zu schützen, indem Sie Ihren Mann zu beherrschen versuchen und seine Liebe und Loyalität auf die Probe stellen. Sie wollen, daß Ihr Mann Ihnen seine Vertrauenswürdigkeit beweist, aber kein Beweis wird Sie überzeugen können. Sobald Ihr Mann etwas sagt oder tut, das in irgendeiner Weise als verletzend gedeutet werden kann, fühlen Sie sich betrogen und entziehen ihm Ihr Vertrauen. «Er hat mich belogen», sagen Sie. «Er wußte, wie ich mich fühlte, und trotzdem hat er dies oder jenes getan. Er kümmert sich so wenig um mich, daß er noch nicht einmal dies oder jenes für mich getan hat. Also kann ich mich nicht auf ihn verlassen. Er muß mir erst wieder beweisen, daß ich ihm vertrauen kann. Ich werde ihn auf die Probe stellen und die Augen offenhalten, bis ich trotz all meiner Zweifel sicher sein kann, daß er mich nie wieder verletzen wird.» Aber Sie können nie ganz sicher sein. Es gibt nichts, was ein Mann tun könnte, um all Ihre Zweifel aus dem Weg zu räumen.

Wenn Ihr Mann Ihr Vertrauen jedoch wieder und wieder mißbraucht – wenn er Sie ständig belügt, Sie regelmäßig betrügt oder Ihnen wiederholt körperlichen oder seelischen Schmerz zufügt –, dann haben Sie allen Grund, ihm zu mißtrauen, und es wäre wahrscheinlich besser für Sie, wenn Sie nicht mit ihm verheiratet wären. Wenn Ihr Mann allerdings im allgemeinen ehrlich, gerecht und zuverlässig ist, dann schenken Sie ihm Ihr Vertrauen. Glauben Sie an ihn. Vertrauen Sie ihm – sogar dann, wenn es aussieht, als würde er es vielleicht gar nicht verdienen. Sie können nicht erwarten, daß Ihre Beziehung sich positiv weiterentwickelt, wenn Sie Ihrem Mann immer wieder erzählen, Sie würden ihm vertrauen, und es dann, wenn es darauf ankommt, doch nicht tun.

Machen Sie sich klar, daß Ihr Mann sich ab und zu falsch verhalten wird. Er wird Fehler machen. Er wird etwas tun oder sagen, das Sie nicht hinnehmen können, und Sie werden verletzt sein oder sich betrogen und verängstigt fühlen. Lernen Sie, mit diesen Gefühlen umzugehen. Reden Sie mit jemandem darüber. Aber bemühen Sie sich, das Vertrauen in Ihren Mann nicht zu verlieren. Wenn er glaubt, daß Sie ihm nicht mehr vertrauen und Sie jedesmal, wenn er einen Fehler gemacht hat, Ihr Versprechen widerrufen, dann wird er Sie verlassen. Das, was ein Mann sich von einer Frau am meisten wünscht, ist Loyalität. Wenn Sie sich ihm gegenüber loyal verhalten, dann wird er auch Ihnen gegenüber loyal sein.

Krisenmanagement

Wie Valerie führen auch viele andere Frauen, die ein Sterling-Frauen-Wochenende besuchen, bereits dauerhafte, engagierte Beziehungen, fühlen sich aber dennoch unerfüllt und unbefriedigt. «Ich bin hier, um meine Ehe zu retten», erklären sie. «Ich muß wissen, ob meine Ehe überhaupt noch zu retten ist. Meine Beziehung funktioniert zur Zeit nicht, aber ich hoffe, das ändern zu können. Ich habe in der Vergangenheit Fehler gemacht, aber ich würde es gerne noch einmal versuchen.»

«Gut, das ist ein Anfang», sage ich ihnen. Dann frage ich sie, was sie tun wollen, um ihre Beziehungen wieder ins Lot zu bringen. «Das weiß ich nicht so genau», bekomme ich dann zur Antwort. Genau da liegt das Problem. Es gibt niemanden, der weiß, wie so etwas zu machen ist. Es gibt niemanden, der das Schiff steuert.

In einer Beziehung agieren Männer nicht – sie reagieren. Männer sind nicht diejenigen, die die Beziehung gestalten. Sie befolgen die Regeln, die Sie aufstellen – oder sie lehnen sich dagegen auf. Wenn es in Ihrer Beziehung Probleme gibt, dann müssen Sie als Frau herausfinden, woran das liegt – und Sie müssen nach Lösungen suchen. Sie müssen die Verantwortung übernehmen. Sie müssen wissen, welche Richtung Ihre Beziehung nehmen soll, und mit einem Krisenplan aufwarten, der Ihnen hilft, Schwierigkeiten zu meistern.

Wenn es Probleme gibt, dann können Sie nicht einfach alles stehen- und liegenlassen. Wer wird sich um die Beziehung kümmern, wenn Sie sich einfach davonmachen? Sie können sich in solchen Krisenmomenten nicht den Luxus einer Therapie leisten, um an sich selbst zu arbeiten, sich selbst zu verstehen und sich um sich selbst zu kümmern. Wenn Ihre Beziehung in Gefahr ist, dann ist das nicht die richtige Zeit, um nach persönlicher Erfüllung und Einsicht in frühkindliche Erlebnisse zu suchen. Wenn Sie lernen, sich durchzusetzen, «Ihr inneres Kind zu heilen» oder verbliebene Konflikte aus Ihrer ödipalen Phase zu lösen, dann werden Sie dadurch Ihre Beziehung nicht retten. Wenn es, während Ihre Ehe auf einen Abgrund zusteuert, Ihre oberste Priorität ist, sich um sich selbst zu kümmern, dann sind Sie nicht ernsthaft daran interessiert, Ihre Beziehung zu retten. Sie wollen sich selbst retten.

Sie wollen, wenn es zum Scheitern Ihrer Beziehung kommt, sich auf die vor Ihnen liegende Zukunft vorbereiten. Und zum Scheitern wird es kommen – solange Sie es nicht zu Ihrem wichtigsten Anliegen machen, alles zu tun, um diese Beziehung zu retten. Wenn Sie das Bedürfnis haben, an sich selbst zu arbeiten, dann tun Sie das unbedingt – aber erst, nachdem Sie Schadensbegrenzung betrieben haben.

Um Ihre Beziehung zu retten:

finden Sie heraus, was schiefgegangen ist, und wann und warum das geschehen ist;

stellen Sie fest, woran es gemangelt hat;

planen Sie eine Strategie, um Ihre Beziehung wieder auf den richtigen Weg zu führen, und verwirklichen Sie diesen Plan.

Nehmen Sie die Ratschläge, die ich Ihnen in diesem Buch gegeben habe, als Hilfen für ein effektives Krisenmanagement. Fragen Sie sich, ob Sie wirklich Wert auf diese Beziehung legen oder ob Sie sich im Grunde an Ihren Mann anklammern wollen. Das ist ein großer Unterschied. Signalisieren Sie eine erfolgreiche Beziehung, so, wie Sie sie sich wünschen, und finden Sie heraus, ob Sie diese Art von Beziehung mit Ihrem Mann haben können. Wenn Sie das nicht können oder nicht bereit sind, alles Erforderliche zu tun, um auf lange Sicht Erfolg zu haben, dann hören Sie auf, seine – oder Ihre – Zeit zu verschwenden.

Aber wenn Sie bereit sind, alles Erforderliche zu tun und sich dem Neuaufbau Ihrer Beziehung zu widmen, dann versuchen Sie nach Kräften, Ihren Mann wieder zu begeistern. Tun Sie das, was Sie während der Zeit der «ernsten lockeren Bindung» taten. Zeigen Sie ihm langsam, Schritt für Schritt, was für eine gute Partie Sie sein können. Bieten Sie ihm die Belohnungen an, die ihn schon einmal dazu veranlaßt haben, mit Ihnen eine Beziehung einzugehen. Stellen Sie fest, was er will, und geben Sie es ihm – dann, wann er es will, und so, wie er es will. Das wird Ihre Beziehung wieder in die richtige Bahn lenken.

Suchen Sie furchtlos nach den Gründen, die Ihren Mann veranlaßt haben, sich von Ihnen zurückzuziehen, die sein Ego bedroht oder in Ihrer Beziehung Konflikte verursacht haben. Machen Sie sich bewußt, was schiefgelaufen ist, und schlagen Sie in Zukunft einen anderen Weg ein. Geloben Sie sich, Ihren Mann von jetzt an anders zu behandeln. Es genügt nicht, wenn Sie sagen: «Es tut mir leid. Ich werde das nicht mehr tun.» Sie müssen auch wissen, warum Sie sich so verhalten haben. Wollten Sie Ihr Ego stärken, oder haben Sie vielleicht von Ihrem Mann erwartet, daß er wie eine Frau denkt und handelt? Wollten Sie unbedingt Ihren Willen durchsetzen oder sich vor einer imaginären Katastrophe schützen? Sie müssen wissen, *was* passiert ist und *warum* es passiert ist. Sie müssen akzeptieren, daß ähnliche Umstände erneut eintreten können und daß Sie eine natürliche Tendenz haben, auf jene Umstände in einer bestimmten Weise zu reagieren. Wenn Sie aufmerksam und bewußt vorgehen, dann werden Sie beim nächsten Mal anders reagieren können.

Wenn Sie unglücklich sind, dann gehen Sie nicht davon aus, daß es Ihre Beziehung ist, die Sie unglücklich macht, oder daß Ihr Mann Sie von den Dingen abhält, die Sie glücklich machen würden. «Er läßt mich nicht», lautet die Ausrede vieler Frauen, um keine Risiken eingehen zu müssen. Damit haben sie einen Vorwand, um die Verantwortung für ihr eigenes Unglück nicht übernehmen zu müssen. Überdenken Sie Ihre Theorien, bevor Sie den voreiligen Schluß ziehen, daß Sie in Ihrer Beziehung nie stark, unabhängig oder mit sich zufrieden sein könnten. Versuchen Sie, das zu tun, von dem Sie sagen, daß Sie es tun wollen. Achten Sie nur darauf, daß Sie Ihrem Mann dadurch nicht allzuviel vorenthalten. Entziehen Sie ihm nicht Ihre Zuneigung, schaffen Sie keine Konkurrenzsituation und verlangen Sie nichts von Ihrem Mann, was er Ihnen nicht geben kann oder will. Vielleicht bekommen Sie nicht alles, was Sie wollen, aber Sie werden immerhin bis zu einem gewissen Grad unabhängig und mit Ihrem Partner relativ glücklich sein. Das ist in jedem Fall besser als sich tapfer und selbständig, aber unglücklich und allein durch die Welt zu schlagen.

Vor allem dürfen Sie Ihrem Mann kein schlechtes Gefühl mehr vermitteln und sich selbst keine Enttäuschungen mehr bereiten, indem Sie von ihm erwarten, daß er Bedürfnisse befriedigt, die er seiner Veranlagung nach gar nicht befriedigen kann. Sobald Ihre Beziehung wieder im Lot ist, sollten Sie sich nach anderen Möglichkeiten umsehen, die Dinge zu bekommen, die Sie brauchen und die Ihr Mann Ihnen nicht geben kann. Suchen Sie den Konkurrenzkampf in den Bereichen, wo er hingehört. Und wenn Sie sich nach sehr persönlichen, offenen Gesprächen sehnen, dann wenden Sie sich an andere Frauen. Wie ich im nächsten und letzten Kapitel dieses Buches erläutern werde, sind starke, stützende Beziehungen mit Frauen für den erfolgreichen Umgang mit Männern absolut notwendig.

14
Das Netz der Frauen

Renate

Renate, 36, Unternehmensberaterin und frisch verheiratet, berichtete, daß sie und ihre drei besten Freundinnen «so verschieden waren, wie vier Frauen es nur sein können». Sie selbst sei die «ehrgeizigste und aktivste» von allen. Caroline, eine alleinstehende Röntgenassistentin, sei «die Hübsche, Unterhaltsame. Sie ist diejenige, die alles organisiert, was wir gemeinsam unternehmen». Die verheiratete Kinderbuchillustratorin Lisa sei «die Prinzessin. Sie stammt aus einer unsäglich reichen Familie und ist so kultiviert und stilvoll, daß wir anderen nur staunen können». Tina, geschiedene Mutter mit zwei erwachsenen Töchtern, sei zehn Jahre älter als die anderen drei Frauen. «Wenn man Tina sieht, glaubt man nicht, daß es so etwas überhaupt noch gibt», sagte Renate lachend. «Sie sieht aus wie eine Sonntagsschullehrerin aus dem frühen neunzehnten Jahrhundert. Aber dann macht sie den Mund auf, und heraus kommen Sätze, die einen Bauarbeiter erröten lassen würden. Wir kommen aus dem Lachen nicht mehr heraus, wenn wir mit ihr zusammen sind.»

Den Leuten, die sie zusammen gesehen hätten, sei es stets schwergefallen, sich vorzustellen, was diese vier Frauen gemeinsam haben könnten, erzählte Renate. «Aber wir haben tatsächlich eine Menge gemeinsam. Wir haben vieles miteinander erlebt und uns gegenseitig in vielen schwierigen Situationen geholfen.» Und obwohl sie nun weit voneinander entfernt lebten und sich nur bei besonderen Gelegenheiten

trafen, blieben Renate, Caroline, Lisa und Tina doch ständig
telefonisch in Verbindung, und oft fanden Zweiertreffen
statt. «Wenn ich eine von ihnen treffe, dann bin ich auch
sofort über die anderen auf dem laufenden. Ich glaube, wir
erfahren immer alles, was es zu erfahren gibt. Wir können
über alles reden – und das haben wir auch in all den Jahren
getan.»

Die vier Frauen waren gemeinsam durch dick und dünn
gegangen: Als Caroline sich von dem homosexuellen Mann
getrennt hatte, mit dem sie drei Jahre zusammengewesen
war, als Lisa in plötzlicher Panik die Fassung verloren hatte,
als ihr langjähriger Freund um ihre Hand angehalten hatte,
als Tina einen Witwer mit drei halbwüchsigen Jungen kennengelernt und dann festgestellt hatte, daß sie keine Lust
mehr auf die Rolle der Hausfrau und Mutter hatte. «Und ich
selbst habe gar keinen Zweifel daran, daß ich ohne die drei
immer noch der unabhängige, besessene Workaholic wäre
und leidenschaftliche, kurze Affären mit jedem Mann hätte,
der mit mir ausgeht», erklärte Renate.

Es war Lisa, die Renate ihren späteren Ehemann, Curt,
einen Musiker, vorgestellt hatte. «Ich höre heute noch ihre
Worte: ‹Ich weiß, er ist nicht unbedingt dein Typ. Er ist
jünger und kann den Plan einer Unternehmenshierarchie
nicht vom Bauplan für einen Düsenjet unterscheiden. Aber
versprich mir, daß du ihm eine Chance gibst.›» Und weil sie es
Lisa versprochen hatte, gab Renate Curt eine Chance. «Wenig später hatte es zwischen uns bereits gefunkt, und je mehr
Zeit wir miteinander verbrachten, desto deutlicher wurde es,
daß wir wie füreinander geschaffen waren. Wir paßten einfach hervorragend zusammen.» Dennoch gab es natürlich
auch in dieser Beziehung die üblichen Höhen und Tiefen.

Da war zum Beispiel dieses verflixte Erste-Mai-Wochen-
ende, als Curt weggefahren war, um eine alte Freundin zu
besuchen. «Sie war Sängerin und wollte, daß er sie bei einer
Plattenaufnahme begleiten sollte», erinnerte sich Renate.

«Da ich ihm das nicht glaubte und mir auch nicht sicher war, ob die beiden nicht doch wieder etwas miteinander anfangen würden, hätte ich vor Eifersucht fast durchgedreht. Zum Glück kam Caroline vorbei, um sich um mich zu kümmern. Wir sahen uns alberne Filme an, aßen Schokolade und analysierten alle Beziehungen, die wir jemals gehabt hatten. Ich habe so lange über Curt geredet, bis es Caroline nicht mehr hören konnte. Immer wieder habe ich ihr vorgejammert, daß ich mit einer jüngeren Frau, die viel mit Curt gemeinsam hatte, nicht konkurrieren könne. Aber Caroline entgegnete mir, wenn mir an der Beziehung etwas läge, dann dürfte ich mich durch meine eigene Unsicherheit nicht verrückt machen lassen. ‹Du bist also älter. Du kannst also nicht gut singen. Na und?› fragte sie. ‹Er hat sich in dich verliebt. Seit zwei Jahren will er mit niemand anderem als mit dir zusammensein. Du mußt also irgend etwas richtig gemacht haben; und wenn du das weiterhin tust und nicht nach Gründen suchst, um alles zu verderben, dann wird die Sache schon laufen.›» Renate hörte auf ihre Freundin und war ihr dankbar.

Nachdem sie und Curt einen «Riesenstreit» wegen ihrer Heiratspläne gehabt hatten, erwies es sich, daß auch Tinas Ratschläge Gold wert waren. «Wir hatten eine furchtbare Auseinandersetzung, kurz bevor ich das Flugzeug für eine Geschäftsreise besteigen mußte», sagte Renate. «Als ich dort ankam, wollte ich die Hochzeit am liebsten platzen lassen.» Statt dessen rief sie Tina an. «Ich habe die Situation noch immer vor Augen. Ich hatte mich ins Bett verkrochen, weil Sturmwarnung gegeben worden war, und begann, Tina mein Leid zu klagen. Sie aber brachte mich zum Lachen und beschwor mich, erst einmal drei Tage lang überhaupt nichts zu machen. Ich mußte ihr versprechen, innerhalb der nächsten zweiundsiebzig Stunden keine Entscheidung zu treffen. Bis dahin hatte Curt natürlich längst angerufen und zwischen uns war alles wieder in Ordnung.»

Dank ihrer Freundinnen gelang es Renate sehr viel leichter, schwierige Situationen – und ihre Beziehung – zu meistern. Sie war fest davon überzeugt, daß sie ohne diese Frauen in ihrem Leben nie «so beharrlich und ausdauernd» gewesen wäre und daß sie es nie gelernt hätte, sich selbst genügend zu vertrauen, um eine erfolgreiche Beziehung mit Curt zu führen. Und damit hatte sie recht. Wie sehr Sie sich auch bemühen mögen, dem von mir in diesem Buch beschriebenen Weg zu folgen – wenn Sie immer allein unterwegs sind, werden Sie sich verlaufen.

Warum Sie Beziehungen mit Frauen brauchen, um das zu tun, was die Beziehung mit einem Mann erfordert

Schon immer haben Frauen sich gegenseitig unterstützt und mit Rat und Tat zur Seite gestanden. Seit den Anfängen der Zivilisation haben sie einander geholfen, sich in Krisenzeiten beigestanden und miteinander Feste gefeiert. Sie haben ihr Wissen ausgetauscht und die Geheimnisse über Beziehungen an ihre Töchter und Enkeltöchter, ihre Schwestern und Freundinnen weitergegeben. Es waren vor allem die Freundschaften mit anderen Frauen, die sie befähigten, zu wachsen, sich weiterzuentwickeln und zu überleben. Diese Freundschaften spielen nach wie vor eine lebenswichtige Rolle. Frauen fühlen sich besser und können seelisch wachsen, wenn es in ihrer Umgebung Frauen gibt, die ihnen mit Sympathie und gelegentlich auch mit liebevoller Kritik zur Seite stehen. Vor allem was Unterstützung und Partnerschaft angeht, können Frauen einander sehr viel geben. Wie man mit Männern umgeht – das können die Frauen zum Teil auch von anderen Frauen lernen.

Durch Ihre Beziehungen zu ehrlichen, unterstützenden, fürsorglichen und vertrauenswürdigen Frauen erhalten Sie Ihr seelisches Gleichgewicht, Ihren inneren Frieden und die

Selbstachtung, die Sie in Ihre Beziehung mit einem Mann einbringen müssen. Wenn Sie wissen, daß es jemanden gibt, der Sie, wenn etwas schiefläuft, auffangen wird, sind Sie eher bereit, Verletzlichkeit zuzulassen. Sie wagen es eher, das Risiko einer nahen Beziehung einzugehen, und werden dann höchstwahrscheinlich feststellen, daß Sie die Beziehung, die Sie sich wünschen, auch wirklich haben können.

In Gesprächen mit Ihren Freundinnen können Sie sich den alten Dämonen und den nicht aufgearbeiteten Erfahrungen, die Sie früher mit Männern gemacht haben, stellen und somit lernen, neue Entscheidungen zu treffen und diesen dann auch zu vertrauen. Anstatt die früheren Erfahrungen als Ausrede dafür zu benutzen, daß Ihnen auch in der Gegenwart nichts gelingt, können Sie diese Erfahrungen akzeptieren, aus ihnen lernen und sie letztlich zu Ihrem Vorteil einsetzen.

Mit Hilfe von starken, selbstbewußten Frauen finden Sie sicher den Mut, Ihren Ärger und Ihre Wut zu artikulieren, und außerdem können Sie die offenen, persönlichen Gespräche führen, nach denen Sie sich sehnen.

Frauen können Ihnen etwas geben, was ein Mann Ihnen nicht geben kann

Im Laufe Ihres Lebens werden Ihre soliden, liebevollen Beziehungen zu Frauen die befriedigendsten Beziehungen überhaupt sein. Wahrscheinlich brauchen Sie nur *eine* gute Beziehung mit einem Mann, aber Sie brauchen viele Beziehungen zu Frauen. Je mehr solcher Beziehungen, um so besser, denn Frauen wissen intuitiv, wie sie einander in harten Zeiten beistehen können. Sie sind für Sie da, wenn Ihr Mann Sie verletzt, enttäuscht oder verlassen hat. Mit ihnen sollten Sie reden, wenn Sie tiefe Gefühle ausdrücken wollen. Frauen sprechen dieselbe Sprache wie Sie. Sie können mit ihnen so reden, wie es mit Ihrem Mann niemals möglich wäre.

Obwohl natürlich auch Männer Gefühle haben und auf vieles sehr emotional reagieren, empfinden sie doch ganz anders und bei weitem nicht so intensiv wie Sie – und sie können die Intensität Ihrer Gefühle oft nicht erfassen. Ihr Mann will Ihre Gefühle möglicherweise wirklich verstehen. Aber er muß die Informationen, die er von Ihnen bekommt, erst so umformen, daß sie in sein Denkmuster passen. Wenn er Sie dann tatsächlich verstanden hat, ist Ihr Gefühl vielleicht längst nicht mehr aktuell.

Wenn Sie jammern und klagen, dann wird die natürliche Reaktion Ihres Mannes darin bestehen, etwas zu tun, damit Sie sich besser fühlen. Sie erzählen ihm, daß Sie mit den Nerven am Ende und kurz davor sind, in der Gummizelle zu landen, und er sagt: «Paß mal auf. Du brauchst heute abend nicht zu kochen. Ich lade dich zum Essen ein.» Oder er sagt Ihnen, daß Sie urlaubsreif seien, und fängt an, Ihnen die Reiseerlebnisse eines Kollegen zu schildern. In der Hoffnung, Sie zu beschwichtigen, sagt er vielleicht: «Wenn dich die Sache so aufregt, dann laß uns doch lieber über etwas anderes reden.» Sein Bedürfnis, eine unangenehme Situation so schnell wie möglich zu beenden, wird Sie daran hindern, Ihren Gefühlen wirklich auf den Grund zu gehen und ihnen Ausdruck zu verleihen – und das wird Sie enorm frustrieren.

Frauen dagegen besitzen die natürliche und instinktive Gabe, die Gefühle anderer Frauen zu verstehen. Sie sind besser dafür geschaffen, mit den Gefühlen ihrer Mitmenschen umzugehen. Wenn Sie weinen und jammern, schluchzen oder schreien, werden Ihre Freundinnen Ihnen so lange zuhören, wie Sie es brauchen. Frauen können Ihre Gefühle nachempfinden und werden Ihnen helfen, die belastenden Situationen zu klären. Nicht jede beliebige Frau ist die richtige Vertraute für Sie, aber wenn Sie sich an Frauen wenden, die wirklich bereit sind, für Sie dazusein, dann müssen Sie bei Ihrem Mann nicht mehr nach etwas suchen, das er Ihnen gemäß seiner Veranlagung gar nicht geben kann.

Pflegen Sie Ihre Beziehungen zu Frauen

Vielleicht ist es nicht leicht für Sie, den Kreis Ihrer Freundinnen zu erweitern. Wahrscheinlich hat Ihnen auch schon eine Frau genausoviel oder sogar noch mehr Schmerz zugefügt wie ein Mann. Es gab Frauen, von denen Sie fallengelassen wurden und für die die Jagd nach Männern wichtiger war als die Freundschaft zu Ihnen. Sie haben mit diesen Frauen um denselben Mann gekämpft und möglicherweise auch um denselben Job und um berufliche Anerkennung. Manche Frauen haben Ihr Vertrauen ausgenutzt, Sie betrogen und manipuliert. Sie haben ihr eigenes Geschlecht verraten, um etwas zu bekommen, was ihnen zum damaligen Zeitpunkt wichtiger erschien. Deshalb zögern Sie vielleicht, Frauen Ihr Vertrauen zu schenken und sich, wenn Sie Trost und Gespräche brauchen, an sie zu wenden.

Natürlich gibt es Frauen, denen Sie nicht vertrauen können. Selbstverständlich sollten Sie bei solchen Frauen vorsichtig sein. Wenn Sie Frauen suchen, von denen Sie Unterstützung bekommen können, dann müssen Sie sorgfältig auswählen. Aber Sie sollten sich gleichzeitig darüber im klaren sein, daß Ihnen auch Frauen, die Sie nicht direkt unterstützen, eine Hilfe sein können.

In anderen Frauen können Sie – wunderbare oder erschreckende – Eigenschaften entdecken, die auch ein Bestandteil Ihrer eigenen Persönlichkeit sein könnten. Tatsächlich ist es so, daß die Frauen, die am wenigsten mit Ihnen gemeinsam zu haben scheinen oder mit denen Sie am wenigsten zu tun haben wollen, Ihnen vielleicht am meisten beibringen können. Sie können viel über sich selbst lernen, wenn Sie diesen Frauen zuhören und sie beobachten.

Öffnen Sie sich und hören Sie auf das, was andere Frauen Ihnen mitteilen – ihren Ärger, ihre Ängste und ihren Schmerz genauso wie ihr Wissen und ihren Trost. Sprechen Sie über Ihre Gedanken, Gefühle, Zweifel und Wünsche. Arbeiten

Sie miteinander statt gegeneinander, und Sie werden all Ihren
Ballast nicht mehr allein mit sich herumtragen müssen. Sie
werden Bereiche in sich entdecken, die Sie längst für verküm-
mert hielten – Ihre Zärtlichkeit und Ihre leidenschaftliche
Liebe zum Leben, Ihre Unschuld, Ihre Verletzlichkeit und
Ihre Träume. Ihre Beziehungen mit Frauen werden Sie zu
sich selbst führen, und am Ende werden Sie in der Lage sein,
Ihre Träume mit Männern zu verwirklichen.

Danksagung

Dieses Buch ist das Ergebnis von fünfzehn Jahren Arbeit – und das Schreiben dieser Danksagung hat mich sehr nachdenklich gemacht. Meine Arbeit mit Frauen und ihren Beziehungen ist mir ein persönliches Anliegen, und ich war mir nicht sicher, bei welcher der vielen Frauen ich beginnen und bei welcher ich aufhören sollte. Denn fast alle haben wesentliche Beiträge zu diesem Buch geleistet.

Als ich die Stationen meiner beruflichen Laufbahn in Gedanken zurückverfolgte, sah ich die Gesichter vieler Frauen, die hier genannt werden sollten. Alle hatten unterschiedliche Gesichtszüge, eine unterschiedliche Vergangenheit, vielfältige Hoffnungen und Träume. Doch ihre Gemeinsamkeiten waren stärker als ihre Verschiedenheiten. Und bald sah ich nur noch ein einziges Gesicht vor mir. Nicht das Gesicht einer bestimmten Frau sondern das Gesicht aller Frauen: Frauen der Vergangenheit, Frauen der Gegenwart, Frauen der Zukunft. Es war ein altersloses, zeitloses, schmerzerfülltes, glückliches, unschuldiges, kraftvolles, hoffnungsvolles und schönes Gesicht: Das Gesicht der Frau, die an das glaubte, was ich den Frauen in meinen Seminaren vermittelte – und die durch ihr persönliches Engagement für andere Frauen ermöglichte, daß die Botschaft dieses Buches viele Frauen erreichte. Zu danken habe ich all den Frauen, die mir all die Jahre hindurch vertraut haben und die wissen, wer sie sind und was sie tun.

Nicht verstreichen lassen kann ich diese Gelegenheit, ohne auch denen zu danken, von denen ich das meiste über Beziehungen, Frauen und Liebe gelernt habe: meiner Mutter, meiner Frau und meiner Tochter.